ADVENTURES
OF A
MATHEMATICIAN

一位数学家
的 历险
乌拉姆自传

[美国]
斯塔尼斯拉夫·乌拉姆

著

钱昊 译

STANISLAW
ULAM

译林出版社

图书在版编目（CIP）数据

　　一位数学家的历险：乌拉姆自传 ／（美）斯塔尼斯拉夫·乌拉姆
（S. M. Ulam）著；钱昊译 .—南京：译林出版社，
2023.11
　　（传记译林）
　　书名原文：Adventures of a Mathematician
　　ISBN 978-7-5447-9895-2

　　Ⅰ．①一… Ⅱ．①斯…②钱… Ⅲ．①乌拉姆（Ulam,
Stanislaw Marcin 1909–1984）– 传记 Ⅳ．①K837.126.11

　　中国国家版本馆CIP数据核字（2023）第174046号

ADVENTURES OF A MATHEMATICIAN by S.M. Ulam
Copyright © 1991 by The Regents of the University of California
Published by arrangement with University of California Press
Simplified Chinese edition copyright © 2023 by Yilin Press, Ltd
All rights reserved.

著作权合同登记号　图字：10-2019-524 号

一位数学家的历险：乌拉姆自传　[美国] 斯塔尼斯拉夫·乌拉姆／著　钱　昊／译

责任编辑　　许　昆
装帧设计　　韦　枫
校　　对　　孙玉兰
责任印制　　董　虎

原文出版　　University of California Press, 1991
出版发行　　译林出版社
地　　址　　南京市湖南路 1 号 A 楼
邮　　箱　　yilin@yilin.com
网　　址　　www.yilin.com
市场热线　　025-86633278
排　　版　　南京展望文化发展有限公司
印　　刷　　江苏凤凰新华印务集团有限公司
开　　本　　718 毫米 ×1000 毫米　1/16
印　　张　　21
插　　页　　16
版　　次　　2023 年 11 月第 1 版
印　　次　　2023 年 11 月第 1 次印刷
书　　号　　ISBN 978-7-5447-9895-2
定　　价　　79.00 元

1991年版前言

当我看到在黑板或纸上写下的几笔潦草的字迹是如何改变了人类事务的进程时，我至今依然会感到无尽的惊奇。

斯塔尼斯拉夫·乌拉姆的这句话特别适合形容他自己的职业生涯。由于乌拉姆在数学、物理学、计算机科学以及核武器设计等方面的贡献，我们如今的世界变得与之前大不相同了。

当他还是那时尚属于波兰的利沃夫城①的一名学童时，他在笔记本上写下过这样的签名："S. 乌拉姆，天文学家、物理学家和数学家。"早年就有这样一些兴趣，年轻的天才乌拉姆最终被数学吸引或许是很自然的；波兰正是在这门学科上做出了其20世纪最杰出的才智贡献。乌拉姆很幸运地生在一个富有的犹太家庭，家人多是律师、商人和银行家，他们为他提供了必要的资源，让他能够发展他的智力本能和早早显现出的数学天赋。乌拉姆最终在1933年以纯数学博士学位毕业于利沃夫理工学院。正如乌拉姆自己说的，纯数学在美学上的吸引力，不仅在于证明和定理中的严密逻辑，还在于数学表述中清楚

---

① 利沃夫第二次世界大战后并入苏联，苏联解体后又成为如今乌克兰共和国的一部分。——译注（本书注释均为译注，以下不再标出）

说明每一步时的那种诗一般的优雅和简洁。这种非常基本的、贵族式的数学形式，正是乌拉姆年轻时利沃夫的波兰数学学派所关注的东西。

理工学院的纯数学家们并不是独来独往的学术隐士，他们几乎每天都在利沃夫的咖啡馆和茶室里讨论和捍卫他们的定理。这是一个倾情投入的数学家群体，通过公开的集体讨论来推进他们的工作，这让像乌拉姆这样有才华的年轻学者得以观察到纯数学能给智力带来的兴奋以及它的创造力。最终，年轻的乌拉姆可以与他那个时代最杰出的数学家并肩参与其中。与斯特凡·巴拿赫、卡齐米日·库拉托夫斯基、斯塔尼斯拉夫·马祖尔、雨果·斯坦豪斯等人在咖啡馆的长时间交流，为乌拉姆高度言语化的和酷爱与人协作的工作风格奠定了基调。乌拉姆这一早年的数学工作涉及集合论、拓扑学、群论和测度论。乌拉姆在利沃夫这个活跃的数学学派中的经历，使他终生都乐于对新的数学和科学问题进行高度创造性的探索。

随着战前波兰局势的恶化，乌拉姆欣然接受了访问普林斯顿和哈佛的机会，并最终接受了威斯康星大学的教职。随着美国卷入第二次世界大战程度的加深，乌拉姆的一些学生和专业同事开始从他身边消失，加入政府的秘密实验室。在尝试通过参加美国军队来为同盟国的战争努力做出贡献失败之后，乌拉姆应他的朋友、20世纪最有影响力的数学家之一约翰·冯·诺伊曼的邀请，前往洛斯阿拉莫斯。正是在洛斯阿拉莫斯，乌拉姆的科学兴趣发生了转变，他在那里做出了一些他一生中影响最深远的贡献。

在他来到洛斯阿拉莫斯的第一天，他就应邀与爱德华·泰勒的小组一起做"超级炸弹"工程的工作，该工程是设计热核炸弹或者说氢弹的早期尝试。除了泰勒的小组外，洛斯阿拉莫斯的其他科学家正在设计和制造一种基于铀或钚原子裂变或者说分裂所释放的能量的原子弹。尽管在洛斯阿拉莫斯，裂变炸弹必须在"超弹"之前制造出来，以作为"超弹"的点火装置，这是一个普遍的共识，但泰勒已经全神贯注于"超弹"的研究，并拒绝就裂变炸弹的计算开展工作。作为将泰勒留在洛斯阿拉莫斯的一种手段，身为实验室负责人的奥本海默允许泰勒与几名科学家及助手一起研究"超弹"。泰勒在乌拉姆抵达洛斯阿拉莫斯之后给他布置的任务，是研究自由电子之间的能量交换以及热核炸弹中预期将存在的、温度极高的气体中的辐射。具有讽刺意味的是，1943年乌拉姆来洛斯阿拉莫斯第一天遇到的这个问题，后来成为1950年乌拉姆与科尼利厄斯·埃弗里特合作开展的工作的关键部分，而正是该工作证明了泰勒为"超弹"所做的设计是不切实际的。

以他着手探究的第一个理论物理学问题为开端，乌拉姆开始了从深奥抽象的纯数学世界向一种截然不同的、对于物理学问题的可视化与解决来说十分必要的应用数学方向的转变。与洛斯阿拉莫斯那些物理学问题相关的数学涉及描述气体、辐射和粒子运动的微分和积分方程。很少有人尝试从纯数学到物理学的转变，能做到乌拉姆这个程度就更为罕见。他通过创造性的过程，以猜测为起点，带来了物理学中重要的新思想，它涉及超越了数学的严格逻辑本身的一个额外的尝试与判断的维度。"似乎很少的数学家能在较大程度上拥有"的物理直觉要受限于从实验中确定的关于自然现象的知识。乌拉姆声称，他从未体验到"在纯数学的思维模式与物理的思维模式之间有什么鸿沟"。的确，在回忆录中，乌拉姆讨论了他从纯数学到数学物理学的转变，并希望他"对科学思维的分析能够成为本书中可能比较有趣的地方之一"。

对于乌拉姆学习物理学来说，很难有比洛斯阿拉莫斯更好的氛围了。战争期间聚集在这里的科学家堪称现代物理科学的名人录。一大批杰出的物理学家，如汉斯·贝特、恩利克·费米、理查德·费曼、欧内斯特·劳伦斯、J. 罗伯特·奥本海默等等，组成了一个前无古人、后无来者的强大智者集团。

在战争期间，乌拉姆通过对铀和钚的链式反应及其能量释放所依赖的、中子的分支和倍增过程进行统计研究，为裂变炸弹的研制做出了贡献。乌拉姆与冯·诺伊曼合作研究的一个关键问题是，对受外部化学爆炸影响后一团球状的铀的内爆或压缩情况进行详细计算。当铀被压缩时，通过随机的铀核裂变而自然产生的少量中子更容易与其他铀核发生碰撞。其中的一些碰撞会导致进一步的裂变发生，使中子的数量进一步增加，直到引发快速的链式反应，最终在一场强烈的爆炸中释放出巨大的能量。为了预测释放出的能量多少，洛斯阿拉莫斯的科学家们需要估计铀在被压缩时的具体行为。虽然这个问题在概念上很直白，但使用标准的数学分析方法是不可能得到准确答案的。这个问题实际上是洛斯阿拉莫斯原子弹研究的核心机密，甚至连"内爆"一词在战争期间都属机密范畴。

不过乌拉姆最引人注目的成就，还是他对战后热核炸弹或者说氢弹的研制所做的贡献。在这种炸弹中，当两个氢核或氘核融合在一起时，就会释放出核能。1946年4月，洛斯阿拉莫斯举办了一次会议，对战时在"超弹"上所做的努力进行讨论和评估。乌拉姆也参加了会议。"经典超弹"的概念性思路是使用原子弹加热并点燃一定量的液态氘的某一部分。在这部分氘里积累的热能将引发氘核反应，进而依次加热邻近区域，引发进一步的热核反应，直到爆炸传播到全部的氘燃料。氘作为氢的质量较大的同位素，其原子核中有一个中子。人们更倾向于使用氘来反应，是因为它比普通的氢的反应温度要低很多。还有第三种同位素氚，它是一种质量更大的氢同位素，有两个中子，会在更低的温度下发生核反应。但与氘不同，氚在自然界几乎不存在，且要在核反应堆中制造它成本极高。

在1946年的会议上，对泰勒的"超弹"工程的评价是谨慎乐观的，与会者意识到了技术方面主要的不确定性和"超弹"设计上存在的潜在困难。在就会议上的讨论得出结论时，J. 卡森·马克这样写道："对大家考虑到的装置运行的各个步骤及其衔接过程中的行为，可以做出的估计是相当定性的，并在细节上存在疑问。是否有一种特定的设计可以很好地工作，这一主要问题并没有得到回答。"1946年之前的研究已经表明，"超弹"的能量获得与损失之间的净差额是很小的，如果没有灵活的设计来提供足够的能量差额，就无法保证成功实现引爆。

据马克·卡克讲：

> 事实上，对这个问题的研究仅仅足以表明这个问题确实是非常困难的。基于现有的机制，在系统中产生的能量与无意义地损失的能量几乎是相当的。由于这一重要过程的复杂性和多样性，要解决这个问题，就需要进行有史以来最困难和最广泛的数学分析，而即使做了这样的尝试，也不确定是否能成功得出结论。

泰勒的团队在战争期间发展出的"超弹"的设计，其在聚变反应的点燃和维持方面的不确定性，在1949年底和1950年初仍然存在。不过，泰勒正是基于这样的氢弹设计前往华盛顿游说，并使杜鲁门总统在1950年初决定加快聚变炸弹研究的。

关于"超弹"设计的两个主要问题是:(1)是否有可能将部分氘点燃,从而使热核反应得以启动;(2)液态氘中的热核反应一旦启动,是否能够自我维持下去,还是相反地,由于能量从反应区域损失的速率超过反应产生能量的速率,反应会减速并最终归于失败。"超弹"的点火需要一个起到扳机作用的原子弹,其中两团亚临界质量的铀能迅速结合在一起,形成一个超临界爆炸体,就像广岛的原子弹那样。点火问题很棘手。成功点火所需的非同寻常的高温,使得所需要的起扳机作用的原子弹的约当产量、其须达到的温度和要使用的可裂变材料的数量,都远远超过1950年时武器库中已有的炸弹。即使是在最有利的情况下,氘也无法被直接点燃。人们认为,可以用少量的氚来帮助在最初被裂变炸弹加热的区域中启动氘燃烧。

"超弹"的第一个主要问题,即点火问题,乌拉姆是自己主动发起对它的挑战的,但开展工作时则是与科尼利厄斯·埃弗里特合作的。埃弗里特是乌拉姆在威斯康星大学的数学家同事,战后应乌拉姆之邀来到洛斯阿拉莫斯。这些研究详细地遵循了氘和氚的核反应的最初演变过程,包含了对热反应区加热尚未燃烧的核燃料的情况的估算,并考虑了膨胀和辐射造成的能量损失。乌拉姆和埃弗里特所做的计算既烦琐又精确。虽然计算的每一步都已被人们理解,但涉及的许多组件之间存在复杂的相互作用,使整个计算极为困难,其中就包括电子与辐射之间的能量交换。之前乌拉姆在洛斯阿拉莫斯遇到的第一个问题,只是这一重大计算的一部分。为此,乌拉姆和埃弗里特每天要聚精会神地工作四到六个小时,这样持续了好几个月。由于计算的每一步都依赖前面的工作,每个阶段都必须几乎无误差地完成;幸运的是,不犯错误正是埃弗里特的专长之一。我们今天很难想象,这些计算是使用计算尺和老式的、手工操作的台式机械计算器来进行的。乌拉姆和埃弗里特必须做出许多近似和有根据的猜测，才能找到解决方案。此时乌拉姆显然已经具备了做出合理估计所需的物理学直觉和判断力。然而当计算完成时，他们得出的结论是否定性的。如果没有很大量的氚，氘就无法被点燃，而所需的量足以使整个"超弹"工程变得不现实和不经济。几个月后，冯·诺伊曼在普林斯顿使用一台早期的电子计算机，证实了乌拉姆和埃弗里特的计算的正确性。

"超弹"设计中的第二个不确定因素是氘燃烧区在整个液态氘中的扩展问题。假设点火的难题以某种方式得以解决了，之后聚变反应会自我维持下去吗？乌拉姆是与才华横溢的物理学家恩利克·费米合作解决了这个基础性问题的。还是利用计算尺和台式计算器，并非常小心地进行适当的物理近似，他们得出了又一个否定性的结论：氘燃烧区的热量损失过大，使反应无法维持。在讨论他和乌拉姆两人所做的这一计算时，费米谨慎地指出："如果能以某种方式让核反应的截面较先前测量和假设的扩大两到三倍，那么核反应就会进行得更加成功。"事实上，泰勒的小组以及1950年乌拉姆和费米所使用的截面（它表征能够发生的反应的速率）比詹姆斯·塔克第二年通过实验获得的更精确的截面还要大，因此也就更能说明问题。近年来，人们已经用现代计算机以一种改进过的方式重新进行了乌拉姆和埃弗里特的计算，其结果证实了自我维持的扩展过程的边缘特性。

就在杜鲁门总统下令加快研究热核炸弹后几个月，泰勒"超弹"模型的两个基本假设就被乌拉姆和他的同事们证明是不正确的。这使人们不得不对这样一个在根本上有缺陷的，而且在乌拉姆的工作之前从未经过认真测试的工程采取应急措施。据汉斯·贝特说，泰勒

"在洛斯阿拉莫斯遭到指责,因为他带领实验室乃至整个国家开展了一个非常冒险的工程。这个工程是建立在非常不完整的计算的基础上的,而他自己肯定也清楚这一点"。氘反应释放的能量会在邻近区域被点燃之前就损失掉,这是因为,按照乌拉姆的解释,"流体力学分解的发生速度比反应的形成和维持要更快"。作为在战争期间一直做"超弹"工作的人,泰勒后来扮演了一个单人的政治行动委员会的角色,敦促人们为"超弹"的制造制订一项应急计划。他被乌拉姆、埃弗里特和费米的结论弄得心烦意乱,几乎一蹶不振。泰勒曾写道:"乌拉姆的工作表明,我们走错了方向,我们认为最可行的氢弹设计根本行不通。"

以上事态引起的失望与危机被乌拉姆令人目瞪口呆地解决了。1951年2月,乌拉姆提出了一个对氘进行压缩的方法,能够同时使点火和自我维持的扩展成为可能。据在战争期间担任洛斯阿拉莫斯理论部门负责人的汉斯·贝特讲,乌拉姆的想法是利用裂变爆炸产生的"机械冲击"(压缩)波的传播,在热核燃料中产生强烈的压缩作用,随后热核燃料就会发生剧烈的爆炸。压缩在提升热核反应效率方面的优势,早在1946年4月的会议上就讨论过,但并没有得到重视,因为所需的压缩程度远大于通过化学爆炸能达到的程度。当乌拉姆把他用裂变炸弹先将氘压缩,随即再点火的想法告诉泰勒时,泰勒立刻意识到了这个想法的价值。不过泰勒提出,与乌拉姆想到的利用机械冲击波的方式(这应该同样可行)相比,通过辐射的作用可以更方便地实现内爆,即所谓的"辐射内爆"。这个制造氢弹的新想法被人们委婉地称为"泰勒-乌拉姆构型",它迅速为洛斯阿拉莫斯的科学家们以及政府官员们所接受。自乌拉姆首先提出以来,通过内爆将初级的裂变爆炸与次级的聚变爆炸相耦合,一直是热核炸弹的标准特征。

所有这些关于氢弹起源的细节，我们能够用解密的信息把它们整合在一起，还原得到的事实真相凸显出，乌拉姆在其中的影响要比人们以前所知的大得多。他不仅第一个废除了多年来一直被顽固坚持的"超弹"概念，而且提出了解决点火和扩展难题的关键想法。这个事例比乌拉姆的科学生涯中的任何事情都更能显示，"黑板或纸上写下的几笔潦草的字迹是如何"从根本上不可逆转地"改变了人类事务的进程"。

　　鉴于核武器库对世界事务的影响，乌拉姆在他的自传中多次回过头讨论武器科学家的思维方式和社会角色，这是很有意思的。那些科学家将自己封闭在绝密的实验室中，发明和制造潜在的大规模杀伤性武器。第二次世界大战期间在洛斯阿拉莫斯工作的大多数科学家都对原子弹给日本城市带来的毁灭感到震惊，并选择在战后回归学术生活。许多留在洛斯阿拉莫斯或后来返回那里的人可能天生就不关心政治，像乌拉姆一样"主要对工作的科学层面感兴趣"，"对回到实验室，为发展原子弹的进一步研究贡献力量并没有什么疑虑"。尽管乌拉姆后来认为核武器的库存已经超过了必要的数量，但在他看来，制造新武器所用的数学知识或自然法则在本质上并没有什么"坏处"。知识本身并不包含道德内容。特别是，在核武器领域，乌拉姆"对从事纯粹的理论性工作从未产生过任何疑问"，他将为实现政治和军事目的而制造和使用核武器留给其他人去操心。

　　乌拉姆对科学家获取新的大规模杀伤性武器的知识，与更广泛地传播这些知识这二者做了奇怪的区分："我真诚地认为，让这些事务掌握在科学家，还有那些习惯于做出客观判断的人们手中，要比掌握在那些煽动家和侵略主义者手中要安全得多，甚至也比掌握在怀着善意但在技术上一窍不通的政治家手中要安全得多。"然而，在像洛斯阿拉莫斯这种由政府资助的实验室里,武器技术与政治决策之间的共生关系是无法回避的。尽管乌拉姆坚持认为"人们不应该发起可能导致可怕结局的工程",但是他又说"科学家们回避技术问题是不明智的",因为"这样做可能会把问题抛到危险和狂热的反动分子手中"。尽管存在这些明显的矛盾,但乌拉姆为自己在武器研制中所扮演的角色的辩护,为我们提供了一个为数不多的、了解洛斯阿拉莫斯的科学家对其工作的最终成果的个人态度的机会。

由于他在洛斯阿拉莫斯实验室参与国防工作,乌拉姆享有那些一心做学术的科学家所不具备的许多优势。其中最主要的一点就是,他很早就能获得对当时存在的最强大的、速度最快的计算机的使用权。战后好几十年里,国家武器实验室中的计算设备都要远优于那些从事非机密性研究的大学科学家能用上的设备。乌拉姆以各种出色的方式利用了这一优势。

强大的计算机的发展最初是由战争推动的。在第二次世界大战开始时,还没有现代意义上的电子计算机,只有少量机电继电器式的机器。战争期间,宾夕法尼亚大学的科学家们在马里兰州的阿伯丁试验场研制了ENIAC机,即电子数字积分计算机,它含有专门为陆军计算火炮射表而设计的电路。用现代的标准看,这台早期的计算机运行速度极其缓慢,而且非常笨重:1945年在宾夕法尼亚大学运行的ENIAC机重达三十吨,包含一万八千个电子管和五十万个焊接接头。冯·诺伊曼在1944年访问宾夕法尼亚大学时受到了启发,设计了一台现代意义上可编程的电子计算机,它可以根据指令执行任何计算,而不局限于计算火炮射表。这种新型计算机将拥有能够执行加法和乘法等基本算数运算序列的电路。冯·诺伊曼希望有一台更灵活的计算机,以解决洛斯阿拉莫斯正在讨论的、在数学层面上十分困难的原子弹的内爆问题。不过,被称为"MANIAC"(数学分析仪、数值积分器和计算机)的洛斯阿拉莫斯的第一台电子计算机,直到1952年才投入使用。

乌拉姆在这方面的早期洞见之一是,使用洛斯阿拉莫斯速度很快的计算机,可以利用随机数通过统计学的方式解决各种各样的问题,这种方法被恰如其分地称为"蒙特卡罗法"。乌拉姆在玩一种单人纸牌游戏时忽然想到,可以通过在计算机上编程模拟大量的牌局,来确定纸牌游戏中各种结果的概率。可以从剩余的牌堆中随机抽选新的纸牌,但要根据该纸牌有多大概率成为下一张被选中的纸牌来进行加权。每当需要做出公正的选择时,计算机都会使用随机数。当计算机玩了数千局游戏后,就可以准确地确定出成功的概率。原则上,单人纸牌游戏的成功概率可以使用概率论方法而不是使用计算机来精确计算。然而,这种方法在实践中是不可行的,因为它涉及太多的数学步骤和过大的数字。蒙特卡罗法的优点是,可以对计算机进行有效编程,让其根据已知概率执行特定牌局中的每一步,并且可以通过调整样本牌局的数量来让最终结果达到任何想要的精度。单人纸牌游戏是一个范例,显示了如何运用蒙特卡罗法,通过暴力计算的力量来解决其他棘手的问题。

蒙特卡罗法在高速计算机上的一项早期应用是对裂变炸弹中中子倍增情况的研究。实现的方法是:先随机选取一个会释放中子的放射性原子核的位置,再随机选择中子的能量、其运动的方向,以及其在逃逸或与另一个原子的原子核发生碰撞之前所移动的距离。如果中子与原子核发生碰撞,那么中子要么被散射,要么被吸收,要么引发核裂变,仍然依照这几种情况的概率来随机选择发生哪一种。通过这种方式,在计算了许多中子的生命历程之后,就可以确定在装置的任何位置、以任何能量沿特定方向运动的中子的数量。蒙特卡罗法也非常适用于计算材料的平衡特性、估算具有复杂几何形状的粒子探测器的效率，以及为各种各样的物理问题模拟实验数据。

乌拉姆在计算机技术的早期应用方面做出的另一项贡献，是解决确定可压缩材料运动情况的问题。的确，起初吸引洛斯阿拉莫斯的科学家去利用高速计算机的优势的，就是原子弹中可裂变核心的内爆产生的压缩波的计算问题。乌拉姆的贡献之一是他提出了这样一个想法，用一组有代表性的点来表示可压缩材料，而这些点的运动可以由计算机来确定。沿着类似的思路，乌拉姆首次对星团中的恒星那微妙复杂的集体运动进行了研究，其中的每颗恒星都通过引力与其他恒星相互吸引。沿着乌拉姆率先探索出的路线，应用计算机来对可压缩材料和恒星系统进行研究，这二者都是当今吸引人们研究兴趣的主要领域。

尤其令人感兴趣的是乌拉姆在1950年代中期与约翰·帕斯塔和恩利克·费米一起进行的具有远见的计算机实验，实验是关于连接着非线性弹簧的小质量链的振动情况的。所谓非线性弹簧，是指伸缩量与所施加的力的大小不完全成正比的弹簧。当计算机模拟的一组质点以一种特定的、相当简单的形式开始运动后，乌拉姆和他的同事们惊奇地发现，尽管经历了一段奇怪的、完全出人意料的中间演变过程，但那些质点最终会回到几乎与最初的运动完全相同的状态。如今，利用计算机开展的这类非线性系统的研究，已经成了跨学科科学研究的一个主要领域。人们已经发现了动力学系统的许多奇特的性质，从而对遵循着看似简单的物理定律的非线性系统的长时特性有了更深的理解。

受乌拉姆启发而出现的一个相关的计算机实验是对迭代非线性映射的研究。提供给计算机一个(非线性的)规则，可以将一个数学上定义好的空间区域内的一个点变换到另一个点，然后再将同样的规则应用在新的点上，进行多次迭代来继续这一过程。如果只经过几次迭代后就检查结果，其模式通常是无趣的。但当使用计算机生成数千次迭代后，乌拉姆和他的同事保罗·施泰因观察到，各种奇怪的模式会产生出来。在某些情况下，经过多次迭代，这些点会收敛到一个点上，或者在给定的空间区域内沿着一条曲线排列。在其他情况下，经过各步迭代依次产生的点的图像似乎具有无序的、混沌的属性。迭代图像的最终模式可能对生成它时所选择的初始点，以及(非线性的)迭代规则二者都是敏感的。近年来，乌拉姆和施泰因的这项早期工作在洛斯阿拉莫斯得到了极大的拓展，洛斯阿拉莫斯现在是非线性研究的主要中心。

　　乌拉姆对数学在生物学中的应用也很感兴趣。一个可能具有生物学意义的例子是冯·诺伊曼和乌拉姆两人创立的细胞自动机这个子领域。作为此类问题的一个例子，想象一下把一个平面分成许多小方格，就像一个棋盘，在邻近的方格中放置几个物体。然后，根据相邻的方格是否被占用，来制定每个方格中新物体出现(或旧物体消失)所遵循的规则。一次次将规则应用于所有方格，被占用的方格所组成的图案会随着时间的推移而演变。根据初始的配置和生长规则，一些计算机生成的细胞自动机会演化出类似晶体或雪花的图案，另一些似乎一直处于不断变化的运动之中，仿佛它们是活的一样。在某些情况下，自我复制的物体组成的图案，其领地会不断扩大，填满所有可用的空间，就像珊瑚或细菌在培养皿中生长一样。

　　斯塔尼斯拉夫·乌拉姆是一个有着很多想法、想象力丰富的人。

他的创造力和远见卓识，从利沃夫到洛斯阿拉莫斯一路都播下了智慧的种子，这些种子已经开花结果，在世界各地形成了新的研究科目。乌拉姆的科学工作以一种高度基于言语交流的研究风格为特点，这种风格来源于他早年在利沃夫的咖啡馆里的经历。书面材料的使用对于乌拉姆来说也确实不那么重要，因为他有着惊人的记忆力，好几十年后，他还能一一说出当年同学们的名字，并能引用他还是一名学童时学到的希腊语和拉丁语诗歌。乌拉姆那种高度倚仗言语和社交互动的工作方式，实际上非常适合洛斯阿拉莫斯的研究环境。那里有许多天才的同事可以与乌拉姆合作，为他勾勒出的想法补充缺失的细节，并帮他完成那些改变了人类事务进程的科学论文和报告。

威廉·G.马修斯、丹尼尔·O.赫希

目 录

1983年版前言

在为本书的另一个版本撰写序言时，我忍不住要把十年前我对科学的未来的那些猜测和羞怯的预言，与现在的情形做一番比较。如果说二者有什么不同的话，那就是现在看起来比我当初期望的更令人兴奋。观察到有多少当初没有预见到或无法预见的事实和想法涌现出来，这是件很奇妙的事。虽然我只会提到最近科学的众多发展中的一小部分，但重要的是要认识到，我们理解宇宙的速度与我们最终理解了宇宙的哪些东西，这二者同样关键。

科学与技术正在以前所未有的速度进步着，这使得自我写成这本书的初版以来这段短短的时间在科学史上的重要性不亚于任何一个历史时期。要想证明这一点，只需要想想登月的实现、已经变得司空见惯的人造卫星发射，以及在天文学中和在对地球本身的研究中的巨大发现。

最值得注意的是电子计算机技术的指数级发展，它的应用遍及日常生活的许多方面。现在，人们正在勾勒计算的"元理论"中的元素，而一般意义上的可计算性问题，特别是关于其局限性的问题，正在被成功地研究着。

我很好奇，如果冯·诺伊曼能活着看到以上全部这些东西，他会有怎样的反应。他预言过计算机的作用将越来越重要，但即使是他，也会对计算机时代的涉及面之广和出现速度之快感到惊讶。

我们可以说，原子时代之后是计算机时代，而计算机时代又使太空时代成为可能。对于所有的太空飞行器——火箭、人造卫星、自动推进装置、航天飞机等来说，快速的计算成为可能，这是发展它们的前提，计算结果必须在很短的时间内传送到外层空间，给它们用以修正轨道。在非常快速的电子计算机问世之前，这类远程控制是无法实现的。

最近，物理学和天文学的大量发现给人们描述宇宙增添了困惑。类星体的谜团仍未解开。这些类恒星天体距离我们大约有数十亿光年，其内部光度比它们前景中的星系要高出数百倍。在我写完这本书之后的几年里，人们发现了宽达数亿光年的巨大"空白区域"。这些区域使我们对宇宙的同一性和各向同性提出了质疑，而这两个性质则是大爆炸残留的宇宙辐射的明显均匀性所表明的。现在普遍认为黑洞确实存在，一些观测到的天体的行为可以用黑洞来解释。此外，越来越多的证据支持这样一种理论：某些剧烈的过程会导致类似恒星的天体以及星系发生巨大爆炸。

对于像我这样的数学家来说，"宇宙在空间上究竟是有限且有界的，还是无限延伸的？"这一问题仍然是宇宙进化论和宇宙学的头号问题。

在物理学中，新的基本或初级粒子的数量在不断增加。夸克似乎越来越多地能对应真实的，而不仅仅是数学意义上的物质成分，但它们的数量和性质依然无法得到验证。科学家们正在考虑亚粒子的存在性，比如胶子。

自本书初版问世以来，在我看来，存在能无限细分下去的结构链变得更有可能了。套用一个关于跳蚤的广为人知的说法：大夸克的背上有更大的夸克来咬它们，更大的夸克背上有比它们还大的夸克，以此类推，无穷无尽。

对于不同自然力之间的同一性或相似性也有很多推测。当然，在电磁力和所谓的弱相互作用之间有很强的相似性。这两种力以及核力和引力之间，甚至可能存在数学上的相似性。

数学仍旧是研究此类问题的工具。电子计算机为解决复杂的计算问题提供了极大的帮助，在纯数学的学科，比如数论、代数学和几何学中涌现出了大量的新成果。像蒙特卡罗法这样的"建构性"数学方法的应用范围不断扩大，这表明复杂性理论可能很快会影响数学的许多分支，并激发出新的观点。一些物理问题，例如研究和解释在新建成的、长达数英里①的加速器上发生的粒子碰撞，需要基于蒙特卡罗法来建立庞大的模型。

时下正流行对非线性变换与运算的研究。这些研究是在洛斯阿拉莫斯实验室开始的，那里如今有一个专门的中心致力于非线性现象方面的工作。该中心最近举办了一次关于混沌与有序的国际会议。在大多数情况下，非线性系统的工作涉及迭代的行为，该行为是对给定的函数或流的重复。这些问题需要来自本质上是数学实验的工作的指导。在计算机上进行的试验可以让数学家对变换的定性行为有一种感觉或直觉。其中一些工作是对第十二章中提到的研究的继续，另一些是我、保罗·施泰因以及其他人在本书初版面世之后完成的。

虽然物理学中的很多东西可以用拥有无限个变量的线性方程组来研究（如在量子理论中），但也有许多问题（包括流体力学中的问题）是非线性的。物理学的基础中包含非线性原理的可能性越来越大。正如恩利克·费米曾经说过的那样："《圣经》中并没有说所有自然法则都可以线性地表达！"

---

① 1英里约等于1.6千米。本书保留原书公制、英制表述，在首次出现英制单位处，提供换算比例。

对像我这样的业余物理学家来说，理论物理学中日益复杂的数学似乎使我们对小尺度和大尺度宇宙二者的真正理解都会降低。不断加剧的碎片化倾向，可能部分归咎于对科学史教学的忽视，当然也可能归咎于各个学科分支，尤其是数学的专业化和过度专业化。虽然我被认为是一位博览群书的数学家，但现在有数以百计的新书我连书名都看不懂。

我想用几句话来谈谈这个明显属于生物学的时代。我相信在过去的十六年间，生物学取得了比其他学科更为显著的进步。每一项新发现都会带来一些不同的惊喜。曾被认为固定不变的基因现在似乎动了起来。定义了基因的那部分密码可能会发生"跳跃"，改变其在染色体上的位置。

我们现在知道，遗传密码的某些片段并不表达制造蛋白质的配方。这些有时会比较长的序列称为"内含子"，位于携带指令的染色体片段之间。内含子的作用目前还不清楚。

基因剪接（在染色体上插入或移除特定的基因）的成功实现，开辟了一片新的实验天地。例如，基因操纵在农业等科学领域的应用，带来的好处几乎是无穷的。在医学上，我们已经可以利用经过基因改造的细菌来生产人胰岛素。科学家们已经同意采取预防措施，以防止在基因剪接实验中意外产生危险的新物质。这似乎让专业生物学家感到满意。然而，对于是否要冒着可能带来各种后果的风险，允许实施不受监管的基因工程工作开展，仍存在很大争议。

我写的《生物数学的若干观念及展望》一文（见书后参考文献）包含了我自己在这个领域做的一些理论工作的例子。文中涉及通过考虑不同特定蛋白质之间的距离来比较其DNA编码的方法。由此可以引出一些有趣的数学方法，这些方法尤其可以用来勾勒生物进化树的可能形状，还有其他一些用途。生物学家伊曼纽尔·马戈利亚什首先提出了使用细胞色素C的不同编码的想法。

在洛斯阿拉莫斯，一个由乔治·贝尔、沃尔特·戈德及其他一些生物学家领导的小组，正在使用计算机来研究大量目前实验中可用的DNA的编码。国立卫生研究院最近与该小组签订了一份合同，以建立一个收录此类编码及其相互关系的库。

众所周知，渐进式的变化，无论其范围有多广，在发生时都几乎难以察觉。只有经过一定的时间，人们才会察觉到转变。战争期间在洛斯阿拉莫斯的一个早晨，我思考过去几年里我自己的生活发生了哪些难以察觉的变化，导致我来到了这个陌生的地方。我望着新墨西哥州蔚蓝的天空，空中有几朵白云在缓缓地移动，它们的形状似乎保持不变。我把目光移开了一会儿，然后重新看过去，我注意到现在那些云的形状完全不同了。几个小时后，我与理查德·费曼讨论物理学理论的变化，他忽然说道："这很像云的形状，你盯着它看时它似乎没有变化，但如果你过一分钟再回过头来看，就会发现一切都很不一样了。"这是一个思想上的奇妙巧合。

我个人的生活也仍在发生变化。1976年，我从科罗拉多大学退休，成为一名荣誉退休教授，这是一个发人深省的头衔。与此同时，我接受了位于盖恩斯维尔的佛罗里达大学的研究教授职位，如今我每年仍要在那里度过几个月，主要是在不太炎热的冬天。

我和我的妻子弗朗索瓦丝卖掉了我们在博尔德的房子，在圣达菲购置了另一座房子，那里成了我们的基地。我会每周三四次往返于圣达菲和洛斯阿拉莫斯实验室之间。洛斯阿拉莫斯一流的科学图书馆和计算设施，使我能够在前面提到的一些科学领域中继续开展工作。弗朗索瓦丝是我的"家政大臣"，这是我对她的称呼，影射英国内政大臣的头衔。我们仍然到处旅行，我会继续在不同的地方做讲座。

我们十分幸运，我们的女儿克莱尔和她的丈夫斯蒂芬·韦纳也住在圣达菲，她丈夫是一名整形外科医师。他们的女儿丽贝卡现在五岁，她让我有机会为小孩子的学习过程是多么了不起而惊叹，包括一个孩子是如何学会说话，学会使用与她所听到的那些短语相似但又不同的短语。观察丽贝卡说话，我获得了更多的动力和实例来表述一般性类比的数学模式。

我的合作者丹·莫尔丁是北得克萨斯州大学的一名教授，他最近编辑完了我在第二章提到的《苏格兰书》的英文版。我们现在正在合作编写一本汇集新的尚未解决的问题的书。这本书的侧重点将与我1960年出版的《数学问题集》一书不同。这个新的问题集将更多地涉及与理论物理学和生物图式相关的数学思想。

自本书初版问世至今，书中提到的很多人都已经去世，或者像我的朋友保罗·埃尔德什喜欢说的那样，"离开了"：卡齐米日·库拉托夫斯基，我曾经的教授；卡罗尔·博苏克和斯塔尼斯拉夫·马祖尔，我的波兰同仁；我在巴黎的堂亲朱勒克·乌拉姆，还有表亲玛丽西亚·哈科特－史密斯；在博尔德的简·里克特迈耶，她曾经为本书初版的写作提供过帮助；乔治·伽莫夫和他的妻子芭芭拉；我在蒙特卡罗法实验中的合作者约翰·帕斯塔和埃德·卡什韦尔；还有在洛斯阿拉莫斯这里的英国物理学家吉姆·塔克和他的妻子埃尔茜（他们在几个月内相继离世）。如贺拉斯所说："所有人都走着同样的路，所有人都将化为灰烬……这是终极的命运……"

几周前，我应邀在洛斯阿拉莫斯一神论教堂做了一场周日讲座，主题是"洛斯阿拉莫斯的纯粹科学"。随后的讨论集中在了当今日益受到关注的问题上：科学与道德的关系、科学发现的好处与坏处。1910年前后，著名的法国数学家亨利·庞加莱在他的《最后的沉思》

一书中就曾考虑过这方面的困境。当时那些问题还没有像现在这么令人忧心忡忡。如今，核能的释放和基因操纵的可能性大大增加了问题的复杂性。

有人问我，如果洛斯阿拉莫斯的研究证明制造原子弹是不可能的，那将会发生什么。那样一来，世界当然将会变成一个比现在更安全些的生存之所，没有自杀性战争和彻底毁灭的风险。不幸的是，在物理学中几乎不存在不可能性的证明。在数学上正相反，不可能性的证明为我们提供了一些纯逻辑上最优美的范例。（可以想一想古希腊人对 2 的平方根不可能为有理数，即两个整数之商，的证明吧！）人类似乎在情感和精神上都没有为应对很多方面知识的巨大增长做好准备，无论它们涉及对能源的掌握，还是涉及无生命和原始生命的过程。

听众中有人想知道，目前对人类大脑的一些研究是不是可能最终不会带来一个更明智、更美好的世界。我也倾向于这样认为，但这种可能性存在于太过遥远的未来，甚至无法对其进行猜测。

在我短暂的人生中，科学发生了巨大的变化。七十年大约占有记录的人类历史时长的 2%，我有一次在普林斯顿对罗伯特·奥本海默提起过这一点。他回答说："啊！除了对数学家以外，五十分之一确实是一个很大的数字！"

我有时觉得，对于我人生中所发生的这一切，一个更合理的解释是：我现在其实只有十三岁，读着儒勒·凡尔纳和 H. G. 威尔斯的书，然后进入了梦乡。

斯塔尼斯拉夫·乌拉姆

1982 年 8 月

于圣达菲

致 谢

    如果没有我妻子弗朗索瓦丝的帮助，这本书也可以写成，但它将仅仅是一个杂乱的项目的组合体。它能够呈现出一些连贯的特征，这是弗朗索瓦丝干预和协作的结果。她通过几年智慧而又系统的工作，成功地使这本回忆录的熵大大减小了。还要感谢吉安-卡洛·罗塔，他与我就本书的一些主题进行了多次谈话；感谢埃米莉亚·梅切尔斯卡夫人，她对我已故的波兰同事们进行了研究；感谢简·里克特迈耶夫人，她对文本中一些比较粗糙的地方进行了仔细检查。

    谨向授权翻印照片作为书中插图的以下个人和机构表示感谢：

    哈佛学者学会（初级研究员的合影，1938年）

    洛斯阿拉莫斯科学实验室（所有相关照片都已在图注中注明出处）

    哈罗德·阿格纽（1940年代的恩利克·费米）

    尼古拉斯·梅特罗波利斯（冯·诺伊曼、费曼和乌拉姆在班德利尔小屋）

    维京出版社（乔治·伽莫夫描绘"超弹"委员会的漫画）。出自乔治·伽莫夫1970年出版的《我的世界线》一书。

    劳埃德·希勒（斯坦和弗朗索瓦丝·乌拉姆在家中，1964年）

    其他所有未注明出处的图片版权均归本书作者所有。

序 言

在薄暮中，从华盛顿飞往阿尔伯克基的飞机已经接近桑迪亚山脉，阿尔伯克基城就坐落在山脚下。大约在着陆前十分钟，圣达菲市的灯光就在远处变得清晰起来。在西方地平线上，隐约可见神秘的赫梅斯火山群。我从华盛顿、纽约或加利福尼亚返回此地，这也许是第一百次了。洛斯阿拉莫斯的公务以及其他的政府和学术事务，让我几乎每个月都要往返于各地间。

我的思绪回到了1944年1月我第一次来到新墨西哥州的时候。那时我还是威斯康星大学的一名年轻教授，应邀参加一个当时还无法透露其具体内容的项目。他们只告诉我如何到达洛斯阿拉莫斯地区——经由圣达菲附近一座名为拉米的火车站。

如果有人在四十五年前预言，我，一个来自波兰利沃夫的年轻"纯"数学家，将在新墨西哥州这样一个我在欧洲时甚至都不知道其名字和存在的地方，度过我成年生活的大部分时光，我会认为这个想法是不可思议的，并对其嗤之以鼻。

我回想起我在波兰度过的童年，回想起我的学习经历，回想起我从很小的时候就开始的对数学的痴迷，以及我对物理学的兴趣如何扩展了我对科学的好奇心。而这份好奇心又通过一系列的意外和机缘，促使我受邀加入"洛斯阿拉莫斯工程"。当我的朋友冯·诺伊曼请我到一个陌生的地方，加入他和其他一些物理学家的行列时，我只能模糊地猜测那里的工作性质。当我在芝加哥联合车站的两列火车之间见到他时，他能告诉我的全部信息就是"在格兰德河西边"。

飞机在阿尔伯克基着陆了。我拿起行李，走了一百码①，穿过一片停车区，爬上了一架小飞机。这架飞机每天会数次往返于阿尔伯克基和洛斯阿拉莫斯台地上海拔七千三百英尺②的一条跑道之间。

冯·诺伊曼是20世纪上半叶最伟大的数学家之一，正是由于他，我于1936年来到了这个国家。从1934年起，我们便开始就纯数学领域的一些深奥问题有了通信往来。我很早就在这一领域为自己赢得了一些声誉，而冯·诺伊曼也在研究相近的领域，他邀请我访问新成立的普林斯顿高等研究院。那是一个为公众所熟知的地方，因为在它的首批教授之中，有一个人叫阿尔伯特·爱因斯坦。冯·诺伊曼本人则是普林斯顿最年轻的教授之一，他由于在数学和逻辑学基础方面的工作已经颇负盛名。几年后，他又成为研制电子计算机的先驱之一。

我曾经打算写一本关于冯·诺伊曼科学生涯的书。在构思的过程中，我思考了我和其他很多人是如何受到他的影响的，思考了这个人，还有我认识的其他一些在纯粹抽象的数学和理论物理学领域工作的人，是如何改变了我们现在所知世界的面貌的。

关于我的科学工作，关于我的学习经历和早期研究，关于和数学家同仁一起在我家乡的咖啡馆里探讨数学的无穷无尽的时光，关于我来到美国在普林斯顿和哈佛任教的生涯的那些记忆，与我对冯·诺伊曼的人生以及后来发生的事情的回忆，交织在了一起，剪不断理还乱。

---

① 1码约等于0.9米。
② 1英尺约等于0.3米。

当我开始整理思路时，我意识到直到那时（我想大概是1966年），对原子时代开端之际的那种不寻常的背景氛围，几乎还没有人做出过什么描述。官方记录并没有写出那些当事人的真正动机，也没有深入到那些在不同寻常的条件下生活了两年多的人的内心感受、疑虑、信念、决心和希望中去。它们只是平铺直叙，充其量只能给出基本的事实。

在从阿尔伯克基飞往洛斯阿拉莫斯的小飞机上，我想着以上这一切，我想起了童年时期读过的儒勒·凡尔纳和H. G. 威尔斯那些被翻译成波兰语的作品对我产生过怎样的影响。即使是在那些孩子气的梦境中，我也没想到有朝一日我会投身于与这些科幻小说中的描写同样奇妙的事业。

所有这些思考带来的结果是，我没有去写冯·诺伊曼的生平，而是着手描述我个人的经历，以及我所了解的其他一些科学家的情况。这个时代伟大的技术成就也有他们的功劳。

正如我已经提到的，我是从一名纯数学家起步的。在洛斯阿拉莫斯我遇到了很多物理学家和其他"自然"科学家。我交往的即便不能说全部是，也主要是些理论家。当我看到在黑板或纸上写下的几笔潦草的字迹是如何改变了人类事务的进程时，我至今依然会感到无尽的惊奇。

我参与了原子弹的工作，然后又参与了氢弹的工作，但我生命的大部分时光是花在更为理论性的领域中的。我的朋友奥托·弗里施是核裂变链式反应可能性的发现者，他在《原子能科学家公报》上发表过一篇文章，其中这样描述他刚刚从战火纷飞的英国来到洛斯阿拉莫斯时的第一印象：

"当然，我从未看到过在一个地方聚集着这么多有意思的人。晚上，我觉得我可以随意走进任何一所房子，其中都能发现志趣相投的人正在演奏音乐或正在进行激烈的辩论……我还很早就认识了斯坦·乌拉姆，他是一位才华横溢的波兰拓扑学家，有一位迷人的法国妻子。刚一认识，他就告诉我他是一位纯数学家，在纯数学中沉沦得如此之深，以至于他最近的一篇论文实际上几乎是由带小数点的数字组成的！"

本书涉及那些之前鲜有描述的、在科学领域做出了极大贡献，并开启了核时代和太空时代的人们的生活，包括冯·诺伊曼、费米和许多其他数学家和物理学家。但在其中我也想讲述来自数学本身的、更为抽象和具有哲学上的决定性的影响。像斯特凡·巴拿赫、G. D. 伯克霍夫和戴维·希尔伯特这些名字几乎不为公众所知，然而正是这些人，与爱因斯坦、费米和其他一些同样著名的人物一道，为20世纪已取得的科学成就做出了不可磨灭的贡献。

第一部分

在波兰成长的数学家

第一章

童年

1909—1927

　　我的父亲约瑟夫·乌拉姆是一名律师，1877年出生在波兰的利沃夫。利沃夫在他出生那会儿还是作为奥匈帝国一部分的加利西亚省的首府，直到1909年我出生的时候依然如此。

　　他的父亲，即我的祖父，是一名建筑师兼建筑承包商。据我所知，他是从威尼斯迁来利沃夫的。

　　我母亲安娜·奥尔巴赫出生在斯特利，利沃夫以南约六十英里的一座小镇，坐落于喀尔巴阡山侧。她的父亲是一位实业家，在加利西亚和匈牙利经营钢铁生意、管理工厂。

　　我最早的记忆之一是和父亲一起坐在窗台上，观看街上因为皇储①访问利沃夫而举行的盛大游行。那时我还不满三岁。

　　记得我妹妹出生时，人们告知我一个小女孩已经降临人世，一种难以名状的感觉涌上心头，让年仅三岁的我有一种长大了的感觉。

　　我还记得自己四岁时，在一张东方风格的地毯上一边跳来跳去，一边低头观赏上面错综复杂的图案。父亲高大的身形就立在我旁边，我注意到他在微笑。我认为"他是因为我的稚气而发笑，却不知道我

---

① 指奥匈帝国皇储斐迪南大公，他1914年遇刺是第一次世界大战的导火索。

已经能够理解那些图案的不寻常之处"，当然那时我还不能用这样的语句思考，但我坚信我是当时而不是事后才产生这个想法的。我明确地感到："我懂得父亲不知道的某些东西，也许我比父亲更有头脑。"

我还能记起和家人一起去威尼斯旅行。我们乘交通汽艇在运河上航行，我手中的气球掉到了水里。气球贴着船舷上下浮动，父亲尝试用手杖的曲柄把它钩上来，却失败了。为了安慰我，家人允许我挑选一个用威尼斯珠子制作的贡多拉①模型纪念品，我至今仍然记得得到这项"任务"时的自豪感。

记得第一次世界大战开始时，当奥地利、德国和保加利亚作为"同盟国"一方与法国、英国、俄国和意大利对抗时，年少的我是同盟国的拥戴者。大多数讲波兰语的人都是民族主义者，反对奥地利。但我在八岁的时候还写过一首赞颂奥德两军胜利的小诗。

早在1914年，俄国军队就曾进入加利西亚并占领利沃夫。我们一家被迫跑到维也纳去避难。在维也纳我学习了德语，但在家里我们都说母语波兰语。

我们住在圣斯蒂芬大教堂对面的一家旅馆里。奇怪的是，尽管我后来曾许多次造访维也纳，但直到1966年的一天和妻子一起在街头漫步时，我才又一次认出了这座建筑。或许是因为当时我们恰好在谈论我的童年，我忽然想起它并把它指给妻子看，与此同时，许多尘封了半个世纪的往事也纷纷涌入我的脑海。

同样是那次造访维也纳时，当我穿行在普拉特公园中，眼前的一家室外咖啡馆忽然把我拉回记忆里。那时我因为某种哮喘症状发作，在风中窒息，一切就发生在这同一家咖啡馆前面。很多年后，在威斯

---

① 一种威尼斯特色平底船，两头尖。

康星州的麦迪逊，我曾有过一次类似的发作。奇特的是，当时的感觉并没能让我回忆起童年的这次经历。只有在再次身临其境时，在视觉联想的作用下，那种遥远记忆中的感觉才又回到我身上。

我不会去刻意描述一个六岁孩子眼中的维也纳印象。有一次，我戴着一种军帽，在卡特纳大街（维也纳的主要街道之一）遇到一名军官向我行礼，我清楚地记得当时满心喜悦的感觉。但当有人提到美国可能拥有上万架飞机时（有过这种谣传），我开始怀疑同盟国是否还能取胜了。

在维也纳的这段时间，我开始学习阅读。像一生中诸多求学经历一样，一开头体验总是不愉快的，艰难又有几分痛苦。经过一段时间，走上正轨后，就变得容易多了。记得我走在街上，兴高采烈地大声读出看到的各种标识，没准把父母都给弄烦了。

那时我父亲是隶属于奥军陆军司令部的一名军官，我们因此频繁迁徙。我在俄斯特拉发住过一段时间，并在那儿上过学。在学校，我们要学乘法表，而我感到学算术有点儿头疼。有一次，我因为感冒待在家里，那时正学到6乘7，我确信等我回去上课时，其他同学就已经在学12乘15了。记得我自学到10乘10，剩下的则求助于家庭教师。由于总是到处搬迁，我没法有规律地去上学。

还记得父亲有时会拿一本儿童版《堂吉诃德》读给我听，里面有些现在感觉只能令人莞尔的章节，当时却令我捧腹。我觉得，堂吉诃德大战风车的场景是我能想象出的最好笑的事情。

以上这些记忆中的视觉画面，虽不能说多令人怀旧，却带着一种明晰的体验感，在我记忆中留下清晰的联结烙印。它们携带着不同强度、不同色彩、不同构图的意识，也混杂着一些并不明确是幸福还是疑虑的情感。它们确实在大脑的不同部分同时上演着，并制造出了一种类似音乐旋律的感觉。这是我感情的再建。人们在记忆中往往能够保留这些随机的画面,奇妙的是,它们能持续一生。

一些特定场景容易被记忆存取,但许多其他的印象也很可能持续留存。在有的实验中,当病人的大脑被手术探针触碰时,某些过去的画面会再现。这些画面可以从记忆中被唤起,有着好像不随时间而变化的色彩和味道。通过回忆重建这些往事时,它们并未被改变或更新。就我对自身的观察而言,自这些印象起始的演绎链条,现在和我小时候并无多大分别。如今当我看到某些事物,如一把椅子、一棵树或一根电话线时,会引发一连串的联想。这串联想的演进路线,与我能忆起的五六岁时的情形十分相似。我看一根电话线时,能够清楚地回忆起它曾带给我的某种抽象的或是数学的冲动。我好奇是否有其他东西能激起同样的感觉,这是一种泛化的尝试。

也许人脑中的记忆存储在很小年龄就已经在很大程度上成形了,后来的外部刺激则是启动了沿着各个记忆频道对印象加以记录和分类的过程,而这些频道早在人的幼年就已经大量存在了。

研究事物在记忆中归档的机制,显然对分析人的思想大有帮助。要搞清楚人是如何理解一段文本、一种新的理论,又或一个数学证明,有意地去关注其思维的时序和内在逻辑是个不错的角度。就我所知,在对记忆本质的研究上,专家和业余爱好者在这方面的工作都还不够。在我看来,有了计算机实验手段的帮助,在联想的本质等方面,还可以挖掘出很多东西。这种研究可能要涉及对概念、符号、符号的类、类的类等的分级,就如同对数学或物理结构的复杂性进行探究时所做的那样。

在思维链中必定存在某种巧妙的机制,一种递归公式。一组神经元有时在没有外部推动的情况下也能够自动开始工作。这是一种自带生长模式的迭代过程。它在大脑中徜徉，并且它的发生必定依赖相似模式的记忆。

目前人们对此还所知甚少。也许一百年内它会成为一门迷人的新科学的一部分。像约翰·冯·诺伊曼这样的科学家对人脑和电脑的工作机制进行类比研究，是在不久之前才开始的。更早的时候，人们还认为心脏是思维的核心器官，之后大脑的角色才逐渐被揭示出来，或许实际上思维有赖于感觉的总体。

我们习惯于把思维想成一种线性的经验，比如所谓的"思路"。但潜意识的思维可能更为复杂。像视网膜上可以同时产生多种视觉印象一样，大脑本身是否也可以承载同时发生的、并行的、各自独立起源的抽象印象呢？在我们头脑中发生的某件事，其过程并不是简单地串在一条线上的。未来也许会有某种记忆检索理论，记忆检索并不是靠单个的传感器四处扫描，而是可能像许多人一起搜救在森林中迷路的人一样。这是一个查找和检索类问题——组合数学中最重要的领域之一。

当某人忽然记起一个被遗忘的单词或名字时，会发生什么呢？他尝试唤起记忆时会做些什么呢？变化潜意识地发生着，通过多种途径来完成：声音或文字，长话或短词。这必然意味着语汇在记忆中是被多重归档的，如果仅仅存储在单一的地方，就可能无法被复原了。时间同样是个变量，尽管在意识中也许只有一个时间点，但在潜意识里可能存在多个。于是就有了合成和归纳的机制。不知是否有人能创立这样一种巧妙的自动检索系统，不必遍历一切就能够查找出正确的元素。

谈了这许多对记忆的考察，扯得有些远了。让我回到对人生经历的叙述上来。我真希望自己拥有弗拉基米尔·纳博科夫那种能力，通过几幅过去的画面就能够唤起记忆的全景。的确，艺术家能够描绘出视网膜上整组映像的本质功能和属性。大脑就是通过这些基本的东西在记忆中进行概括和存储的，如同一位漫画家用简单几笔就能描绘人脸的本质特征一样。从数学上说，这些就是函数的全局特征，或者说是点集所对应的图形。这么形容，听起来更加乏味，无非是说得更形式化一些。

1918年，我们回到了利沃夫，此时它已经成为新成立的波兰共和国的一部分。当年10月，乌克兰人包围了这座仅有少量士兵和武装市民守卫的城市。我家的房子算是位于城中相对安全的地带，虽说也会有零星的炮弹落在附近。正因为我家较安全些，不少亲戚都来和我们同住，大概得有三十人，其中一半是儿童。床远远不够用，我记得大家在卷起的地毯上四处席地而卧。炮击的时候，我们不得不躲到地下室去。还记得当母亲催我赶紧下楼时，我还坚持要把鞋穿好。那种时刻对成年人而言可以说是十分艰难的，但对我们孩子来说却未必。说来很奇怪，我对那段时光的记忆，多是和其他孩子一起玩耍、捉迷藏、学习纸牌游戏时的快乐。这样的日子持续了两周，直到另一支从法国赶来的波兰军队打败围攻者，给城市解了围。对孩子来说，战争时期的记忆并不总是令人恐惧的。

苏波战争期间，1920年，利沃夫再次受到威胁。布琼尼的骑兵突进到离我们仅五十英里处，但毕苏斯基在华沙前线取得的胜利挽救了南方战线，结束了战争。

1919年我十岁时，通过了文理学校的入学考试，这是一类仿效德国文理学校和法国公立中学而开设的学校，学制通常为八年。除了习字和绘画，其他科目我都能拿到A等，但我并没有在课内学习上特别下功夫。

在我所接受的教育中，化学是缺漏之一。我在学校里没怎么学过化学，以至于五十年后的今天，虽然我对生物学颇有兴趣，但化学的短板妨碍了我对基础生物化学的研究。

好像也是在这时，我发现我的双眼视力不太正常。事情经过是这样的：班上的男生依次检查视力，在排队等待读视力表时，我惊恐地发现自己的右眼只能看清最大的字母。我生怕因此被开除出学校，于是就把视力表背了下来。我想这应该是我人生中第一次有意作弊。当轮到我时，我令人满意地"读"完表后就被放走了，但我自己清楚我的双眼视力不一样，一只眼近视，另一只眼正常，后来它发展成了远视。我这种十分罕见却也广为人知的情况，显然是遗传导致的。我依旧从不戴眼镜，尽管阅读印刷文字时不得不凑近去看，以便近视的那只眼睛能看清。通常我并不清楚究竟在使用哪只眼睛。后来，麦迪逊的一位医生告诉我，这种情况有时比正常人更有好处，因为一只眼睛工作时，另一只眼睛可以得到休息。我怀疑我这种特殊的视力，不仅影响了我的阅读习惯，可能也影响了我的思维习惯。

当我试着回忆是如何开始培养起对科学的兴趣时，不可避免地要追溯到一本那时流行的天文学书中的某些图片。那是一本名为《恒星天文学》的教科书，作者马丁·恩斯特是利沃夫大学的天文学教授。书中有一张艾萨克·牛顿爵士的肖像。当时我是九、十岁的样子，那个年龄的孩子并不会对漂亮的脸蛋做出有意识的反应。但我清楚地记得我感觉那张肖像棒极了，特别是那双眼睛。那张面庞同时散发出有形的吸引力和神秘的美感。后来我了解到，那是戈弗雷·内勒所绘的牛顿年轻时的肖像，画中人身着开领衫，长发披肩。其他我印象深刻的插图还有土星的光环和木星的云带。它们给了我某种惊奇感，这滋味难以描述，有时与某些非视觉的印象相通，比如从精巧的科学论证案例所获得的感觉。但这感觉会时时重现，直到老年依然如此，如同某种熟悉的香气会重现一样。偶尔一股气息会重新袭来，带来与之相符的童年或青年的记忆。

如今在阅读关于天文现象的描述时，这些视觉的记忆会重现，当新的思想产生或新的对脑力劳动的渴望忽然浮现时，它们会伴着一种怀旧的（并非忧郁的，而是愉快的）感觉再现。

我对天文学兴趣的高峰，同时也是一段难忘的燃情时光，是我叔叔希蒙·乌拉姆送给我一架小型望远镜的时候。那是一款用黄铜或青铜管制作、带两英寸①物镜的折射望远镜。

时至今日，当我在古董店看到这类仪器时，仍会被怀旧感所掌控。哪怕已经时隔数十年，我的思绪依然会转向对苍穹奇观的想象和对新的天文学问题的思考。

那时我为很多未知的事物着迷，比如恩克彗星的周期变短问题。恩克彗星以约三年的周期围绕太阳运行，人们发现这一周期在无规则地、难以捉摸地缩短。19世纪的天文学家尝试做出过几种解释，如归因于摩擦力或者某些空间中尚未观测到的新天体。令我兴奋的是，还没有人真正知道答案。我曾猜测，这是不是因为牛顿的万有引力实际上并不精确遵循平方反比律。我试着推想，如果反比的指数稍微偏离2的话，将如何影响彗星的周期，想象在各种不同的距离上结果分别会是什么。这种推算的尝试并非基于数字和符号，而是几乎源自触觉与推理的结合，是一种奇妙的智力挑战。

在我心目中，没有星星是足够大的。参宿四和心宿二被认为比太阳要大许多（虽然那时还没有得到精确的数据），它们与我们的距离已

---

① 1英寸等于2.54厘米。

经像其他许多恒星一样通过视差法求出了。我背下了众多星座的名字，还记住了很多恒星源自阿拉伯语的名字，以及它们的距离和光度。我对双星也有不少了解。

除了恩斯特那本激动人心的著作外，另一本名为《行星和行星上的生存条件》的书对我来说也很特别。很快我的藏书里就有了八到十本天文书，包括纽科姆-英格尔曼那本了不起的德文版《天文学》。提丢斯-波得定则，亦即行星与太阳距离的"法则"①也很令我着迷，激励着我去成为一名天文学家或物理学家。这是我大概十一岁的时候在一个笔记本上写下的签名："S. 乌拉姆，天文学家、物理学家和数学家。"我对天文学的热爱从未中止过，我相信它是把我领向数学的路径之一。

用今天的眼光看，利沃夫像是一座乡间性城市，但实际上并非如此。科学家们经常会面向公众做讲座，主题涵盖了天文学新发现、相对论和其他物理学前沿等，吸引了律师、医生、商人等非专业人士参与。

弗洛伊德和他的精神分析学也是一个流行的讲座主题，当然，相比之下相对论要难懂许多。

1919年至1920年间，报纸和杂志上充斥着关于相对论的东西，这让我决心搞明白它是怎么回事。我参加了一些关于相对论的通俗讲座。我并不真正清楚它的理论细节，但对其主旨有着很好的思路。这很像小时候学习语言，虽然对语法一无所知，却能够用它说话。即使在严格的科学领域，也可能在不具备完整的基础知识的前提下，对某些东西的主旨有所领悟，这足够令人称奇。我并未详尽考察狭义相对论的数学细节，却能理解其要领乃至某些结果。我认为这种所谓理解

---

① 18世纪，天文学家提丢斯和波得提出了一个基于数列的简单公式，恰巧与当时已知的各大行星与小行星带同太阳的平均距离吻合。

并不是那种非是即非的命题。但目前我们并没有一种能够定量衡量理论知识的水平或程度的方法。

我的兴趣为我父亲和朋友们所知，他们认定我已经"理解"了相对论。父亲曾说："这孩子看来懂爱因斯坦呢！"他们给我这样的荣誉，让我感觉必须坚持下去，即便我清楚自己实际上对理论细节一点儿也不了解。无论如何，从此我开始有了"神童"的美誉，这激励着我深入研习流行的科学著作，我确信很多后来成长为科学家的孩子都曾有过类似的经历。

孩子是如何获得对其未来有着决定性影响的习惯和兴趣的，这一问题尚未得到充分研究。"抄袭"似乎是一种可能的解释，这种孩童拥有的神奇能力让他们能够模仿复制外在的印象，如母亲的微笑。另一种解释是可能源自人类天生的好奇心：为什么人不仅限于响应刺激，而是能主动寻求新的体验呢？

偏好也许是大脑中可遗传的联结系统的一部分，这种遗传特征或许都不依赖神经元的物理排布。头痛很明显与脑中血液循环是否顺畅有关，这取决于脑血管的粗细。或许就思维而言，与通常认为的神经元排布相比，神经"通路"起着更重要的作用。

对于一个新领域的探求，最初偶然的成败可能会是决定性的影响因素。我相信记忆质量的好坏同样是由初始偶然事件所左右的，也受外部因素的影响，或者碰巧是二者共同作用的结果。

以国际象棋方面的天赋为例，何塞·卡帕布兰卡[①]六岁时通过观看父亲和叔叔对弈来学棋。他自然地、不费力地提高了棋艺，如同孩子学习语言一样，与成年人吃力地学习新科目截然不同。其他著名的

---

① 古巴国际象棋选手，历史上最伟大的棋手之一，1920年代曾称霸棋坛。

棋手同样通过观看亲人对弈培养了对下棋的最初兴趣。在尝试下棋时，最开始的成功激励着他们走下去。没有什么比成功更棒，特别是在童年期间，这是广为人知的事实。

我是从父亲那里学习下棋的。他有一本关于国际象棋的平装小书，常常把书里描述的著名棋局讲给我听。其中骑士的走法很吸引我，特别是用一枚骑士同时威胁对方两枚棋子的招式。虽然这只是简单的策略，但我当时感觉非常了不起，并从此爱上了下棋。

同样的过程是否也适用于数学天赋呢？一个孩子在最初习数时获得了成功的体验，随后进一步体验并通过建立经验储备来扩展他的记忆。

我很早就对数学产生了好奇心。父亲的藏书中有一套很棒的德文平装书，名为 *Reklam*。其中一本是欧拉的《代数学》。我大概十岁或十一岁时读到了它，它给了我一种神秘感。书中的符号看上去就像魔法标记，我好奇是否有朝一日能看懂它们。这段经历可能有助于我发展对数学的好奇心。我是自己探索出如何求解二次方程的，记得在这一过程中我的精神不可思议地集中，经历了几乎是痛苦的，又有几分无意识的奋斗。我没有用纸和笔，只凭头脑完成了二次方的计算。

在高中时，我为奇完全数的存在性问题所吸引。一个整数如果恰好等于不包括自身的所有因数（包括 1 在内）的和，我们就说它是完全的。例如 6=1+2+3 是完全的，又如 28=1+2+4+7+14。那么是否存在符合此要求的奇数呢？迄今尚无结论。

大体上说，校内的数学课无法令我满意，很枯燥，我也不愿意死记硬背那些标准的解题步骤，所以我宁愿自学。

大约十五岁时，我研读了格哈特·科瓦列夫斯基著作中关于无穷小量计算的论述。虽然我的解析几何甚至是三角学预备知识都嫌不足，但其中关于极限的思想、实数的定义、导数和积分的概念令我虽然困惑但又非常兴奋。我决定每天读一两页，同时尝试用其他书来补习与三角学和解析几何相关的必要知识。

在一家二手书店我又找到了两本书：谢尔宾斯基的《集合理论》和另一本关于数论的专著。在十七岁时，我对初等数论的了解绝不比现在少。

我还读了数学家雨果·斯坦豪斯名为《数学是什么，不是什么》的著作，以及庞加莱几部令人惊叹的大作，《科学与假设》、《科学与方法》、《科学的价值》和《最后的沉思》的波兰语译本。这几部书不仅在科学方面，即使从文学水平上看也令人赞赏。我科学思想的一部分就是以庞加莱为模板的。如今再读他的书，虽然数学已经发生了翻天覆地的变化，物理学甚至变化更大，但能看到许多美妙的真理依然故我。我同样欣赏斯坦豪斯的著作，因为其中给出了很多实际的数学问题。

学校教授的数学局限于代数、三角和很初步的解析几何。在七年级和八年级，学生十六七岁时，有一门关于初等逻辑和哲学史概论的课程，主讲人扎沃斯基是一位真正的学者，在大学里兼讲师，富有感染力。他让我们对现代高等逻辑学的发展状况有了大致的了解。课外读了谢尔宾斯基的著作后，我课间能够在他的办公室里和他开展关于集合论的讨论。我那时还在研究有关超限数和连续统假设的一些问题。

我还参与到热烈的数学讨论中，近乎异想天开地探讨宏大的新课题、问题、理论和方法。与我一起探讨的是一个名叫梅茨格的男生，比我高三四个年级。是父亲的朋友把他介绍给我的，他们知道他对数学也有着浓厚的兴趣。梅茨格身材矮胖，金发，是典型的自由犹太人形象。后来我看到一幅海涅年轻时的肖像时，联想到了他的脸。到现在还不时能见到他这种类型的人，他们表现出业余性，即使在最基础的算术上也是如此。我们在几乎不了解已有的数学材料的前提下，对迭代计算进行了探讨。他表现得很"狂热"，充满着标新立异的冲动，很符合犹太人的特征。斯特凡·巴拿赫曾经指出，某些犹太人总试图改变既有的思想体系，不管是耶稣、马克思、弗洛伊德还是康托尔的。而梅茨格只算是在很小的程度上表现出这种倾向。如果他接受过更好的教育，也许能做出些好事。但他显然出身于很贫穷的家庭，他的波兰语带着很重的喉音。几个月后，他忽然不知所终了。这是我这些年来第一次想起他，或许他还活着吧。关于他以及我们之间讨论的回忆，使我们进行抽象的交流时那种特有的气息和色彩又闪现出来。

足以为怪的是，在这个幼稚的年龄，我偶尔还会尝试对自己的思维过程进行分析。我试图对这一过程建立更清醒的认识，每隔一小段时间就回顾一遍，看看是什么塑造了我的思路。毋庸讳言，我完全清楚，过多、过于频繁地沉溺于这种内省是危险的。

至此，我对天文学家、科学家，特别是对数学家的概念，几乎全部来自阅读。而首次获得这方面的鲜活印象，是在1926年参加一系列数学普及讲座时。连日里，雨果·斯坦豪斯、斯塔尼斯拉夫·鲁杰维奇、斯特凡·巴拿赫等人相继开讲。首先令我惊讶的是，他们都十分年轻。之前耳闻目睹他们的成果时，总以为这是一群长胡子的老学究。我贪婪地听着他们的讲座。年少的我对巴拿赫的印象是，他是一位朴素的天才。这个第一印象在我们后来长期的相识、合作和友谊中一直保持着，当然又不断地有所加深、丰富和变化。

后来到了1927年，扎沃斯基告诉我在利沃夫要召开一次数学会议，会邀请一些外国学者前来，又补充说一位名叫约翰·冯·诺伊曼的年轻而才华卓越的数学家会来做讲座。这是我第一次听到这个名字。遗憾的是，此时正值文理学校的大学入学考试期间，我未能去聆听那些讲座。

对科学的爱好并没有占去我的全部时间。我如饥似渴地阅读波兰文学，同时广泛涉猎托尔斯泰、儒勒·凡尔纳、卡尔·梅、H. G. 威尔斯和阿纳托尔·法朗士等名家的作品。作为男生，我偏爱人物传记和冒险故事。

除以上这些脑力活动之外，我也积极参加体育活动。大约从十四岁起，我开始和同学一起踢足球，踢过守门员、右前锋等多个位置。我还开始打网球，同时活跃在田径场上。

放学后，我会和同学们一起玩牌。我们打桥牌，也玩一些带小赌注的其他打法。多数时候，获胜的都是年长一些的男生。有一种能力不会随着年龄的增长而衰退，反而会提升，这是一种原生类型的基本的机智。我每周还会下两三次国际象棋。虽然我并不认为自己在这方面有很高的天赋，但在布局方面我是有超出一般水平的直觉的，也许在身边的人中，我算是最好的棋手之一。国际象棋和数学类似，要想达到炉火纯青的境界，就必须不断地思考、训练、想象和学习。

1927年，我通过了为期三天的大学入学考试，继而开始了一段犹豫不决的时光。选择将来的专业并不是件容易事。父亲曾经想让我成为律师，从而继承他的事业，但如今他意识到我的兴趣在其他方向。此外，利沃夫似乎也不缺少律师。虽然大学生涯看上去有吸引力，但将来的专业职位很少，尤其像我这样有犹太家庭背景的人就更难获得了。因此，我转而寻找一条既有实用性又与科学相关的专业道路。父母力劝我去当一名工程师，于是我申请到了利沃夫理工学院的入学资格，去做一名机械或电气工程专业的学生。

第二章

大学时代

1927—1933

　　1927年秋，因为电气工程系名额已满，我转而选择修习利沃夫理工学院综合研究系的课程。大学的教学水平明显比高中要高不少，但看过庞加莱的书以及其他别具一格的数学专著后，我天真地期望每一节课在风格和内容上都十分出色。当然，我失望了。

　　由于通过自学已经对一些数学科目有所了解，我直接开始旁听二年级的课程。其中集合论由来自华沙的年轻教授卡齐米日·库拉托夫斯基讲授，他是谢尔宾斯基、马祖尔凯维奇和雅尼谢夫斯基的学生。如果拿我这个一年级新生类比，他算是"一年级"新教授。从第一节课起，我就为他思路清晰、逻辑性强、风格优美的表达以及课堂素材深深吸引。由于我通过读谢尔宾斯基的书已经对集合论有所了解，一开始我就比那些高年级的学生更积极地参与和库拉托夫斯基的讨论。我想，他很快就注意到了我是课上最好的学生之一；课后他会给予我单独的关照。是库拉托夫斯基促使我开始了自己的数学家生涯。

　　很快，在集合论课上，我就能回答一些更难的问题，并且开始提出额外的问题。库拉托夫斯基耐心而慷慨地为我这样一个初学者花费那样多的时间，令我从一开始就十分感激他。每周总有几次，我会在午休时间陪他一起走到他的寓所，在这段大约二十分钟的步行时间

里,我提了数不清的数学问题。若干年后,库拉托夫斯基告诉我,其中一些问题对他而言很有意义,新颖而且有趣。

我修的课程包括数学分析、微积分、经典力学、画法几何和物理学。课间时分,我会泡在数学老师们的办公室里。那时,我或许比一生中其他任何时候都更热衷数学,可以置任何其他事情于不顾。

我第一次遇见了斯塔尼斯拉夫·马祖尔,他那时是学校中一名年轻的助教,到理工学院来与比他年长几岁的奥尔里奇、尼科利博尔和卡茨马尔兹共事。

在与马祖尔的交谈中,我开始对分析领域中的问题有所了解。我还记得曾为他提出的问题坐在书桌旁沉思许久,并和其他数学家进行讨论。马祖尔向我介绍了实变函数理论和新兴的泛函分析领域的先进观点。我们探讨了巴拿赫新近提出的一些问题,后者发展了实变函数理论的新方法。

巴拿赫本人尽管主要在大学工作,但偶尔也会露面。我在第一学年就见过他,但要到一两年后,我们才在一种更有意义、更亲密、更具智慧色彩的感觉层面上熟识。

在教师办公室里还能经常见到其他一些数学家。开朗、矮胖、已经完全谢顶的施托策克 (Stozek) 是综合研究系的主任。波兰语中"stozek"这个词的意思是圆锥,但他看上去更像个圆球。他的幽默感很强,不断地开玩笑。他喜欢吃涂有大量辣根的法兰克福香肠,并认为这是一道能治愈忧郁的菜。(施托策克是1941年被德国人杀害的教授之一。)

安东尼·沃姆尼茨基是一位颇具贵族气质的数学家,专攻概率论及其在制图学上的应用。他曾在这儿的办公室里办公。(1941年他也在利沃夫被德国人杀害。)他的侄子兹比格涅夫·沃姆尼茨基,后来成为我的好友兼数学上的合作者。

瘦高个的卡茨马尔兹（1940年在军队服役时牺牲）和矮胖的尼科利博尔，在庞大的微积分和微分方程课程中负责练习部分。他们两个常常形影不离，不禁让我联想到一对现代喜剧电影中的角色——帕特和帕塔雄[①]。

一般学生都不得不学习那些自己并不特别感兴趣的科目，从这方面讲，我觉得自己并不一般。另一方面，经过这许多年，我仍不觉得自己很像一位有成就的职业数学家。我喜欢尝试新的方法，并且出于乐观的天性，期望能获得成功。我从未想过自己的脑力劳动是不是徒劳的，以及要不要"节约"我的脑力资本。

在一年级第二学期开始时，库拉托夫斯基跟我提到了一个集合论中涉及几何变换的问题。它与广为人知的伯恩斯坦定理有关：从无限基数的算术意义上来说，如果2A=2B，那么A=B。这是第一个让我花费了大量时间冥思苦想的问题。我思考的过程现在看来似乎是不可思议的，既没意识也不明确地知道目标是什么。我过度沉溺于某些方面，而缺少有意识的全面考虑。然而，我设法通过一个构造来展示如何解决这个问题，设计了一种用图形来表示集合的分解及相应变换的方法。难以置信，我在思考的过程中发明了最合适的图解思想。

我用相比德语和法语而言更擅长些的英语撰写了关于此问题的论文。这篇短文经过库拉托夫斯基的审阅，1928年发表在由他编辑的、波兰最重要的数学期刊《基础数学》上面，这一下子给了我自信心。

我仍然不确定今后要走什么样的职业道路。在波兰想要成为一名数学教授，机会几乎是零，因为大学中几乎没有空缺的职位。家人

[①] *Pat und Patachon*，1930年代德国的系列喜剧片。

想让我学一个实用型的专业，因此我打算第二学年转到电气工程系去，这个领域的就业机会看上去要大很多。

这一年的年底之前，库拉托夫斯基在一场讲座上提到了另一个集合论中的问题。这是关于某种集合函数的存在性的问题，要求其可减，但又并非可数可加。记得我为这个问题冥思苦想了几周。至今仍能回忆起当时的思维链条和所做的一次次尝试。我给自己立了军令状，如果能解决这个问题，就继续做一名数学家，否则就转向电气工程。

几周之后我找出了解决方案。我兴高采烈地跑去告诉库拉托夫斯基我的解法，该解法涉及超穷归纳法。超穷归纳法已被数学工作者在其他地方多次使用过，但我相信我应用它的方式是新颖的。

我想库拉托夫斯基对我的成功感到欣慰，他鼓励我继续攻读数学。就在大学第一学年结束前，我完成了自己的第二篇数学论文，库拉托夫斯基同样把它刊登在《基础数学》上。现在，骰子已经掷下。我开始全心地走一条可能性看似"不切实际"的学术道路。人们所谓的做决定，多是基于明确的理由。然而，我感觉，对我们多数人而言，所谓"决定"归根到底是一种潜意识中的表决，得到多数理由支持的选择会胜出。

1928年夏天，当我前往波兰的波罗的海沿岸旅行时，库拉托夫斯基邀请我半途去他位于华沙附近的避暑地做客，那是一所带网球场的雅致别墅。库拉托夫斯基那时很擅长打网球，这令我很惊奇，因为他的体型一点儿也不健壮。

从利沃夫到华沙的六小时火车车程中，我一刻不停地思考着集合论中的问题，想找出些能让库拉托夫斯基感兴趣的东西。我在思索能证伪连续统假设的方法，这个著名的、悬而未决的问题，关乎集合论乃至整个数学的基础，是由集合论的创始人格奥尔格·康托尔提出的。见面后，我的表述模糊不清，库拉托夫斯基很快察觉到这一点，不过我们还是做了展开讨论，因此我告别他前往索波特时是自信满满的。

阿尔弗雷德·塔斯基，如今已是著名的逻辑学家、伯克利大学教授，在华沙时是库拉托夫斯基的朋友，他偶然访问了利沃夫。那时他作为逻辑学家已经享有世界声誉，他在数理逻辑和集合论的基础方面也做了重要的工作。他曾是利沃夫大学空缺的哲学教授职位的候选人之一。不过，职位最终归了另一位逻辑学家莱昂·赫维斯泰克，一位颇有成就的画家兼哲学专著作家，斯坦豪斯的妹夫，以诸多怪癖闻名（战争期间他死于莫斯科）。多年后在剑桥，我曾向阿尔弗雷德·诺思·怀特海提起赫维斯泰克，谈话中我说："真奇怪，他也是个画家！"怀特海听了拍手大笑道："你说当画家奇怪，可真是英国味十足。"怀特海夫人也跟着一起笑起来。最近，一本由埃斯特里切撰写的赫维斯泰克的传记在波兰面世了，对1910年至1946年间克拉科夫和利沃夫充满智慧和文艺色彩的生活做了引人入胜的描写。

我和塔斯基最早的联系之一要归因于我的第二篇论文。在文中，我证明了一个有关集合的理想的定理（马歇尔·斯通后来以另一种方式证明了同样的定理）。我在《基础数学》上发表的说明还指出了用0和1两个值来定义一个有限可加性测度的可能性，为无限集的子集建立了一个极大素理想。塔斯基在一年后发表的长篇论文中得出了同样的结论。在库拉托夫斯基向他指出他的结论可以由我的定理推出后，塔斯基在一条脚注中承认了这一点。在年轻时的我看来，这似乎是个小小的胜利，是对我在数学领域存在感的认可。

在一些数学家中间曾流行过这样的感觉：逻辑并不算"真正"的数学，不过是一种预备性的、在某种程度上外来的技巧。如今这种感觉正在消失，因为具体数学中的很多进展都来源于形式逻辑的方法。

第二学年，我决定旁听一门理论物理课程，主讲人是沃伊切赫·鲁比诺维奇，他是波兰数一数二的理论物理学家，是慕尼黑知名物理学家索末菲曾经的学生和合作者。

我聆听了他那些高妙的电磁学讲座，并参加了他面向进阶学生的群论和量子理论的讨论班。我们使用了赫尔曼·外尔的《群论与量子力学》。书中第一部分，在麦克斯韦方程组和电学理论的研究中引入了高水平的数学，这一点令人印象深刻。尽管许多内容在学术上超出我的水平，但我设法做了大量额外的阅读，包括一些通俗的理论物理读物，涉及统计力学、气体理论、相对论、电磁学等方面。

冬天里，鲁比诺维奇病倒了，他请我在他缺席期间主持几场讨论（虽然我在班组成员里是最年轻的）。犹记得那段时间我是如何奋力攻克外尔书中那些陌生而困难的内容的。这是我首次活跃地投身到物理学中去。

我继续泡在理工学院的数学办公室里，几乎每天上午都在那里度过，包括周六（周六那时还并不算周末的一部分，周六上午仍有课）。

马祖尔经常过来，我们之间也开始了在函数空间问题上活跃的合作。我们为一个涉及无限维向量空间的问题找到了解法。我们证明的定理——保距变换是线性的——如今已经是函数空间几何标准论述的一部分。我们撰写的论文发表在《法国科学院报告》上。

是马祖尔（也包括库拉托夫斯基和巴拿赫）向我介绍了数学思想和方法的一些大的发展阶段。在学术研究的态度和心理方面，我从他那里受益良多。有时我们会一起在咖啡馆坐上几个小时。他会在纸上或大理石桌面上写一个符号或是画一条比如 $y=f(x)$ 的线，然后我们双双盯着它看，提出并讨论五花八门的想法。我们眼前的符号就像水晶球,帮助我们集中注意力。多年后在美国,我和朋友埃弗里特常常共度相似的时光,但不是在咖啡馆,而是在一间有黑板的办公室里。

马祖尔的特长是进行他所谓的"观察和评述",常常以简明而精确的形式来陈述一些性质和概念。一旦提出,它们可能并不难验证。它们有时对常规的构想而言是次要的,没有得到关注,但往往对解决问题起决定性的作用。

一次在咖啡馆的对话中,马祖尔提出了最早的无限数学博弈的案例。我记得(应该是1929年或1930年的时候)他还提到过是否存在这样一类自动装置,它们基于一些惰性的初始材料,能够实现自我复制。我们的讨论很抽象,有些想法从未记录下来,而实际上可算是冯·诺伊曼的抽象自动机这类理论的前身。我们时常推测建造能够完成探索性的数值运算,乃至形式代数学工作的计算机的可能性。

前面提到过,我初次见到巴拿赫是高中时在一系列数学讲座上。他那时三十五岁左右,但与通常很年轻的人对比自己年长十五岁或二十岁的人的感觉相反,在我看来,他显得非常年轻。他个子很高,金发碧眼,相当魁梧。他的谈吐很打动我,直率、有力,可能有些过于单纯(这一性格特征据我后来观察,在某种程度上是有意控制的结果)。他的面部表情通常混杂着愉悦和某种程度的怀疑。

巴拿赫出身贫寒,早年没怎么上过正规学校,来到理工学院前在很大程度上是靠自学的。据说斯坦豪斯是在无意中听到两名年轻人在公园长椅上谈论数学,才偶然发现这样一位天才的。两名年轻人一个就是巴拿赫,另一个则是尼科迪姆,他最近刚从凯尼恩学院数学教授的职位上退休。巴拿赫和斯坦豪斯成了最亲密的合作伙伴,都是利沃夫数学流派的开创者。

巴拿赫的数学学识很广博,他在实变函数论、集合论,特别是泛函分析和无限维空间理论 (这些空间中的点集可作为函数或无穷数列) 上都有贡献,包括一些最杰出的成果。有一次他告诉我,他很年轻时就能看懂达布的三卷本《微分几何》。

我只听过几场巴拿赫的讲座,记忆最深刻的是关于变分法的一些内容。总的来说,他的讲座准备得并不是很充分,间或有错误或遗漏。最有意思的就是,看他面对着黑板为了渡过难关而不懈努力的场景。我总是觉得这样的讲座比那些完美无缺的讲座更令人兴奋,后者会让我全然走神,直到感觉讲授者面临困难时才会恢复注意力。

第三学年开始后,我的大部分数学工作都源自与马祖尔和巴拿赫的谈话。在巴拿赫看来,我的一些成果,在问题的构想和勾勒可能的证明方面,在某种程度上带着"奇特"的色彩。他若干年后告诉我,他为这些"奇特"的方法经常能确实有效而感到惊讶。一位大师对一名二十八岁的年轻人说出这样的话,可能是我受到过的最大赞美了。

在数学讨论中,或者在他对日常主题发表的论述中,人们可以很快感到他头脑的巨大力量。他工作强度很大,中间穿插着看上去明显休止的时段。在这种时段,他的大脑在持续进行选择工作,寻找那些像炼金术士的"贤者之石"那样能够作为下一个研究领域核心原理的东西。

他热衷于和朋友或学生一起长时间地开展数学讨论。还记得有一次,我和他还有马祖尔在苏格兰咖啡馆谈了十七个小时,中间除了吃饭没有间断过。最令我钦佩的是他讨论数学、做出推理,进而在谈话中找出证明的方式。

由于很多这类讨论都在附近的咖啡馆或酒吧进行,有些数学家也常在那里就餐。现在看来食物很一般,但饮品很丰富。桌面是白色大理石材料的,可以在上面用铅笔写字,更重要的是写完很容易擦掉。

一阵短暂的交谈，在桌面上写几行字，偶尔会有参与者笑几声，之后就是长时间的沉默，我们一边喝着咖啡，一边茫然地注视着彼此。邻桌的顾客一定会对我们奇怪的行为感到困惑。这种坚持不懈和聚精会神的习惯，在某种程度上成了开展实实在在的创造性的数学工作最为重要的先决条件。

在一个问题上冥思苦想几个小时会导致极度疲劳，接近崩溃。我没有经历过崩溃，但一生中有两三次曾感到"内在的不适"。有一次，我绞尽脑汁、一个接一个地思考某些数学构造，与此同时还通过很有意识的努力，尝试把它们全部同时保持在大脑中。这种高度集中的脑力劳动，让我的神经上紧了发条。忽然，我感到天旋地转，不得不停止思考。

在咖啡馆与巴拿赫，或者更多时候是与巴拿赫和马祖尔一起的长谈，可算是独一无二的。那种合作的级别和强度，除了后来战争期间在洛斯阿拉莫斯，我再也没有见过其他能超越、相匹，哪怕相近的情形了。

有一次巴拿赫对我吐露，他从小就特别喜欢寻找证明，或者说对推测的证实。他头脑中有一种下意识的寻找隐藏路径的系统，这是他标志性的天赋。

一两年后，巴拿赫把我们日常谈话的场所从罗马咖啡馆转移到了街对面的"什科茨卡"（苏格兰咖啡馆）。施托策克每天都要到那里待上两三个小时，和尼科利博尔一起下棋、喝咖啡。其他数学家则围着他们乱支招。

库拉托夫斯基和斯坦豪斯偶尔在咖啡馆露面，他们更常去的是一家号称能做出全波兰最好的油酥面团的雅致茶馆。

在这些会话期间，想要熬得比巴拿赫时间长或者喝得比他多是很困难的。我们在此提出问题并讨论，常常思索上几个小时也没有明确的答案。但第二天，巴拿赫可能就会带几页纸来，上面包含他头天回去后完成的论证提纲。如果这些论证并不完美甚至不太正确，马祖尔常常会把它们完善为令人满意的形式。

不消说，这种数学探讨中会夹杂大量关于一般科学（尤其是物理学和天文学）的言论、大学中的流言蜚语、政治、波兰的情势等等，或者用冯·诺伊曼最喜欢的话来讲，"宇宙的其他一切"。时事的阴云——希特勒在德国的崛起以及世界大战的预兆——不详地隐现着。

巴拿赫的幽默常带有讽刺性，有时还带有悲观色彩。有一阵子，他担任科学学院的院长，要出席各种委员会会议。他尽可能设法躲开这些会。有一次，他对我说："我知道我不会在哪里。"这是他表达他不想参加无聊会议的方式。

巴拿赫在提出问题方面极具天赋，照亮了整个数学领域。他发表的论文只不过体现了他数学能力的一部分而已。他在数学上兴趣之广泛，远不是他发表的那些论文所能涵盖的。他对利沃夫乃至全波兰的数学家有着强大的个人影响力。两次世界大战之间的时期产出了大量的数学成果，而巴拿赫就是这一时期的主要代表人物之一。

从第二次世界大战爆发到1945年秋他过早离世，我对他在这段时间里的生活和工作并没有准确的了解。从后来获得的片段消息中，我们得知在德国占领期间的悲惨环境中，他仍然留在利沃夫。他活着看到了德国战败，在1945年因为肺病，有可能是癌症去世。我常看到他一天抽四五包香烟。

1929年，库拉托夫斯基请我参加一场在华沙举办的斯拉夫国家数学家会议。深深印在我脑海里的是，在会议的主席团官邸举办的欢迎会，以及我见到如此多的大数学家、政府官员和其他要人时的羞怯。

当一位比我大四五岁的数学家阿龙扎杨（他如今是位于劳伦斯市的堪萨斯大学的教授）对我说"Kolego（这是波兰数学家打招呼的话），咱们到另一个房间去吧，那儿的油酥面团非常棒"的时候，这种羞怯多少得到了缓解。

波兰数学学会利沃夫分会在大多数周六的晚上都会在利沃夫大学召开会议。通常大家会在一小时左右的时间里提出三四篇小论文，而后许多参会者还要去咖啡馆继续争论。有好几次，我在尚未完成证明时，就预先宣布有些结论要在会上分享。我很自信，但也很幸运，因为恰能赶在不得不发言之前完成证明。

在我十九岁或二十岁时，施托策克邀请我担任利沃夫分会的干事。这项工作主要是发送会议通知和为学会的《通报》撰写简短的谈话纪要。当然，我们分会和诸如克拉科夫、波兹南、维尔纽斯等地分会之间的往来信函很多。将学会的行政地址从古波兰王城克拉科夫迁到如今的首都、学会总部的最终所在地华沙成了重大问题，不消说这里面牵扯了很多权谋手腕和政治活动。

一天，从克拉科夫分会寄来一封信，请求利沃夫分会给予协助。我告诉我们分会的会长施托策克："今早收到一封重要来信。"他的回答是："把它藏到没人看得见的地方去。"这着实令年轻不谙世事的我大吃一惊。

我参加的第二场大型会议是1931年在维尔纽斯召开的。我和施托策克、尼科利博尔，以及其他一两位数学家一起从华沙乘火车前往维尔纽斯。他们一路上不停地吃吃喝喝，而当我从兜里掏出一瓶白兰地时，施托策克忽然大笑着说："他妈妈给他这东西是为了防止他晕车。"这让我强烈地意识到，我在其他人眼中是多么年少。很多年里，我和周围的数学家朋友相比都是最年轻的，想到这 点我也伤感地意识到，如今在大多数科学家圈子里我都已经是最老的了。

维尔纽斯是一座很棒的城市。它给我一种明确的东方印象，与波兰那些有奥地利背景的城市截然不同。整座城市都呈现出异国情调，比我们那个地区要显得原始不少，街道还是鹅卵石铺成的。当我在旅馆房间中准备洗澡时，却发现巨大的浴缸没有通自来水。我按铃呼叫服务员后，来了个穿着俄式靴子的壮汉，拎来三大桶热水，倒进了浴缸里。

我游览了圣安教堂，拿破仑在进军莫斯科的途中曾对它十分欣赏，以至要把它挪到法国去。这是我第一次也是最后一次造访维尔纽斯。在此我必须提及波兰最杰出的数学家之一，安东尼·赞格蒙，直到第二次世界大战前他都在这里任教授。1940年，他背井离乡经瑞典来到美国，如今是芝加哥大学的教授。

在会上，我讲了我和马祖尔一起得出的关于巴拿赫空间的几何等距变换的结论，证明了它是线性的。那时我们做出的一些附加论述一直未公之于世。总的来说，利沃夫的数学家们大体上都不太情愿发表成果。这是一种姿态，还是心理障碍呢？我也说不清。这在巴拿赫、马祖尔和我身上尤其明显，而库拉托夫斯基等人则并非如此。

很多数学史上的学术进展都源自一些特定的中心。这些中心无论大小，往往都是围绕一个或者几个个体形成的，有时也是一群人工作的结果，数学在这种群体中繁荣发展。这类群体不仅是一个志同道合者的团体，而且在兴趣选择和思想方法上都有特定的氛围和特征。从认识论的角度看，这会显得有些奇怪，因为数学成果，无论是新的定义还是对于问题的相关证明，就和音乐作品差不多，看上去都是个人努力的结果。然而，对特定的兴趣方向的选择，常常是一群志同道合者共同工作的结果。这些选择通常源自问题和答案之间的相互作用，而这些问答则是在若干个头脑之间的相互影响下很自然地生发而来的。19世纪那些著名的中心，如哥廷根、巴黎、(英国)剑桥等，都对数学的发展产生了独特的影响。

两次大战期间波兰数学家们的成就，构成了世界数学活动的一个重要组成元素，为不少领域的数学研究奠定了基调。

这要部分地归功于雅尼谢夫斯基的影响，他是波兰数学活动的组织者之一，也是数学教育方面的作家，很不幸英年早逝。雅尼谢夫斯基提倡新生的波兰应该专攻那些已经有明确定义的领域，而避免在过多方向上进行尝试。他的论据在于：首先，波兰没有那么多数学人才；其次，如果一些人致力于同一领域，有共同的兴趣点，就可以在探讨中相互促进。当然另一方面，这在某种程度上缩小了研究的视野和广度。

尽管利沃夫是个引人注目的数学中心，但在学院和大学中，数学家数量都极为有限，薪水也很低。像绍德尔这样的人不得不在中学兼职，以补贴作为大学讲师或助教的微薄收入 (绍德尔1943年被德国人杀害)。兹比格涅夫·沃姆尼茨基作为概率论专家，在一个负责统计和保险的政府机构工作。由来自利沃夫大学和理工学院的数学家们组成的学派，如果要举一个刻画其发展的特质的话，我想说是他们全神贯注地用心于构成数学的核心事物。我的意思是，如果把数学比作一棵树，那么利沃夫学派则专注于对其根和主干的研究，而非其枝叶。在数学的集合论和公理基础方面，我们检验了一般空间的性质，连续性的一般意义，欧几里得空间中的一般点集，一般实变函数，对函数空间的一般研究，以及对长度、面积、体积概念的一般思考，即测度的概念和对所谓概率的公式化。

回想起来有些奇特的是，代数的思想没有在类似的一般背景下得到考虑。同样奇特的是，对物理学基础的研究，特别是对时空的研究，至今尚未在任何地方以这样的态度开展过。

利沃夫和其他数学中心有着频繁而活跃的交流，特别是与华沙。谢尔宾斯基有时会从华沙过来，马祖尔凯维奇、克纳斯特和塔斯基也是如此。他们会在周六晚上利沃夫数学学会的会议上做简短的发言。谢尔宾斯基尤其喜欢利沃夫这边不拘礼节的氛围，去酒吧或客栈的短途，以及与巴拿赫、鲁杰维奇等人一起开怀畅饮（鲁杰维奇1941年7月4日被德国人杀害）。

马祖尔凯维奇曾经有一个学期在利沃夫授课。他在分析领域是发现反例从而证伪一些推测的高手，如同克纳斯特在拓扑学领域一样。他提出的反例有时很复杂，但总是独到而精巧的。

谢尔宾斯基在抽象集合论和集合拓扑上的成果源源不断。他总是热切地聆听哪怕是很小的新问题，然后认真地思考。他回到华沙后往往会寄回这些问题的答案。

布罗尼斯拉夫·克纳斯特高个子、秃顶、很瘦削，有一双闪闪发光的眼睛。他和库拉托夫斯基共同发表了许多论文。他其实是一位业余数学家，在构造点集和具有病态性质的连续统方面极具天赋。第一次世界大战期间，他曾在巴黎学习医学。他非常风趣，常常通过描述来自不同国家的学生，以及他们讲的难以形容的南腔北调来逗我们开心。比如，他曾引述在饭馆中无意听到的一位学生讲的话，"Kolego, pozaluite mnia ein stückele von diesem faschierten poisson"，这简直是波兰语、俄语、意第绪语、德语和法语的大杂烩！

博苏克与我年龄更接近，从华沙来做较长时间的访问，从一开始我们就有合作。从他那里，我学到了真正几何学意义上的、更直观的、几乎"看得见摸得着"的拓扑学技巧和方法。我们的研究成果发表成了多篇论文，有些发在波兰的期刊上，有些则发到国外。实际上，我在美国首次发表文章也是身在利沃夫时的事。那篇文章是和博苏克合作的，刊登在《美国数学会通告》上。我们定义了ε-同胚（近似同胚）的概念，以及一些拓扑不变量在这种更一般的（连续的，但不一定一一对应的）变换下的行为。在另一篇关于对称积的合撰文章中，我们引入了一些新思想，对笛卡尔积的定义做了调整，从而可以构造出一些奇特的流形，其中一些或许有朝一日能在物理理论中找到应用，比如可以对应到计算粒子数的新统计方法（不是在熟悉的经典意义上，而是在量子理论统计的理念下对那些不可分辨粒子，或那些可遵循玻色-爱因斯坦或费米-狄拉克方法计算其组合和排列的粒子）。关于这些，在此不宜做太深入的解释，或许提一下能够激发某些读者的好奇心。

库拉托夫斯基和斯坦豪斯各自以不同的方式体现了数学的优雅、严谨和智慧。库拉托夫斯基是在1920年后曾爆发式繁荣过的华沙学派的真正代表人物。他1927年来到利沃夫，此前就因在纯粹集合论和一般空间的公理拓扑学方面的工作而颇有声誉。作为《数学基础》的编辑，他组织并指导了这份著名期刊的很多研究工作。他在数学上的特点，我想称之为"拉丁式的清晰"。在数学领域的定界和兴趣点不断扩增（如今比当年有过之而无不及，令人困惑）的情况下，库拉托夫斯基能对问题加以谨慎选择，体现了一种颇难定义的品质，一种对抽象概念的直觉判断力。

斯坦豪斯是少数有犹太血统的波兰数学家之一。他出身于一个与当地同化程度很高的知名家族。他的一个表亲是杰出的爱国者，是毕苏斯基军团的成员之一，在第一次世界大战中阵亡。

斯坦豪斯在分析上的良好直觉，在实变量、函数理论和正交级数领域的悟性，显示了他在数学发展史和思想连续性方面的渊博知识。他可能对数学中非常抽象的部分没有特别多的兴趣和感觉，但依然在实际应用方面引领了许多新数学思想的发展。

他在把数学方程式应用到像日常生活那样普通的问题方面具有天赋。他倾向于选出那些能从组合的视角处理的几何问题，实际上可以说是任何在可视化、直观化方面具有挑战性的数学问题。

他对语言学有很强的感受力，有时颇有些学究气。在面对数学或能用数学分析处理的科学领域时，他会坚持使用绝对精确的语言。

奥尔巴赫个子很矮，驼背，还经常低着头走路。他看上去很羞怯，却经常说出十分尖刻的幽默话语。他在古典数学方面的知识可能比绝大多数教授都要丰富。例如，他对古典代数非常了解。在他的刺激下，马祖尔、我，还有其他一些人，决定开始系统地学习李群和其他一些并不严格属于如今被称为"波兰数学"领域的理论。奥尔巴赫几何学知识也很渊博，我曾很多次和他讨论凸体理论，在这个领域我和马祖尔合作发表了多篇文章。

我会和奥尔巴赫在罗马咖啡馆下国际象棋，当我走出一个特定的开局时（那时我并不了解任何国际象棋开局方面的理论，仅仅凭直觉下棋），常常会经历下面这样一种仪式。每当我走出王兵开局，他就会说："啊，鲁伊·洛佩兹。""这是什么意思？"我问。他回答说："一位西班牙主教。"[①]

奥尔巴赫死于第二次世界大战期间。据我了解他和施特恩巴赫是在被送去审讯的途中服毒而死的。但我并不了解他们被逮捕的情形，也不清楚他们在纳粹占领期间和之前一段时间的生存状况。

----

① 王兵开局是一种常见的国际象棋开局走法，首先让王前的兵前移两格。而鲁伊·洛佩兹则是在王兵开局基础上加上后续步骤，进一步变化而成的一种经典开局模式。

我和施赖埃尔的合作应该开始于我的第二学年。在利沃夫大学及理工学院的数学家中，他是我唯一在严格意义上的同龄人，只比我大半岁或一岁，还是利沃夫大学的一名学生。在斯坦豪斯的一场讲座期间，我们在研讨室里初次相遇，谈了我研究的一个问题，瞬间就发现了许多共同的兴趣并开始频繁往来。我们共同完成的一整个系列的论文都源于这样的合作。

我们几乎每天都见面，偶尔在咖啡馆，更多的时候则在我的住所。他家在多罗毕其，利沃夫南边的一个镇子，是一个石油中心。我们一起讨论的问题和方法真的是多种多样！我们的工作虽然仍受到利沃夫当时流行的方法的启发，但也拓展到了新的领域：拓扑变换群、置换群、纯粹集合论，以及一般代数。我相信我们的几篇论文，是现代集合论方法结合了更加代数化的视角，在更广泛的数学对象中展现其应用的最早的成果之一。在我们称之为广群理论，如今称作半群的领域，我们做了开创性的工作。这些成果有些如今可以在文献中找到，但也有一些据我所知并未在任何出版物中出现。

施赖埃尔1943年4月在多罗毕其被德国人杀害。

另一位数学家马克·卡克比我小四五岁，是斯坦豪斯的学生。他在本科期间就表现出了不同寻常的天赋。我们之间的关系是在晚些时候，当我已经开始了在哈佛的学术生涯，暑期回访利沃夫时发展起来的。在我去美国几年后，他也很幸运地来到美国，我们的友谊在这里才算全面开始。

1932年，我应邀去在苏黎世举办的国际数学大会做短期交流。这是我第一次参加大型国际数学会议，我为受到邀请而深感自豪。我认识的一些数学家被西方科学深深折服，与他们不同，我自信波兰的数学具备同样的水准。实际上，这种自信也延伸到我自己的工作中。

冯·诺伊曼曾经对我妻子弗朗索瓦丝说，他从没见过第二个像我这样充满自信的人，并补充说，或许这自信是有点儿道理的。

一路向西，我首先到维也纳加入库拉托夫斯基、谢尔宾斯基和克纳斯特一行当中，他们都从库拉托夫斯基在华沙附近的避暑地过来。在去苏黎世的途中，大家决定在因斯布鲁克停留一下。我们在那儿待了几天，遇到了一些同样要去参加大会的、来自其他国家的数学家。记得我们坐缆车去哈弗莱卡峰游览，这是我首次到达海拔两千米以上的高度，那风景美极了。记得有几分钟我感到头晕目眩，并意识到以前有几个时刻有过类似的感觉，那是高中时学习数学定理到达证明关键点的时候。

苏黎世的会议与我之前参加的相比算是很盛大了，但和第二次世界大战后的那些比起来又是相当小的。我仍然保存着全体与会者在瑞士联邦理工学院前的合影。在会上，我首次见到并结识了许多外国数学家。

会议很有意思，尤其令我兴奋的是，能够听到不少并非在波兰发展起来的数学类型和领域。数学领域的多样性在我眼前展开了新的远景，给我带来了新的想法。在会议期间，我几乎参加了所有的一般性讨论。

我发现一些来自德国和西欧的数学家很紧张，有人面部都在抽搐，与我认识的波兰数学家相比少了几分从容。虽然在波兰人们对哥廷根数学学派也钦佩有加，但我又一次感到自信，尽管可能并没有十足的理性依据。

我在做简短讲座时，仅仅感到适度的紧张。回想起来，我能够表现得相对轻松自然，要归因于那种为数学而沉醉、始终全神贯注于它的态度。

有人指给我看一位矮小的老者，他就是希尔伯特。我还遇到了年迈的波兰数学家迪克斯坦，这位九旬老人还在到处走动，寻找自己的同龄人。迪克斯坦的老师在19世纪前期曾是柯西的学生，而他本人仍然将已于1912年去世的庞加莱视为"一个聪颖的年轻人"。这对我来说仿佛进入了数学的史前时代，让我充满了一种哲学层面的敬畏。我还第一次结识了美国数学家，诺伯特·维纳。冯·诺伊曼并没有参会，这十分遗憾，我对他1929年访问利沃夫时的往事已经耳熟能详。

在酒店的游泳池里，我遇见了著名的物理学家泡利，以及瓦夫尔教授与埃达·哈尔彭。瓦夫尔是埃达的老师，瑞士数学家，因对旋转的行星或恒星体的平衡这一著名经典问题的研究以及其他一些贡献而著称。埃达来自利沃夫，是个很漂亮的女生，在日内瓦大学攻读数学，在几年时间里我和她断断续续地恋爱。当着这些人的面，我转向泡利说了句俏皮话："现在这样是泡利不相容的（泡利本人提出的物理原理，断定两个相同属性的粒子不能占据相同的空间位置）。"这话影射我和瓦夫尔两人一起陪伴在一位年轻漂亮的女郎身边这一状况。

另一次有趣的邂逅发生在一个下午，在有名的多尔德大酒店旁边的树林里。我迷路后撞见了正在边散步边讨论数学问题的保罗·亚历山德罗夫和艾米·诺特。亚历山德罗夫对我的部分工作有所了解，因为我给他寄过文章的复印件，并跟他有过一些数学上的通信往来。事实上，收到他寄来的称我为"S. 乌拉姆教授"的信件是我人生中最快乐的事之一。这次邂逅时，他忽然问我："乌拉姆，你想不想来俄罗斯？我会安排好一切，十分期待你能来。"作为一个波兰人，家庭又颇具资本家背景，我对他的邀请感到受宠若惊，但这种旅行实际上看来仍是不可想象的。

会议结束后，我和库拉托夫斯基、克纳斯特一起去蒙特勒做了短暂的游览，然后及时返回波兰以取得我的硕士学位。

我对考试有一种近乎病理性的憎恶，两年多来一直在逃避那些本应该完成后才能升入下一年级的考试。我的教授们知道我一直在写原创性的论文，所以对此一直很容忍。但最终我不得不一次性地把欠下的考试全都补上。

我学习了几个月，接受了一项综合性测验，并撰写了硕士论文，论文的主题是我自己想出来的。我围绕论文做了一周的准备工作，然后一晚上写完了它，从约晚上10点写到凌晨4点，就写在父亲留下的长长的法律文件上。论文的手稿我仍然保留着（至今尚未发表）。论文包含了集合积运算的总体思路，其中一部分勾勒出了如今称为"范畴论"的理论框架。文章还包含若干独立的结果，以高度抽象的方式探讨了在多个数学领域都出现的多变量的一般性理论的思想。以上均发生于1932年秋，我从苏黎世返回以后。

1933年我参加了博士学位考试。博士论文发表在由一家名为"Ossolineum"的机构出版的利沃夫学术期刊《数学研究》上，其内容整合了我先前在测度论方面的若干文章、理论及其推论。

我的学位是利沃夫理工学院成立以来授予的第一个博士学位。我所在的综合研究系是1927年新成立的，是学院唯一能授予硕士和博士学位的系，其他系给的都是工程学位。

学位授予仪式相当正式，在学院大礼堂举行，会有亲属和朋友到场。我需要系上白色领带并戴上手套。我的导师施托策克和库拉托夫斯基分别做了简短的讲话，介绍了我做的工作和写过的文章。在对我的博士论文做了简短的评述后，他们将羊皮纸的学位证书颁给了我。

举行典礼的大礼堂称作"Aula"，其中装饰着传统的壁画。这些壁画与二十年后我在麻省理工学院自助餐厅的墙上看到的画很像。

麻省理工学院的壁画描绘的是一些衣着暴露的女子在轻盈飞舞，象征着科学与艺术；还有一个巨大的女神形象，她在一个畏缩的老头头上盘旋。我常开玩笑说，这幅画象征的是空军给物理学家和数学家们提供一份合同时的情形。在普林斯顿的标志性学院建筑富尔德楼[①]，在人们下午开展聚会讨论的茶室里，也有一幅古老的画。画上同样可以看到，一位老人在羞怯地躲避从云中降临的天使。当得知没人了解这幅画象征着什么的时候，我就假想它可能象征着当时领导海军研究办公室的女数学家明娜·里斯正向爱因斯坦提出要签订一份海军军方合同，后者则在惊恐地回避。

在考试和典礼之后，我又发表了几篇论文。在1933年剩下来的时间里，我不得不停下脚步，因为我得了严重的副伤寒，病倒了好几个月。这是我一生中罕见的生重病的时段。

这段时光也并非只有严肃的工作而没有娱乐。1930年代初，一位名叫希尔尼亚克 (Hirniak) 的干瘦矮小的高中科学课老师常光顾我们的咖啡馆。他会坐在离我们几张桌子远的地方，轮流啜饮着伏特加和咖啡，同时忙着在一沓纸上涂写。当尼科利博尔和施托策克下棋的时候，他有时会起身凑到我们这一桌来闲聊或者支招。尼科利博尔会戏谑地反复说："Gehirn [德语 "大脑" 的意思] , Gehirniak!"[②]

希尔尼亚克教数学、物理和化学，他试图解决费马提出的著名问题。那是数学界知名度最高的悬而未决的问题之一，长期以来吸引了很多科学怪人和业余爱好者，他们隔三差五就会给出关于费马大定理的错误的抑或非常不完善的证明。

---

① 富尔德楼，隶属于普林斯顿高等研究院，它是世界著名的理论研究机构，并非普林斯顿大学的一部分。
② 意指希尔尼亚克常常脑洞大开。

希尔尼亚克是咖啡馆里的常客，他的谈话明快生动，充满不经意地冒出的幽默话。我们会收集并对彼此重复这些段子，我还曾把其中一些张贴在家里的墙上。

后来，我发现父亲竟与希尔尼亚克相识，因为希尔尼亚克的妻子拥有一家很大的苏打水厂，而工厂的法律事务则由我父亲的公司负责处理。父亲认为希尔尼亚克是个滑稽的傻瓜。我相信，当他看到我收集的希尔尼亚克的格言时，他一定会很吃惊，并且怀疑我心智是否正常。我不得不向他解释那些幽默话的精妙之处，以及它们对数学家独特的吸引力。

比如希尔尼亚克会对巴拿赫讲，自己对费马大定理的证明还有一些缺漏，然后补充说："我的证明越大，漏洞就越小。证明越来越长、越来越巨大，漏洞就越来越小。"对于数学家来说，这构成了一个有趣的阐述形式。他对自然科学也会做出一些奇特的表述。例如，他说元素周期表中的元素一半是金属，另一半不是。当别人指出这种说法不太正确时，他回答说："啊，根据定义还有一些元素也可以称为金属！"他用一种奇妙的方式来自由地运用定义。

他给我们讲述了他在哥廷根学习时，如何从一台自动售卖机里一杯接一杯地喝酒。有一次机器出了故障，酒往外流个不停。希尔尼亚克就不断地喝，直喝到发现自己躺在地上，周围围着一群人。他听见有人问："Vielleicht ist etwas los?（也许出了什么问题？）"他回答说："Vielleicht nicht.（好像没有。）"于是，他被人们抬着胜利地回家了。

还有一个关于希尔尼亚克的故事，多年后我曾在普林斯顿讲给冯·诺伊曼听，把他逗得够呛。某天希尔尼亚克对我、巴拿赫还有马祖尔说，他已经基本上证明了费马大定理，美国的记者会发现这一切，然后跑到利沃夫来问："这个天才在哪儿？给他十万美元！"巴拿赫附和说:"应该给他!"第二次世界大战后,有一天约翰尼[①]在洛斯阿拉莫斯对我说:"还记得我们以前是怎么嘲笑希尔尼亚克的十万美元天方夜谭吗?事实上他是对的,他是真正的先知,我们却像傻瓜一样笑话他。"当然,约翰尼指的是那时候国防部、空军和海军的代表正在全国到处慷慨地与科学家们签订研究协议。协议的平均金额差不多就是十万美元。"他不仅对了,"约翰尼说,"甚至还准确地预见了金额!"

1933年或1934年的某个时间,巴拿赫带了一个大笔记本到苏格兰咖啡馆,以便我们能以更持久的形式记下新的问题和一些讨论结果。这个笔记本永久保存在店里。当我们需要时,服务员会把它拿出来,好让我们写下问题和看法,之后服务员又会很有仪式感地把它放回秘密的保存处。这本笔记后来成为著名的《苏格兰书》。

笔记本上的很多问题在1935年以前就有了,姓名同样被记载入册的人们围绕它们进行过大量的讨论。大部分问题在"正式"收入笔记本之前,本应得到相当程度的关注。有些时候,问题在讨论当场就得到解决,其解答办法被记录下来。

利沃夫城和这本《苏格兰书》注定要在笔记诞生后数年经历多舛的命运。第二次世界大战开始后,利沃夫被苏联人占领。从临近末尾的条目可以明显看出某些苏联数学家一定到访过。他们留下了一些问题,并对解答发布了悬赏。笔记本上出现的最后日期是1941年5月31日。编号为193的条目包含一组相当隐秘的数值结果,由斯坦豪斯记录,处理的是盒子中火柴数目的分布问题! 苏德战争爆发后,利沃夫城于1941年夏被德军占领,笔记也就戛然而止了。我并不了解在余下的战争岁月里笔记本的命运如何。据斯坦豪斯说,它被巴拿赫的儿

---

① 约翰·冯·诺伊曼的昵称,本书中作者经常使用这个称呼。

子带到了弗罗茨瓦夫（以前叫布雷斯劳），此人现在是波兰的一名神经外科医生。

1939年夏我最后一次访问利沃夫期间，在离开前几天我与马祖尔就战争爆发的可能性做了一番谈话。人们预期又会出现一次像慕尼黑阴谋那样的危机，并未为一场迫在眉睫的世界大战做好准备。马祖尔对我说："可能要开战了。我们该怎样处理《苏格兰书》还有我们合写的尚未发表的论文呢？你要去美国了，也许会比较安全。万一城市遭到轰炸，我会把手稿和笔记本放进箱子，埋入地下。"我们甚至还选定了埋藏的地点，就在城外一片足球场的球门门柱附近。我并不知道埋藏计划是否真的付诸实施了，但显然《苏格兰书》的手稿完好地保存下来了，因为战后斯坦豪斯将复印本寄给了我。我于1957年把它翻译成英文，并分送给在美国和其他国家的很多数学界的朋友。

幸存下来的利沃夫数学家中，不少人如今在弗罗茨瓦夫继续他们的工作。《苏格兰书》的传统得以延续。1945年以来，又有新的问题被提出并记录下来，崭新的一卷正在创作之中。

第三章

出国

1934

1934年，我成了一位数学家而非电气工程师。与其说是我在研究数学，不如说是数学占有了我。或许这里是停下来深思一番做一位数学家意味着什么的好地方。

数学世界是大脑的创造物，并且无需外部的帮助即可加以想象。数学家不像其他科学家，不需要设备支持就可以研究自己的学科。物理学家（甚至包括理论物理学家）、生物学家和化学家需要实验室，而数学家即使没有粉笔、铅笔和纸也可以工作，他们可以在走路、吃饭乃至说话的同时持续思考。这或许能解释，为何那么多数学家在进行其他活动时会表现得内向或会出神。这与其他领域的科学家的行为有着显著且可以量化的差异。当然，情况也因人而异。有些人，如保罗·埃尔德什，就将这种特征演绎到了极致。全神贯注的数学建构或推理占据了他清醒时间的极大部分，以至所有其他事情都被弃之不顾。

就我自己而言，自从开始学习数学以来，可以说平均每天要花费两三个小时专注地思考数学，还要花两三个小时做数学方面的阅读或交谈。二十三岁那年，我曾以惊人的强度连续几个小时思考同一个问题，而且不用纸笔。（顺便说一下，这比能看着和借助符号来进行计算要费劲得多。）

总的来说，我仍然觉得，与阅读相比，与他人交谈或聆听他人讲话是更为轻松和愉悦的学习方式。直到今天，我都读不明白那些印刷形式的说明文字。从心理学的角度看，它们对我而言是难以理解的。

有些人喜欢通过语法规则而不是用耳朵来学习语言。这对数学也同样适用——有些人通过"语法"来学习，另一些人则"从空气中"学习。我是"从空气中"学习数学的。

例如，我下意识地从马祖尔那里学到了如何控制住乐观的天性，以及如何验证细节。我学会了以怀疑的态度慢慢地仔细检查中间步骤，而不让自己被冲昏头脑。性情、气质以及"激素"因素在所谓的纯"脑力"活动中，必然扮演相当重要的角色。"神经"特征对人的智力发展有着巨大的影响。人到了二十岁左右，发展已经完全充分时，一些后天习得的特征可能已基本上定型，成为我们性格中永久的组成部分。

有人认为，数学在本质上只是一种非常通用和精确的语言，然而这种观点可能仅仅部分正确。有很多种方法可以表达自我。一个早熟的人会以特定的方式来组织他的记忆，或设计他特有的系统来整理印象。"下意识的酝酿"（或琢磨）有时能产生比强制的系统性思考更好的结果，就像制定一套全面的规划要比依循特定的论证路线更好一样。强制自己坚持逻辑探究会养成习惯，之后就不再需要强制了，它会自动进行（就像计算机专业人士口中的子程序一样）。另外，即使不能给所谓的创见下一个定义，它也可能在某种程度上是由探索不同路径的一种有条理的方法所组成的——近乎自动地对一次次尝试加以梳理，其中必有一定比例会成功。

我总是偏爱设想新的可能性，而不是仅仅遵循特定的论证路线，或进行具体的计算。某些数学家比同行更具备这样的特性。但设想新的可能性比致力于进行数学计算更有难度，而且不能连续想太长时间。

个体的产出当然取决于他最容易完成什么事情，这可能会限制产出的领域。我发现自己有个习惯，就是把问题翻来覆去研究，寻找难点所在。当"新麻烦"中不再看得到困难或障碍时，大多数数学家会开始担忧。不用说，有些人比其他人更能发挥想象力。保罗·埃尔德什总是全神贯注，但往往是集中在已经开始的，或者与他之前思考过的内容相关的路线上。他不会像磁带录音机那样清除自己的记忆，从而开始做新的事情。

巴拿赫常说一句波兰谚语："希望是傻瓜之母。"不过，怀抱希望、相信有点儿运气就能成功总是一件好事。如果一个人坚持只要问题的完整解决方案，那么他得到的回报会不如反复尝试求得部分答案多，至少在一些情况下如此。这与探索未知的国度类似，在发现新领域时，不必立刻就到达路线的终点或者登上所有的顶峰。

从事创造性科学工作最重要的是要锲而不舍。乐观主义者会比悲观主义者更愿意"试一试"。这与国际象棋一类的游戏相似。真正的好棋手倾向于(有时是错误地)相信自己比对手更有优势。这当然会有助于让游戏进行下去，并且让人不会因自我怀疑而感到疲乏。身体和精神的耐力对下国际象棋和从事创造性科学工作来说，都是至关重要的。对后者而言，更容易避免出错，因为可以回过头来重新思考；下棋时一旦走出一步，就不能重新考虑了。

集中精神，减少对周边环境的注意，年轻人可以很自然地做到。数学家可以在非常年轻时就起步，有时候十几岁时就可以。欧洲的数学家甚至比美国的更加早熟，欧洲的高级中学已经比美国在理论教育方面提早数年。数学家在其早年就取得一生中的巅峰成果的情形并不罕见。也有些人例外，比如外尔斯特拉斯是一名高中教师，在四十岁时取得了最高成就。时间更近些，诺曼·莱文森在六十一二岁时证明了一个非常优美的定理。

二十五岁时，我在测度论方面取得了一些建树，并很快闻名于世。这些成果解决了豪斯多夫、巴拿赫和库拉托夫斯基等人先前涉足过的某些集合理论的问题。这些测度问题在若干年后与哥德尔的，近些时候又和保罗·寇恩的工作相结合，从而更具意义。我也做拓扑学、群论和概率论方面的研究。从一开始我就没有变得太专门化。尽管我在从事大量的数学工作，但从未把自己仅仅视为一位数学家。这可能是我日后涉足其他科学领域的原因之一。

1934年，国际局势变得阴云密布。希特勒在德国掌权，波兰已间接地感受到他的影响。激烈的民族主义抬头，极端右翼分子显著增多，反犹示威也多了起来。

我并未明确意识到这些即将来临的危局的凶兆，但模糊地感到，如果要自己谋生，而非继续无限期地依靠父亲的话，就必须出国去。多年以来，我的舅舅卡罗尔·奥尔巴赫一直对我强调："要学习外语！"做建筑师的叔叔迈克尔·乌拉姆则力劝我尝试出国工作。至于我自己，尽管我对欧洲的现实情况知之甚少，但确实想去国外待一段比较长的时间。我主要是迫切想与其他数学家会面，和他们探讨数学问题，并且怀着强烈的自信心，要拿出一些新成果让世界对我刮目相看。父母愿意资助我旅行。

我的计划是西行（年轻人，到西方去！），想先在维也纳待上几周，见见知名的几何学家、拓扑学家卡尔·门格尔，我曾在波兰和库拉托夫斯基一道见过他。此时正值1934年秋，奥地利总理陶尔斐斯刚刚遇刺，维也纳正处于动荡状态，但我沉醉在数学之中，并没有真正意识到时局紧张。

在维也纳一家旅馆里住了几天后，我搬到了维也纳大学附近的一所私人寄宿公寓里，一位寡妇把房间出租给学生。这在当时是很常见的做法。房子坐落在一条以玻尔兹曼命名的小街上，玻尔兹曼是19世纪伟大的物理学家，气体理论和热力学的主要奠基人之一。

我拜访了门格尔，在他家里遇到了一位名叫希门尼斯·弗洛雷斯的才华横溢的青年拓扑学家，他已经取得了一些为人称道的优秀成果。我们深入讨论了一番数学。他似乎在夜总会里很有名气，向我介绍了年轻人在城里的生活。

离开维也纳，我到了苏黎世，去见拓扑学家海因茨·霍普夫，他在知名的瑞士联邦理工学院担任教授，我曾与他有过通信往来。霍普夫对我在拓扑学上的成果有所了解，邀请我访问他的学院并做了两场讲座。其中一场是关于我与博苏克合作、围绕拓扑学问题"对映定理"所做的工作的。我在农学系的演讲厅里用德文发言。还记得墙上有很多获奖奶牛①的照片，它们似乎用悲伤和同情的眼光注视着我。

无论如何，苏黎世之行是收获颇丰的。我还见到了物理学家格罗斯曼，他比我年长几岁，游历甚广。他为我推荐了我负担得起的法国和英国旅馆。我们讨论了哲学，还有数学在物理学中扮演的角色。

在苏黎世待了两周之后，我又到巴黎住了五周，那真是一段愉快的经历。我曾到过法国，但去巴黎还是第一次。我叔叔迈克尔的妻子正好住在巴黎，她亲切地表示要接待我，并提出让司机将她的豪华轿车开到我下榻的旅馆带我去观光。我想象别人目睹我乘劳斯莱斯或杜森伯格轿车到卢浮宫或其他博物馆参观的情景，感到十分窘迫，觉

---

① 西方一些地方有举办奶牛比赛的传统，按比如产奶量的大小为奶牛评奖。

得实在不协调，于是谢绝了她的好意。

我带着我的一位导师写给著名的老数学家埃利·嘉当的介绍信，去了庞加莱研究所。我一进嘉当的办公室，就马上投入了一场数学讨论。我告诉他我有个想法，能为关于连续群的希尔伯特第五问题给出简单且一般的证明。起先他说并不十分理解我的推理，但后来又补充说："啊，我现在知道你想干什么了。"嘉当留着小山羊胡，有着生气勃勃的笑容和闪闪发光的眼睛，这样的外表与我对所有法国数学家的想象相契合。他在很多方面非同凡响，其中之一便是他的一些最杰出的工作是在五十多岁时才完成的，而在这个年龄大多数数学家的创造力已经衰退了。

我在庞加莱研究所和索邦大学参加了一些研讨会和交流活动。在第一场研讨会上，一个名叫德·波塞尔的法国年轻人恰好谈到了我的一项成果，这让我骄傲感爆棚（德·波塞尔如今仍在巴黎任教）。我应邀在以埃尔米特命名的大厅中做了一场报告，又在以达布命名的大厅中做了一场。这些大厅和街道，如拉普拉斯街、蒙热街、欧拉街，都是肉眼可见的印记，表明数学家们所做的抽象工作在某种程度上得到了人们的赞赏，这宛如醇酒令我更加欢欣沉醉。我以年轻人的好奇心畅想："百年后会不会有一天，一条小街或哪怕是小巷能以我的名字来命名呢？"

10月，我决定去一趟英国剑桥，斯坦豪斯为我写了一封给数学界传奇人物G. H. 哈代的介绍信。哈代在数论方面的发现在利沃夫广为人知，我的朋友施赖埃尔曾在讨论班上介绍过他的论文。有关哈代怪癖的故事也广为流传。

我发现，在英国跻身中上阶层往往会让事情更便利。在多佛，我下船时走错了门，两名英国便衣警察拦住了我，盘问我要上哪儿去。

我看上去一定比二十五岁的实际年龄要小，因为其中一名便衣问我的父亲是做什么工作的。当我回答是律师时，他转向同伴，用典型的英国口吻说："他应该没问题，他父亲是律师。"我感到非常好笑，他们仅仅因为我父亲是律师这一信息就轻易相信了我。

在伦敦待了几个小时后，我坐夜班火车前往剑桥。火车每隔几分钟就要停靠一站，外面漆黑一片，看不见站名。我问同车厢的一个年轻人："怎么才能知道火车到剑桥了？"他想了一会儿，答道："恐怕你没法知道。"又沉默了片刻，我尝试开启新的话题，问他对政治局势怎么看，是否觉得英国会介入鲁尔区的争端以帮助法国。他再次陷入沉思，过了一两分钟回答："恐怕不会！"我觉得这种对我来说非常非常英国化的表达方式极其有趣。我对英国风俗的了解主要来自多萝西·塞耶斯和阿加莎·克里斯蒂的小说，刚才的场景与小说莫名地符合。

我在剑桥下了车，去了在苏黎世时格罗斯曼推荐过的名为"花园饭店"的酒店。由于父亲对我的旅行给予资助，我每周能在巴克莱银行取到叔叔从利沃夫的银行汇来的五到十英镑。这个金额在当时几乎可以算很大了。我在剑桥四处逛，欣赏大学的建筑，寻访书店。（我已经有了明显的购书，或者至少说是摸书的狂热。）我在不少地方都能感受到浓厚的夏洛克·福尔摩斯和柯南·道尔的氛围，这令我着迷。

我寻访了几位数学家。一位是已有过通信往来的俄国人贝西科维奇，他因为俄国革命而被迫流亡国外。他解决了我在《基础数学》上发文提及的一个问题，并就此写了篇论文。这是首个并不明显的"遍历变换"的案例，指一个平面到自身的一种映射，其中一个点的连续映像在整个平面上是稠密的。

贝西科维奇邀请我前往他在三一学院的住所。我进入他的房间，他云淡风轻地说："你可知道，牛顿曾经住在这里。"这给了我极大的震撼，以至于我差点晕倒。这种与伟大科学进程相关的地标，令我在英国的剩余时间里都着实处于一种亢奋状态。

我和贝西科维奇探讨了数学。我好奇，有多少年长的人能够适应年轻人一走进他们的房间，就立刻投入关于数学问题和定理的讨论，甚至都不先自我介绍或相互问候一下。我的朋友埃尔德什六十多岁时仍是这种风格。冯·诺伊曼也是如此，他温文尔雅，喜欢谈论政治或者闲聊，但常常会忽然从泛泛的交谈转移到科学技术评述。

从多方面来讲，在剑桥的日子都是我一生中最愉快的时段之一，无论在理性还是在感性层面上。贝西科维奇邀请我参加三一学院的贵宾晚宴。这场晚宴是到那时为止我整个人生中的高光时刻之一。在座的有 G. H. 哈代、J. J. 汤姆森、亚瑟·S. 爱丁顿等知名科学家，而我离他们不过数英尺之遥。交谈十分激动人心，我认真聆听着每个词。我们坐在一幅古老的亨利八世画像之下。食物用古董银盘来盛放。我注意到贝西科维奇吃得津津有味，饭后我们转到另一个房间，他又一杯接一杯地喝白兰地，其他人则不时暗暗投去欣赏的目光。

哈代讲了一些逸闻趣事，其中一段我还记得。他年轻时曾和一位牧师走过一片浓雾，看到一个男孩拿着一条绳子和一根棍子。牧师把眼前的场景与上帝的存在相类比——虽然见不到却可以感觉到。他说："瞧，你虽然看不到风筝在飞，却可以从绳子上感觉到它的拉力。"然而哈代知道，雾天不刮风，实际上风筝是飞不起来的。哈代认为剑桥的数学荣誉学位考试是毫无意义的。为证实这一点，他说服了乔治·波利亚（此人算得上古典分析领域的计算和技巧大师）在未经预先辅导的情况下参加这项考试。波利亚果然不幸未能通过考试。

我遇见了才华横溢的年轻天体物理学家苏布拉马尼扬·钱德拉塞卡。我们在三一学院共进了几餐，他是学院的一名研究员。他和爱丁顿合作，对后者他有着复杂的感情，既崇敬又视其为竞争对手。一年后，钱德拉塞卡接受了芝加哥的助理教授职位，我则应邀填补了哈佛大学研究员的空缺。

很久以后我们再次相遇时，他是洛斯阿拉莫斯的一名顾问，从事湍流理论和其他流体动力学的研究。那时，他已被朋友们称为"钱德拉"[①]，成了世界上最杰出、最高产的数理天文学家之一。他的著作在他的领域被奉为经典。

在剑桥时，适逢1934年的秋季学期，剑桥大学又或是两个女子学院（格顿学院和纽汉姆学院）的管理层废除了禁止男讲师进入女子学院的陈规。我应邀去举办一场关于拓扑学的研讨会。如果我没搞错的话，我应该是格顿学院历史上首位跨越性别门槛进去讲课的男性。

在我在波兰结识的所有科学家中，在剑桥我只见到了利奥波德·英费尔德，他曾在利沃夫做讲师。我是在咖啡馆里认识他的，在剑桥我们互相拜访了几次。

英费尔德个子很高，远远超过六英尺，十分魁梧，大脑袋大脸盘。他是犹太人，有着正统的犹太教背景。在自传中，他花了很大篇幅来描写自己为了获得教育和学术地位而奋斗的历程，这两个目标当时对犹太人而言都是不容易实现的。

他相当诙谐机智。记得他在英国待了一个月之后，就针对波兰语和英语中"机智"谈话的差异，做了让我觉得非常机敏的评论。他说，在波兰人们对重要事情的谈论很蠢，而在英国人们对愚事或琐事的谈论倒显得很机智。

英费尔德是个很有雄心壮志的人，他的职业生涯十分多彩。我

---

① 印度神话中的月神。

并不觉得他在物理和数学上的天赋能与他的雄心相匹配。在波兰时，我曾怀疑，他对广义相对论中深层次部分所涉及的数学并没有多少真正的理解，这恐怕是由于他的基础数学功底相当有限的缘故。他发表在华沙报纸上的一些科普文章，虽然写得不错，但在我看来在数学方面并不总是严谨的。那时我的眼光很高，期望即使是报纸上的科学文章，也要能和庞加莱精彩的科普作品或爱丁顿面向大众的相对论解读相媲美。

英费尔德后来去了普林斯顿，就在我到那儿几周之后，他与爱因斯坦合作撰写了那本广为人知的爱因斯坦－英费尔德的物理书[1]，该书成了畅销书。他曾在柏林见过爱因斯坦，在自传中，他描述了自己友好和令人放松的能力给对方留下了多么深刻的印象。在普林斯顿我很少能见到英费尔德，他并不属于冯·诺伊曼这些人的圈子。

剑桥的建筑风格、中世纪的建筑物、美丽的庭院、我在城镇中散步时（有时是和L.C.杨一起，他如今是威斯康星大学的教授）的所见，现在仍是我一生中最深刻的视觉记忆之一。就像我走过留有法国大革命印记的巴黎一样，这些经历在某种程度上影响着我的兴趣、想象、阅读和研究，直至今天。

1935年初，我从剑桥回到波兰。现在到认真思考我今后的学术生涯的时候了，尽管这是一个连谋求最普通的讲师职位都很困难的时期。一系列偶然的信件使状况发生了改变，其中一封访问美国的邀请信为我带来了福音。

----

① 指《物理学的进化》。

第二部分

在美国工作的数学家

第四章

在普林斯顿的日子
1935—1936

　　我最初是从我的中学老师扎沃斯基那里了解到冯·诺伊曼的。库拉托夫斯基也对我描述过冯·诺伊曼的成果和个性。他告诉我，在柏林的一辆出租车上，冯·诺伊曼寥寥数语就阐释了比他通过通信或交谈，能从其他数学家那里得到的多得多的有关集合论、测度论和实变函数的内容。巴拿赫同样谈到过冯·诺伊曼，他告诉我在1927年利沃夫的会议上，他和包括施托策克在内的一些数学家在会议期间的宴会上，是如何使劲用伏特加把冯·诺伊曼灌醉，以至他不得不离席去卫生间。但他一回来就继续和大家谈论数学，思路丝毫没被打断。

　　直到1934年末我才与冯·诺伊曼建立联系。他那时已到了美国，成为普林斯顿高等研究院的一名非常年轻的教授。我写了一封信给他，探讨一些测度论问题。他从博赫纳那里听说过我，在回信中邀请我去普林斯顿待几个月，并说学院可以为我提供三百美元的津贴。我从英国回来没多久就与他见面了。

　　1935年秋，莫斯科举办了一次拓扑学会议，亚历山德罗夫邀请我去参加。那时波兰与苏联之间的关系很紧张，申请从波兰去苏联的护照要办极多手续，以至于我没能及时拿到护照，从而错过了会议。冯·诺伊曼来信告诉我，他会在从莫斯科返程时途经华沙，我们可以在华沙见一面。塞缪尔·艾伦伯格，华沙一位以在拓扑学上的巧妙成果而著称的年轻数学家，和我一道去会见返程的西方学者们。在火车站，冯·诺伊曼（这是我第一次见到他）同两位美国数学家加勒特·伯克霍夫和马歇尔·斯通一同出现。我们全程用英语交谈。艾伦伯格只会说一点儿英语，我则可以充分地叙谈，这得感谢在剑桥的经历。冯·诺伊曼偶尔也会蹦出一些德语。

按照库拉托夫斯基的描述，我想象冯·诺伊曼应该身材修长，一如他1927年时的样貌。实际上，我见到的他已经有些发福了，尽管还没胖到后来那种程度。首先吸引我的是他那双棕色的、有生气的、表现力丰富的大眼睛。他的脑袋也大得令人印象深刻。他的步伐有些蹒跚。（我不禁想起第一次见到他女儿玛丽娜的儿子，他的外孙马尔科姆时，看到这个三岁孩子沿着酒店长长的走廊，以酷似他外祖父的步伐蹒跚而行，且和约翰尼一模一样地双手背在身后，我感到不可思议。他出生在外祖父去世之后，不可能是在模仿外祖父。似乎除了静态特征和外形之外，姿态、动作和其他一些随着时间推移逐渐形成的现象，也会随着基因遗传。）

在我看来，冯·诺伊曼十分年轻，尽管他已三十出头，比我年长五六岁。（我对比自己年长的人总会有一种复杂的感觉：一方面大概是尊重；另一方面则是轻微的优越感，因为我比他们拥有更多未来。）他习惯于在谈话中夹杂有趣的评论、笑话、出人意料的逸事或对他人的观感，让人感觉不到距离或鸿沟。

在这次简短的访问期间，斯通、冯·诺伊曼和伯克霍夫联合在波兰数学学会华沙分会办了一场研讨会，主题是量子论逻辑中的格论基础。大部分讲座是冯·诺伊曼做的，伯克霍夫简短地发了言，斯通则只是提了一些问题。我对这场研讨会的感觉有些复杂。我完全不信格论与新颖的物理概念有多大关系，认为会上的观点有些牵强，量子理论逻辑的大概念有些人为臆造的感觉。我还和约翰尼谈了不少其他东西，主要是关于测度论的（我曾寄给他一些先前写的这方面论文的副本）。我们还谈了一点儿他近期在希尔伯特空间算子理论方面的工作，尽管我对这一块既没有特别的了解也不是很感兴趣。此外，他还为我即将开始的普林斯顿之行提了一些实际建议。

与莫斯科的拓扑学会议相关，第二次世界大战结束几年后，我收到了法国数学家勒雷的一封来信。勒雷与利沃夫数学家尤利乌什·绍德尔合写了一篇著名的论文，是关于函数空间变换中的不动点及其在微分方程理论中的应用的。绍德尔是勒雷和我共同的朋友，被纳粹分子杀害。勒雷想要一张绍德尔的照片，既为了自己，也为了绍德尔在战争中幸存下来并在意大利定居的女儿。但他在波兰和其他地方都没能找到，于是写信问我手里是否有照片。约翰·冯·诺伊曼去世几个月后，我在他的图书室里浏览一些书册时，一组莫斯科会议参加者的照片掉了出来。绍德尔就在其中一张照片上，和亚历山德罗夫、莱夫谢茨、博苏克以及其他几十位拓扑学家在一起。我把照片寄给了勒雷，此后这张照片被翻印在多种出版物上。

与在利沃夫类似，华沙的数学家们常聚在一家糕点店中，花几个小时讨论数学。他们也经常在老城区著名的富克酒屋聚会。我和艾伦伯格曾带约翰尼和他的同伴们去那里品尝富克有名的蜂蜜酒。在酒屋里，约翰尼讲了一个有意思的故事。应普林斯顿的朋友们的要求，他在莫斯科买了几磅①鱼子酱，准备带回美国去。坐火车时，他请乘务员把鱼子酱存放在餐车的冰箱里。早上他们醒来时，火车已到

① 1磅约等于0.45千克。

波兰，他们发现餐车在苏波边境脱钩了。他们失去了鱼子酱，要空手回到美国了！他谈到自己决定移民美国，还说欧洲的科学家普遍不切实际且缺乏远见。在德国的大学里，现存和潜在的教授职位空缺非常少，在未来两年整个国家大约才有两三个空缺，却有四十到六十名讲师指望在不久的将来竞争这几个职位。冯·诺伊曼用他惯常的理性方法计算出，未来三年内教授职位有三个，而竞争它的讲师数量是四十位。这是他决定移民的缘由，还不包括日趋恶化的政治形势。1930年，他接受了普林斯顿大学客座教授的职位。1933年，普林斯顿高等研究院才创办不久，他应邀成为研究院最年轻的终身教员之一。

1935年12月，我搭乘英国轮船"阿基塔尼亚号"从勒阿弗尔出发，开始了人生首次跨越大西洋的航行。头两天天气很好，随后就遭遇了猛烈的风暴，我晕船了。船接近纽约时，海面平静下来，我也恢复了。

在纽约停留了两天后，我尝试联系冯·诺伊曼，却没能联系上，于是就给研究院打电话。第一次进美国的电话亭也是难忘的经历。接线员说"Hold the wire!"[1]，我没能明白他的意思，问道："我应该拿住哪根电线？"最终我联系上了普林斯顿大学的教授所罗门·莱夫谢茨，他告诉我怎么从纽约去普林斯顿。他说，这是非常容易的，每个小时都有火车。我有些不理解，据我所知，普林斯顿只是一个很小的镇子，为何竟然每个小时都有到那儿去的火车呢？我并不知道，其实普林斯顿位于从费城到华盛顿的主干线上。

到普林斯顿后，我径直去研究院所在的普林斯顿大学数学系大楼办理注册，当时研究院还没有自己独立的区域。年轻漂亮的弗莱明小姐和年长一些的布莱克小姐接待了我。她们对我微笑致意，我却有点

---

① 直译为"拿住电线"，意为"一直拿着电话，直到有人接听"。

儿吃惊，怀疑是不是自己的装束有些可笑或者裤子没扣好才让她们发笑的（当时还没有拉链这种东西）。

我在一所公寓办理了入住，随即就去见冯·诺伊曼，他住在一所宽敞的、引人注目的房子里。一名黑人侍者让我进了屋，我在客厅里见到了所罗门·博赫纳和一个正在地板上爬行的婴儿。(那个婴儿就是冯·诺伊曼的女儿玛丽娜，当时刚刚六个月大。) 冯·诺伊曼的第一任妻子玛丽埃塔向我致意，她也是匈牙利人。我认识博赫纳，因为我们有过数学方面的通信。博赫纳和冯·诺伊曼在谈论政治。冯·诺伊曼对局势相当悲观，认为欧洲爆发战争的可能性很大 (那时距战争真正打响还有将近三年)。他显然对即将到来的灾难有着相当清晰的预测。他把苏联视为纳粹德国的主要对手。我当时认为法国军队很强大，于是问他："那法国呢？"他回答说："噢！法国无关紧要。"这真的很有预见性。

如果没记错的话，我寄宿的公寓位于范德万特街。同住的还有六到八位男士，并不都是学生，我们会在一起吃饭。记得一开始我完全无法理解大家的谈话，尽管我是懂英语的。美国口音让我感到吃惊，大家说的大部分内容我都不太明白。但一周之后我就什么都能听懂了。这是很多人都有的经历，不光在语言方面，在数学上也是如此，它是一种不连续的过程。最初是一无所知，一无所知，忽然找到了窍门，全部理解了。

我成了冯·诺伊曼家的常客，他们很善交际，一周要办两三场派对。派对并不总是无忧无虑的，即将发生的世界大事的阴影笼罩着人们的社交活动。在派对上我结识了亚历山大一家，他们和冯·诺伊曼一家是很好的朋友。詹姆斯·亚历山大也是研究院的教授，他是一位很有独创性的拓扑学家，提出过不少新颖的问题，还创造了一些"病态"的拓扑对象实例。他出身于一个富裕家族,性格十分古怪。

几周后的一场派对上,我看到了一位应该有五十多岁,但对于我来说显得无限老的男士——我当时才二十六岁。他坐在一把大椅子上,膝头坐着一位漂亮的年轻姑娘,他们在喝香槟。我经过约翰尼身边时问他:"那位先生是谁?""啊,你不认识他?他是冯·卡门,著名的空气动力学家。"冯·卡门是约翰尼的朋友之一。冯·卡门在第一次世界大战期间成了最早学会驾驶飞机的科学家之一。他告诉我,他拥有编号最靠前的飞行驾照之一。飞行经历直接催生了他关于喷气式发动机的构想,对第二次世界大战的进程产生了极为重要的影响。很久之后,我才和他熟络起来。他曾说过,工程师就是把前人犯的错误固化下来的人。1968年,在以色列举办的一场流体动力学会议上,我发现我们两个人都在。那时,他成了一位老富翁。那是他第一次去以色列,他被自己的所见打动,于是每次都给服务员或出租车司机五美元或十美元作为小费,无论账单应付的金额是多少。

约翰尼总是很欣赏那些在政治或组织机构的活动中取得成功,或是在体育方面做出壮举的人,并对他们予以培养。一次,我们经过普林斯顿大学精美的哥特式教堂时,他说:"这是我们对物质主义的一百万美元的抗议。"我不知道这句妙语是不是他自己想出来的,但这确实表明了他对金钱的诙谐态度。

那些日子里,他仍然称呼我"乌拉姆先生"。一次,我们在雨中行驶,遭遇了拥堵,他对我说:"乌拉姆先生,汽车作为交通工具已经不再合适了,但作为雨伞倒是很棒。"我如今遇到堵车时还常常会想起他的这番话。约翰尼很喜欢汽车,但开车时多少有些粗心大意。

约翰尼的生活相当奢华。研究院的教授是当时美国薪酬最高的学者,甚至超过了哈佛。这使得研究院和大学的教授之间产生了敌意。此外，教授的报酬也与研究院中研究员和访问学者几乎可称微薄的津贴形成了鲜明的对比。

在公众眼中，拥有伟大的名字、伟大的声望、伟大的光芒的人当然是阿尔伯特·爱因斯坦。我首先与他的助手，数学家迈耶见了面，他是个挺奇怪的人。随后我被引见给了爱因斯坦本人，我注意到他的英语颇为独特。他会指着黑板上的某个东西说："他是一个很好的公式。"

我的堂兄弟安德烈·乌拉姆是一位银行家，我到美国两个月后，他出差来到纽约，我邀请他来普林斯顿看我。恰好那一周我要在一个讨论班上发言，我的名字与爱因斯坦每周例行办的讨论班的公告列在了研究院通报的同一页上。这给安德烈留下了极为深刻的印象，他在家信中提及了此事，于是我的名声在波兰的亲友中传开了。

赫尔曼·外尔也是研究院的教授。我在普林斯顿见到了他，并去过他家几次。他是一位传奇人物，年纪比冯·诺伊曼大很多。他和后者一样兴趣广泛，给我留下非常深刻的印象。很久之后，我的朋友吉安-卡洛·罗塔——如今他是麻省理工学院的教授，对我说他曾听过外尔关于对称性的早期报告，深受触动。报告听着有点儿艰涩，但同时带给人普世文化的熏陶。最近，外尔提出的纯数学框架和代数实体，在建立神秘的中微子和所谓的弱相互作用（对于原子核的 β 衰变十分重要）的特性的模型方面，得到了关键性的应用。

外尔在第一任妻子去世后又结婚了，并在瑞士住了一段时间。入籍的美国公民可以在国外居住多长时间，不返回美国而保留其美国公民身份，这是有相关的规定和条例的。外尔不知道这些事情，一不小心丧失了美国国籍。事情发生后，所有人都很震惊。美国数学学会和国家科学院的成员都希望恢复他的美国公民身份。这需要国会通过一项特别决议。一些朋友请我和我相熟的安德森议员一道介入此事，帮助解决问题。但在此期间,外尔在苏黎世的街头往邮筒里塞信时忽然昏倒,因为突发心脏病去世了。

我每天去研究院工作五六个小时。那时我已经发表过不少论文,研究院的人对其中一些有所了解。我经常与博赫纳交谈,在刚到普林斯顿后不久我就和他探讨了一个关于"伯努利大数定律的逆"的问题。博赫纳证明了相关定理,将证明发表在《数学年刊》上。(顺便说一下,这个问题至今仍只是在特定的简单情形下有解。在完整的大数定律的逆问题中,那些需要一个测度空间中的一个测度的部分,至今还没有得到证明。)

我参加各种讲座和研讨会,包括莫尔斯、维布伦、亚历山大、爱因斯坦等人的。令我感到惊讶的是,与利沃夫的咖啡馆里那些无尽的长谈相比,这里的人很少交流。在利沃夫,数学家们对彼此的工作由衷地感兴趣,他们相互理解,因为他们的工作都围绕着集合论数学这个相同的中心主题展开。在这里则正相反,若干个小群体分别研究着不同的领域。尽管普林斯顿高等研究院和普林斯顿大学众星云集,可能是有史以来数学和物理领域杰出大脑最为集中的地方之一,但我还是对这种彼此间缺乏好奇心的状况感到失望。作为一个心怀不满的年轻人,我对约翰尼说,这让我想到了芝加哥的歹徒们从事非法勾当时的分工。"拓扑学的勾当"可能值五百万美元,"变分法的勾当"也值五百万。约翰尼大笑着说:"不,那只值一百万!"

普林斯顿的氛围还有一个方面与我期望的截然不同:它正迅速成为无处容身的欧洲科学家的中转站。此外,那时经济仍然萧条,各所大学的总体状况,尤其是数学专业的状况,是非常糟糕的。拥有令人称道的学术背景和好文凭的人(不仅像我这样的访问学者如此,在本土出生的美国人亦然),在拿到博士学位多年后仍找不到工作。我的一位朋友是非常有能力的数学家和逻辑学家，如今已是美国国家科学院的一员，那时在普林斯顿拿着一点儿可怜的生活津贴，等待着什么地方能出现一个空缺。一天，来了一封电报，提供给他一个年薪1 200美元的讲师职位。他跟我说，他觉得自己是在做梦，并赶紧接受了这份工作。类似的事情还有很多。那时，我听说三个人"把持着"美国数学学会：来自伊利诺伊州的奥斯瓦尔德·维布伦、G. D. 伯克霍夫和亚瑟·B. 科布尔，大部分学术职位都是靠这三个人的推荐获得的。这与如今大学中为数众多的数学职位形成了多么鲜明的对比啊！

约翰尼能来研究院多亏维布伦。他一开始邀请约翰尼待一个学期，之后又安排约翰尼继续留任。维布伦非常喜欢约翰尼，几乎把他当成自己的儿子看待。

奥斯瓦尔德·维布伦是《有闲阶级论》的作者索尔斯坦·维布伦①的侄子，著名的美国数学家，又高又瘦，有着斯堪的纳维亚人的外表，说话尖刻而幽默。他因在射影几何和拓扑学基础方面的工作而闻名。

维布伦会组织大家去普林斯顿的树林中徒步，我也受邀参加了几次这种探险活动。途中，他砍去死树和枯枝以清理出道路，这时我们会进行很多数学讨论，也会闲聊。

在我看来，普林斯顿细弱的树组成的树林，还有那些沼泽，和波兰的森林根本没法比。但我第一次耳闻目睹了巨大的卡夫卡式青蛙②。这里的鸟也很不同，我真正感觉自己身处另一片大陆，站在异国情调十足的土地上。

---

① 通行的译名为索尔斯坦·凡勃仑，美国著名经济学家，为保持姓氏一致，这里译为维布伦。
② 卡夫卡的名作《变形记》中，主人公变成了巨大的甲虫，作者在这里用"卡夫卡式"形容比通常体型大很多的动物。

在步行和讨论时，我的脑海里始终潜藏着一个问题：我是否应该接受某个美国机构的工作邀请，以便继续留在美国呢？更多的是下意识地而非有意识地，我渴望找到留下来的办法，因为欧洲政治局势严峻，而且数学家，特别是犹太数学家极难找到工作。我在波兰没有什么前途，而且可以越来越清楚地看出来国家危在旦夕。我还渴慕言论和工作自由，渴慕积极进取的感觉，这些精神在这里的空气中弥漫，世界的未来在这里向我招手。尽管我没有把这些想法明确地告诉约翰尼，但我变得非常渴望留下来，并且想在工作机会出现时抓住它。

就在那个时候，库拉托夫斯基出现在普林斯顿，做为期一个月的访问。他在暮春时节到达，想知道我是否有机会在下一学年留在美国。他去哈佛做了一场讲座，那边的几位教授如伯克霍夫、格劳斯坦等，向他问起了我。他应该是极尽溢美之词地推介了我。当跟我谈及我未来的可能性时，他的感情是复杂的。他完全清楚我在波兰几乎没有获得教职的机会，他意识到在美国待得久一些对我未来的生涯是有益的，但一想到我可能不会回波兰了，他又由衷地难过。

在逗留美国期间，他和约翰尼在某些类型的射影集方面取得了重大成果。这是一套非常优美的数理逻辑的运算理论，超越了亚里士多德和布尔的理论。直到今天，该理论仍然充满了不可思议的地方，对有关集合论和整个数学基础的问题是不可或缺的。最近的许多工作都与这种射影运算有关，一些新近的成果毫无疑问来源于他们这篇有趣的论文。这项成果的取得是非同寻常的。凭借精湛技巧和深刻洞察，约翰尼一旦获得了初始的推动力，就能够找到关键点。这是一个非常好的例子，说明在数学研究中，合作能够取得多么丰硕的成果。

冯·诺伊曼有一天请我在他的讨论班上讲一讲我在"半单群"方面的研究成果，其实对这个主题我了解的并不够多。我在对其理论的基础和细节并不完全了解的领域，常常能成功取得一些相当具有原创性且并非无足轻重的成果。在这个讨论班上，约翰尼问了我一些非常有探究性的、入木三分的问题，我不得不绞尽脑汁来给出令人满意的回答。我觉得他并不是在故意为难我，他只是出于他那压倒一切的客观态度和想把事情搞清楚的愿望才这样做。

在一些讲座上，冯·诺伊曼有时会故意强调问题简单的一面，而快速略过困难的一面，以此来"蒙骗"学生。不过，他总能展现他在数学及其应用方面那神奇的，在某种程度上堪称先知般的兴趣，但他同时又非常客观，这一点令我甚为佩服。

作为数学家，冯·诺伊曼敏捷、聪颖、高效，在数学以外的其他科学领域兴趣极其广泛。他了解自己的技术能力，他有着追踪复杂推理的精湛技巧，他的洞察力无人可及，但他仍然缺乏十足的自信。也许他觉得自己没有能力凭直觉在最高层次上发现新的真理，也没有天赋对公式或证明进行看似非理性的感知。我很难理解这一点。或许是因为他曾多次被人抢先、领先乃至超越。例如，他曾因为自己没能首先发现哥德尔不完全性定理而感到沮丧。他完全有能力取得哥德尔那样的发现，如果他能承认希尔伯特的方案是错误的。但这意味着与当时的数学思潮相逆。另一个例子是伯克霍夫证明遍历性定理。他的证明比约翰尼的更有说服力、更有趣且更为自洽。

在普林斯顿期间，我感到约翰尼对自己的工作有些犹豫。他沉浸在关于连续几何、关于希尔伯特空间中的算子类理论的新研究中。我本人对有关希尔伯特空间性质的问题不太感兴趣。我能感觉到，约翰尼对这方面的工作是否具备重要意义，也没有十足的把握。只有当他时不时地发现一些精妙、优雅的技巧或某种新方法时，他似乎才明显受到激励或消除内心的疑虑。

那时候他开始思考一些与纯数学无关的问题，虽然不是他人生中的第一次。（1929年，他曾写过一本关于量子理论的数学基础的名作。）现在他更多地在思考物理学中的经典问题。例如，他研究流体力学中的湍流问题。在他的连续几何学中，基本元素并不扮演我们在欧几里得空间中通常认为的“点”的角色。这就创立了一门“无点”几何学，这个名字容易让不少人发笑。

　　他反复探究将量子理论的逻辑重新形式化的可能性，这也是他当初在华沙的研讨会上发言的主旨。在普林斯顿他常常就这一主题开展工作。通过交谈，我看到或者说感到了他的踌躇，而我自己同样对此抱有怀疑态度，因为没有明确的通过实验来验证它的可能性，这似乎纯粹是一个逻辑问题。纯粹的“语法”方法从来引不起我多大兴趣。当某种东西仅仅方便或者仅仅在书面意义上有用时，我就会觉得它不如具备更真实物理背景的，或者虽然抽象但多少容易被感知的事物有意思。我必须承认，有些时候纯形式化的东西也会有巨大的价值，比如物理学中费曼图的技巧或者说记号系统。它完全是一种书面性的观念，本身并不会给物理图景带来任何具体的输入信息，尽管如此，作为一套好的记号系统，它可以推动思想朝着可能被证明是有用的，甚至是有创新性和决定性的方向发展。除（极其重要的）费曼图外，还有神奇的“算法”，或者说是数学中的符号主义。微积分就是显示其神奇之处的例子。各种变换、生成函数等在数学应用中扮演着近乎奇迹般的角色。

　　冯·诺伊曼是自己的技巧的主人，但在某种程度上也成了它的奴隶。当他看到某件事可以做到时，他会像沿切线冲出去那样脱离本来的路径。我的感觉是，他在算子类或拟周期函数方面的一些数学工作，虽然从技巧上讲很有吸引力，但在我看来并不非常重要。正是他的才能让他忍不住要做这些工作。

习惯的重要性不言而喻，它能在很大程度上决定一个人的思维品质或本性。习惯会影响，甚至在很大程度上决定人在工作时对思维路线的选择。思维路线一旦建立（在我看来，建立的过程会非常迅速，有时只需几次试验），那些"联结"、"过程"或"子程序"也就固定下来了。冯·诺伊曼有选择阻力最小的路线的习惯。毫无疑问，凭借强大的头脑，他能够迅速克服所有的小障碍和困难，不断前进。但如果困难一开始就非常大的话，他是不会硬着头皮去撞墙的，而且他也不会——我曾经对施赖埃尔这样说——绕着城堡转来转去，这里敲敲那里打打，寻找最薄弱的地方来突破。他会转向其他问题。就他总体的工作习惯而言，我更愿意将约翰尼称为现实主义者而非乐观主义者。

约翰尼始终是一个勤奋工作的人，在看上去有些柔弱的外表之下，他有着巨大的能量和韧性。他每天在早餐前就开始写作。即使在家里开派对时，他也会偶尔离开客人，到书房待上半小时左右，记下头脑中的想法。

就他不会在日常家庭事务上投入足够多的时间这一点而言，他可能不是一个容易相处的人。

一些人，特别是女性，发现他不太关心个人感情或感受，似乎在情感发展上存在欠缺。不过从和他的谈话中，我感到不过是一定程度的羞涩妨碍了他在情感方面进行更明确的讨论。这种外表上的内向在数学家中并不罕见。并非数学家的人经常就此批评我们，并且可能厌恶这种明显的情感迟钝，以及过度的定量和理性倾向，尤其厌恶我们对科学之外的世俗事务的态度。冯·诺伊曼如此忙于数学、物理学和学术事务，更不必说他后来作为许多项目和政府咨询工作的顾问还要参与数不清的活动，他可能确实没法成为一位贴心的、"正常"的丈夫。这可能是他家庭生活不太美满的部分原因。

可以肯定，他对女性是有兴趣的，他以一种独特的方式关注女性的外表。他常常会注视女性的腿和身材。只要有穿裙子的女士经过，他就会转过脸去盯着看，他这种举动如此明显以至于每个人都能注意到。不过，这是一种心不在焉的、机械的、差不多自动的举动。关于女性，他曾对我说过这样的总体评价："她们什么事都不怎么做。"当然，他的意思是，除了生物性和生理性的活动之外，她们不做什么重要的事情。

他没有表现出社会偏见，也从不隐瞒自己犹太人的出身（尽管我认为他实际上在童年时期接受过基督教的洗礼）。事实上，他对1948年以色列国建国非常自豪，并为犹太人战胜包围他们的那些阿拉伯国家感到欢欣鼓舞——这是一种错位的民族主义。

他父亲是一位银行家，被授予了代表贵族的"冯"。在奥匈帝国，贵族头衔可能是被授予的，也可能是通过向政府捐款而获得的。约翰尼从来不使用他的完整称呼（同样有犹太背景的冯·卡门也是如此）。他与白手起家或出身较低的人交往时会感到有些不自在。他和富裕犹太家族的第三四代人打交道时感到最为舒服。和我这样的人在一起时，他常常会说些犹太习语或笑话，为谈话增添趣味。他是个阅历丰富的人，并不真的势利，但很在意自己的身份，跟和自己背景相同的人相处感到更自在一些。

他受过很全面的教育，精通历史，特别是罗马帝国的历史，帝国的强盛和良好的组织性令他着迷。也许这种兴趣部分来源于，他对涉及作为个体的点或个人的变量，以及它们的群组或事物的类之间的差异，站在数学家的角度十分欣赏。他喜欢在当今和过去的政治问题之间寻找可类比之处。有时候相似性的确存在，但还有诸多不同的影响因素存在，所以我并不认为他的结论总是合理的。

一般来说，他不愿与他人意见相左。当人们倾向于做某事，向他征求意见时，他不太会反对或劝阻。在日常事务中，他愿意随大流，甚至会预测人们想听什么样的话。他还会耍无害的小伎俩，诱使别人主动提出去做那些他本来就想让他们做的事。不过，只要事情关乎科学，他就会捍卫自己所坚信的原则。

当谈到其他科学家时，他深深敬佩的人是库尔特·哥德尔。这份感情中也混杂着他没能自己想到"不完全性"的失落。多年来，哥德尔并不是普林斯顿的教授，只是一名"访问学者"，我想人们应该是这么称呼他的。显然学院中有人反对他，并设法阻止他晋升为教授。约翰尼曾对我说："连哥德尔都还不是，那我们这些人怎么配称为教授呢？"当我问及是谁对哥德尔这么不友善时，他并没有透露，尽管我们是亲密的朋友。我欣赏他的谨慎。

至于哥德尔，他对约翰尼的评价很高，而且对约翰尼的观点也很有兴趣。我相信，尽管哥德尔深知自己的发现很重要，但这并不能阻止他感到一种痛苦的不确定性，担心也许他所发现的一切不过是另一个布拉利-福尔蒂悖论[①]或罗素悖论。但哥德尔发现的意义远远不止于此，它是从哲学和技术两个层面上改变了数学的革命性发现。

当我们谈到爱因斯坦时，约翰尼会对他毫不费力就取得的划时代的发现，对他完成构想的不可思议的运气，对他关于相对论、布朗运动和光电效应的四篇论文，表达惯常的钦佩之情。从靠近和远离你的运动物体上发出的光，其速度居然是一样的，这是多么让人难以置信的事情。不过，约翰尼的钦佩之情中夹杂着一些保留态度，就是在说

---

① 亦称最大序数悖论，是集合论史上的第一个悖论。

"嗯，他啊，他太棒了"的同时也知道他的局限性。约翰尼对爱因斯坦在与尼尔斯·玻尔的争论中表现出的态度，即对量子理论总体上的质疑，感到惊讶。我的感觉一直是，约翰尼没有把最后的话说出来，就是他认为一个新的"超级量子理论"可能会调和双方的观点。

我曾经问约翰尼，他是否觉得爱因斯坦可能已经形成了一种对其他物理学家的轻视，包括对那些最杰出、最有名的物理学家，原因是他被人们过度地崇拜和奉若神明了。没有人试图胜过他，通过比如将他的相对论推广，或者提出能挑战、改变或改进它的东西。约翰尼表示同意。"我想你是对的，"他说，"在我们这个时代的物理学历史上，他并不认为其他人可能成为他的对手。"

比较容易引起反感，在科学中，不存在任何对卓越或伟大程度的线性排序问题。这在很大程度上是个品味问题。以线性的或其他的方式对数学家进行比较，可能与比较音乐家、诗人或作家一样困难。当然，还是存在大而明显的"级别"划分。我想，如果说希尔伯特与从一所规模很大的大学中随机抽选出来的几名助教相比，是更伟大的数学家，这应该没什么问题。我觉得，冯·诺伊曼影响最持久、最有价值、最有意思的一些工作是在他晚年时做的，包括关于计算、计算的应用以及自动机的想法。所以，就影响的持久程度而言，我想在很多方面他的贡献和庞加莱的同样伟大。当然，庞加莱是比较理论化的，并没有直接在技术方面做出实际贡献。庞加莱是数学史上最伟大的人物之一，希尔伯特也是，他们被尊崇为数学家中的数学家。相比之下，冯·诺伊曼可能要逊色一点儿，不过还有待在未来去盖棺定论。

我一生中最幸运的机遇之一出现在G. D. 伯克霍夫来冯·诺伊曼家喝茶的那一天，正好我也在他家做客。他似乎从他儿子加勒特那儿听说过我，我和加勒特在华沙见过面。在讨论了一番数学问题后，他转向我说:"在哈佛有个叫'学者学会'的组织,里面有个空缺。如果你有兴趣去申请的话,大约有四分之一的概率能得到这个职位。"约翰尼听罢赶忙冲我点头。我说:"是的,我对在哈佛待上一段时间是有兴趣的。"一个月后,1936年4月,我受到邀请去那边的专题座谈会上发言。发言之后我又被邀请去学者学会赴宴。我想,这是在我不知情的情况下对我进行考察。

在座谈会上,我谈论了尚在研究中的问题:在许多结构体中,是否存在少数元素,能够在整个结构体中生成稠密的子群或子系统。(或者通俗地说,从各种各样的对象中,人们可以挑出一些,通过组合它们而获得全部其他对象,而仅有很小的误差。)这些结果是我与约瑟夫·施赖埃尔在若干年前曾证明过的。我很自信地做了发言。我不记得自己曾经在发言时特别紧张,因为我总是感到我了解自己正在讲的东西。我的发言一定受到了好评,因为回到普林斯顿之后,我收到了一封令我喜出望外的信。信来自哈佛集团秘书处,用英语中惯用的敬辞写着"你谦恭的仆人"。这是一份初级研究员的任命书,时限从当年秋天开始为期三年。开出的条件非常吸引人:每年一千五百美元,外加免费食宿和一些旅行津贴。这在当时是一份条件非常优厚的聘书。

口袋里揣着这封信,我美滋滋地开始了回波兰度夏的准备工作。为了弥补约翰尼上一个夏天遭逢的损失,我在普林斯顿的新朋友们把带回大量鱼子酱这一光荣的任务交给了我。他们并没有意识到,波兰并不产鱼子酱,所以它在波兰和在西方一样昂贵。

第五章

哈佛岁月

1936—1939

　　我来到学者学会时，它刚成立没有几年。学会最早的成员包括加勒特·伯克霍夫和心理学家B. F. 斯金纳等。像我们这样被称为初级研究员的人，大多是二十多岁、刚崭露头角的博士后学者。

　　我分到了亚当宿舍楼的一个两居室套间，隔壁是另一位新来的数学工作者，名叫约翰·奥凯斯屠拜。他没有博士学位，但因为富有才华、前途光明，在他完成研究生学业的母校加利福尼亚大学很有名气。我一下子就喜欢上了他。他个子较高，蓝眼睛红头发，总保持一副好脾气。由于高中时罹患脊髓灰质炎，他一条腿瘸得很厉害，不得不靠拐杖行走。

　　他和我在数学上有一些共同兴趣，如集合拓扑、分析和实变函数论等。我们很快就讨论起了有关集合"范畴"的思想。"范畴"这一概念在某种程度上与集合的测度（其长度、面积、体积以及它们的推广）相仿，但量化程度稍低一些。我们很快就取得了一些新成果，我们认识的头几个月里的谈话结出的果实，作为两篇说明发表在了《基础数学》上。随后，我们雄心勃勃地向遍历变换的存在性问题发起了攻关。这一观念和相关的定义是玻尔兹曼在19世纪最早提出的。五年前，冯·诺伊曼的论文把这方面的研究推向高潮，跟着是G. D. 伯克霍夫那更加令人难忘的成果（在某种程度上可以代替前者）。伯克霍夫在他突破性的论文和他关于动力系统的著作中，定义了"传递性"这一概念。我和奥凯斯屠拜致力于完成遍历定理自身中极限的存在性方面的工作。

为了完善与遍历定理有关的统计力学的思想基础，有必要证明遍历变换的存在性，以及更重要的一点，它的普遍性。G. D. 伯克霍夫本人已经针对动力问题的某些特例做过工作，但尚未取得一般性的成果。我们想证明，任一（统计力学上使用的那一类）流形（一个表示动力系统可能状态的空间）都遵循这样的遍历行为。

我和奥凯斯屠拜之间日常谈话的性质、强度以及持续时间之长，不禁让我想起了在波兰时的工作方式。我们俩通常坐在我的房间里，那里陈设相当简陋，尽管我租了几块东方风格的地毯来装饰它；有时也在他的房间，那里更是有一种斯巴达式的简朴。

我们探讨了可能构造这些变换的各种方法。基于惯常的乐观态度，我没来由地确信我们最终一定会成功。在攻关的过程中，我们持续向 G. D. 伯克霍夫通报进展。在学者学会和他一起进餐时，我提及这方面的研究，他微笑以对，部分是觉得有意思，部分是为我们一心一意的执着所感染，部分是表示怀疑，尽管他对我们取得成功的可能性持开放态度。他会和比我更谨慎的奥凯斯屠拜一道复核我告诉他的结果。我们花了两年时间才最终取得突破，完成了长篇论文，发表在1941年的《数学年刊》上，我将其视为我参与完成的重要成果之一。

学会的主席是L. J. 亨德森，他是知名生物学家，《环境的适应性》一书的作者，该书不仅在专家学者中，在大众中也有很高人气。他常被大家称为L. J.，是个铁杆亲法派。诚然，学者学会是照着巴黎的梯也尔基金会的模式打造的，而不是照着剑桥或牛津那种大学学会的样子。

学会由五六名高级研究员，以及大约二十二名初级研究员组成。

高级研究员都是知名的杰出教授，如哲学家约翰·利文斯顿·洛斯、历史学家塞缪尔·埃利奥特·莫里森，以及著名英国哲学家阿尔弗雷德·诺思·怀特海等。我来到学会时，怀特海已经从哈佛的教授职位上退休了。在学会传统的每周一晚上的社交晚宴上，我常常有幸坐在他旁边。

一些初级研究员给我的印象是：从言谈举止上看，他们是一群过于讲究的年轻人。我和奥凯斯屠拜以及威拉德·奎因（严格地说是一位逻辑学家）是其中仅有的数学家。物理学家中有几位日后非常有名，如约翰·巴丁、伊万·格廷和吉姆·菲斯克。生物学家中我还记得罗伯特·B.伍德沃德，他用化学方法最早合成了奎宁和其他一些重要的生物物质。担任过肯尼迪总统顾问的经济学家保罗·萨缪尔森也在其中。还有杰出的语言学者伊瓦尔·艾纳森、后来成为科学史专家的亨利·盖拉什，以及英国文学专家哈里·莱文。莱文的举止有点儿普鲁斯特风格。他喜欢参与精致复杂，有时在我看来十分做作的讨论。另一个出生在外国的成员是乔治·汉夫曼，他是一位考古学家。汉夫曼显然是个非常博学的人，我很钦佩他的学识。我们对希腊和拉丁文学有着共同的爱好。

逻辑学家威拉德·奎因友善而外向。他对其他国家很感兴趣，喜欢外国的历史和文化。他还对几种斯拉夫语言略知一二，会饶有兴味地用它们和我对话。他在数理逻辑领域已颇有声誉。我记忆中他是个身材瘦削、黑头发黑眼睛、十分热情的人。在1936年富兰克林·D.罗斯福击败兰登的那次总统大选期间，在罗斯福取得压倒性胜利后，我上午9点在怀德纳图书馆的石阶上遇到了他。我们停下来交谈，我问他：“你对结果怎么看？”他回答道：“什么结果？”“当然是总统选举了。"我说。他漫不经心地问:"现在谁是总统啊?"学会里不少人都是这种风格。我曾听人说起,在查尔斯·W. 艾略特[①]任哈佛校长期间,一位来拜访他的客人被告知:"校长去华盛顿见罗斯福先生了!"(这里的罗斯福是西奥多·罗斯福。)

我在亚当楼就餐,那儿的午餐特别棒。我们这些年轻人围坐在一张长桌边,有时候一些大教授也在场,对话十分令人愉快。但常常在用餐即将结束时,大家会一个接一个地迅速喝光自己的咖啡,然后忽然宣称:"不好意思,我要去工作了!"作为一个年轻人,我不明白人们为何要刻意显示自己如此努力工作。我惊讶于这种缺乏自信心的表现,甚至一部分知名学者也是如此。后来我了解到清教徒有一种努力工作的信仰,或者至少是看上去努力工作。学生必须表现得勤勤恳恳,老教授们也是一样。这种自信心的缺乏令我感到奇怪,尽管与欧洲人的傲慢相比,这没那么令人生厌。在波兰,人们也会假装和编造故事,但情形完全相反。他们可能会疯狂工作一整夜,却假装自己压根没有工作。在我看来,这种对工作的重视是清教徒的"行动胜于思考"理念的一部分,与英国剑桥等地方的那种亚里士多德式的传统是如此不同。

学会的办公地点位于艾略特大楼。我们这些初级研究员每周一和周五在那里会面,一起吃午餐。还有就是著名的周一晚宴,全体初级和高级研究员聚在一起,围坐在一张长长的T形餐桌旁。据说它就是奥利弗·温德尔·霍姆斯在《早餐桌上的独裁者》一书里写到的那张桌子。亨德森是从哈佛的一间储藏室里把它弄来的。

洛厄尔校长几乎每次周一晚宴都会参加。他喜欢再现第一次世

---

① 著名教育家,哈佛历史上任职时间最长的校长。

界大战中的日德兰海战，把餐刀、餐叉和盐瓶移来移去，以此代表英国和德国舰队所处的位置。他也会时不时地流露出对萨科-万泽蒂案的怀疑甚至懊悔。[①]他会详述这起案件，与其说是辩护，不如说是为了重申法庭的立场，重述随后的法律步骤。他当时是案件复核委员会的委员之一。

宴会上有上好的法国勃艮第或阿尔萨斯葡萄酒用来佐餐，这些酒是亨德森的骄傲和快乐所在。他曾经告诉我，如果他有幸获得在剑桥[②]竖立雕像的资格，他愿意以手握着酒瓶的形象立于哈佛广场上，以纪念他成为第一个因为酒窖而获得大学专款的人。初级研究员乔治·霍曼斯是约翰·亚当斯总统的后裔，他是受大家委托选酒和取样的人之一。当我也被推选进学会的评酒委员会时，我将之视为一种巨大的荣誉。这可是我在美国的第一份"行政"工作！学会至今在哈佛仍然非常活跃，周一晚宴也在继续举办，并始终欢迎曾经的成员参加。

1936年，大萧条似乎即将结束。哈佛大学相对而言，似乎没怎么受到这次大动荡的影响。我记得，在入职学会之前的那场专题座谈会上，我发言之后威廉·格劳斯坦教授对我讲，哈佛教授们对大萧条完全没有感觉。这让我对他们置身于国家的日常问题，以及马萨诸塞州乃至剑桥的事务之外的程度感到惊奇。显然，美国的校园生活意味着至少在部分程度上要孤立于社会。教授们几乎完全在自己的圈子里生活，很少与其他专业性或创造性群体接触，这与在利沃夫截然不同。带来的影响有好有坏，一方面能在学术工作上投入更多的时间，另一

---

① 1920年5月5日，制鞋工人萨科和鱼贩万泽蒂被指控为波士顿地区一起抢劫杀人案的主犯并被警方逮捕。虽然他们提出了证明自己无罪的充分证据，却仍被处以死刑。这实际上是一起警方为镇压参加工人运动的意大利移民而制造的冤案。

② 这里的剑桥并非英国剑桥，指马萨诸塞州剑桥市，哈佛大学正位于该市。后文中出现的剑桥也多指哈佛所在的剑桥，不再一一说明，读者一般可根据语境加以区分。

方面与国家生活之间的相互作用变得少之又少。众所周知，情况在第二次世界大战后发生了一定程度的改变，比如在肯尼迪主政期间，哈佛人与政府事务之间的关系非常密切，在一段时间里，科学家的影响甚至变得至关重要。

学者学会的活动当然只是我在哈佛生活的一个方面。我与大学里的年轻教员们交往颇多，也经常与资深教授们见面和交谈，包括G. D. 伯克霍夫本人。他的儿子加勒特是一位高个子、外表突出、才华横溢的数学家，比我小大约两岁。他成了我的好朋友，我们差不多每天都会见面。

尽管学会的成员无须参与任何教学活动，但格劳斯坦教授请我负责一门大一新生课程基础部分的教学工作，该课程名为"数学1A"（已故的肯尼迪总统甚至可能曾是这门课上的学生，我记得有这么一个名字，并且有人说那个年轻人相当杰出。他在学期中段出国了。多年后我见到肯尼迪总统时，忘记问他是否确实选修过这门课了。）

我做过一些讲座并办过讨论班，但还没有教过正规的课程，我发现这种教学很有趣。年轻教师的行事准则就是严格按着规定的教科书来。我似乎做得不是太坏，因为学生报纸上一份对教师的评价里赞扬我是个很有意思的老师。课程开始后不久，G. D. 伯克霍夫来考察我的表现。也许他是想检查我的英语水平。他坐在教室后面，看我给学生解释如何写出解析几何中的平行线方程。之后我说，接下来我们要学习垂线的公式，并补充道"那会更难些"。课后伯克霍夫过来对我说："你教得很好，但换作是我的话，不会说垂线更难。"我回应说，我的考虑正相反，这样比我说一切都很简单更利于学生记忆。伯克霍夫对我的这种教学法尝试报以微笑。我想他喜欢我的独立和直言不讳，而我经常能见到他。

我刚到剑桥不久,他就邀请我到他家中用餐。这是我第一次见识到南瓜馅饼这些陌生的菜肴。相当愉快地吃完饭后,我准备告辞,伯克霍夫拿起我的外套帮我穿上。这种礼貌的行为在波兰是从未听说过的,在那边,年长的人绝不会这样帮助一个比他年轻许多的人。记得我当时因为难为情而满脸通红。

我经常和他儿子加勒特一起吃午饭,我们也常一起散步。我们在数学方面谈得很多,同时也会沉溺于数学家们所钟爱的闲言碎语。确实,评估甲或者乙的好坏是个浅薄的主题,但这是我们这帮人特有的偏好。读者可能已经发现我也经常干这种事。数学更像是一门艺术,价值观念取决于个人的趣味和感受,而非客观真实的概念。数学家往往相当自负,尽管比歌剧男高音或艺术家还差一些。但每位数学家都在某个特定的方面比其他所有人了解更多的数学知识。数学是一门如此庞大的学科,现在又越来越专门化。在对数学了解比较多的人中,有人喜欢给其各个分支划分"等级"、加以线性排序,并对它们相对的优点加以评论。总的来说,这是一种无害的消遣,尽管有些徒劳。

记得八九岁时我曾尝试把喜欢的水果按"好"的程度加以评级。我试着说梨比苹果好,苹果又比李子好,而李子又比橘子好,直到惊愕地发现这种比较关系并不是可传递的,也就是说,李子可能比坚果好,坚果比苹果好,但苹果反过来又比李子好。我陷入了一个错误的循环,那个年纪的我因而感到困惑。评价数学家是与此相似的事情。

许多数学家还对自己视为最美妙的精神产物的那些成果或定理十分敏感,往往对其有很强的占有欲。他们还会不可理喻地表现出一种倾向,认为自己的工作是有难度的,而其他人的工作更容易。这与其他领域刚好相反,其他领域的工作者觉得越熟悉的东西越容易。

数学家之间也容易起争执，他们的个人恩怨也并非不为人知。许多年后，我成为科罗拉多大学数学系主任时，我发现管理N个人所面临的困难，并非与N成正比，而是与N^2成正比。这成为我掌握的第一条"管理定理"。有60名教授，意味着大约有1 800对教授之间的关系。在这么多对中，有一些是二者彼此不喜欢也就不足为奇了。

在我认识的哈佛数学家中，我要提一提哈斯勒·惠特尼、马歇尔·斯通和诺伯特·维纳。惠特尼是一位年轻的助理教授，十分有趣，这不仅仅指在数学家这个层面上。他很友善，但沉默寡言，从心理学角度看，这种类型在美国比在中欧更为常见。他有着揶揄式的幽默感，羞怯却又自信。他身上闪耀着正直的光辉，在数学上有一种坚持不懈和深入钻研的天赋。

马歇尔·斯通，在他1935年和冯·诺伊曼还有伯克霍夫一起参加完莫斯科的会议回国途经华沙时，我就见过他了。尽管当时只有三十一岁，他在大学里的事业却已突飞猛进。他已经是一位全职教授，在院系和学校的事务中有着相当大的影响力。他写过一部经典著作，是一部关于希尔伯特空间的全面而权威的书。希尔伯特空间是对欧几里得空间的推广，将三维或n维空间推广到了无限维，是现代量子物理理论的数学基础。他是最高法院首席大法官哈伦·斯通之子。据说，他父亲曾经自豪地谈及他的数学成就："我既困惑又很高兴，我儿子写了一本我完全看不懂的书。"

当然还有诺伯特·维纳！我到哈佛的第一年，在一场报告会上见到了他。我在会上讲一个关于拓扑群的问题，提到了1930年在波兰时得到的一个结果，是有关在一个给定集合的一切子集中定义完全可加测度的不可能性的。维纳在听讲时总是处于一种半睡状态，除非听到了自己的名字（这时他会忽然跳起来，再以一种非常滑稽的方式坐回去）。他打断了我的发言，说道："噢！维塔利已经证明过类似的结果。"我回应他说，我知道维塔利的结果，那比我的要弱很多，因为它需要一个额外的性质，即合同集合的相等性，而我的结果不需要任何前提假设，而且要强得多。在讲座结束后，他跑过来向我道歉，表示同意我的陈述。这就是我们相识的开始。

当然在那场报告会之前我就听说过维纳了，不仅仅是他在数学上的魔力——他在数论方面的工作、他那著名的陶伯定理、他在傅立叶级数方面的成果——还有他的怪癖。在波兰时，我从马钦凯维奇那儿听说了他与佩利合写的关于傅立叶变换可和性的著作。雷蒙德·佩利是英国最有前途、最成功的数学界新星之一，可惜由于登山事故，年纪轻轻就不幸去世了。马钦凯维奇是安东尼·赞格蒙的学生。他以博士后研究员的身份访问华沙，并光顾了苏格兰咖啡馆，我们在那儿谈到了维纳的工作，因为他在从事三角级数、三角变换和可和性问题的相关研究。马钦凯维奇在天赋、对数学的兴趣以及成就等方面与佩利很相似。据传，1939年他作为波兰军队的一名军官，在第二次世界大战刚爆发时的战役中阵亡了。

虽然看上去超凡出世、心不在焉，维纳却还是能够对人做出直觉性的评价，而且他一定对我很有兴趣。尽管年龄差距很大（我二十六岁，他四十岁），他还是会不定期地去我在亚当楼的小寓所找我，有时候他会在深夜来访，并提出一些数学问题来探讨。他会说："咱们去我的办公室吧，在那儿我可以往黑板上写字。"这对我来说比待在我的房间里更合适，因为如果不粗鲁一些，是很难把他请出我的房间的。于是他开车带我驶过漆黑的街道前往麻省理工学院，打开大楼的门，开了灯，然后他开始发言。大约一个小时后，尽管维纳十分风趣，但我仍然变得昏昏欲睡，最终会找个时机提出是时候该回家了。

维纳在很多方面都有些孩子气。他对自己在数学史上的地位非常雄心勃勃，因此需要持续不断地确认自己的创造力。在我们第一次见面几周后，他就直截了当地问我："乌拉姆，你觉得我在数学上已经走到尽头了吗？"这令我几乎目瞪口呆。数学家倾向于担心自己专注能力减弱，就像某些男人担心他们的性能力一样。我很有一种放肆一把的冲动，开玩笑地回答他说"是"，但还是克制住了，因为他不会理解这种玩笑。说到那句"我已经走到尽头了吗？"，若干年后，在剑桥召开第一届世界数学家大会期间，我走在马萨诸塞大街上，看见维纳站在一家书店前。他的脸紧紧贴在玻璃橱窗上，当看到我时，他说："啊，乌拉姆！看，那是我的书！"接着又补充道："乌拉姆，咱俩在概率论方面的工作之前并没引起太多重视，不过你看！现在，它已经成了一切的中心。"我感到这是一种令人宽慰的天真。

关于维纳的逸事比比皆是，每一位认识他的数学家都有自己的一份收藏。这里补充一件我经历的事，是1957年秋天我作为访问学者来到麻省理工学院时发生的。我被分配到他对面的一间办公室。我到那儿的第二天，在走廊上碰到他，他叫住我说："乌拉姆！我不能告诉你我现在在做什么，因为你有资格给它盖上保密印章！"（这大概是因为我在洛斯阿拉莫斯担任的职务。）不用说，我其实并不能做那种事。

维纳总是有一种不安全感。战前他常常把他的个人问题讲给J.D.塔马金听，塔马金是他非常要好的朋友。他撰写自传期间就把浩繁的手稿拿给塔马金看。我于1936年认识了塔马金，和他成了好朋友，他跟我讲过维纳的手稿多么有趣。但他也表达了这样的观点：维纳很多率真的言论有可能被人指控为诽谤。他几乎是以一种难以置信的态度来谈论维纳的文本的，并提到他如何试图劝阻维纳以那种形式出版自传。最终面世的内容显然与原始版本相比和谐了不少。

另一段关于维纳的记忆，涉及他叫我一起去波士顿南站见英国数学家G. H. 哈代，那时哈代到美国来访问。维纳知道我在英国时见过哈代。我们还拉上另一位数学家同行，似乎是诺曼·莱文森，我们在火车上接到了哈代。维纳以自己对中国人、中国文化以至语言的了解而颇为自许，他邀请大家到一家中餐馆进餐。他急不可耐地对侍者讲了一通汉语，然而对方似乎一个字也没听懂。维纳简单粗暴地评价侍者说："他一定是从中国南方来的，不会说普通话。"（我们并不全然相信他的这一解释。）这是一顿很愉快的午餐，其间谈了很多数学。饭后维纳表示要请客，付账时却发现自己没带钱。幸亏我们其他人口袋里的钱凑够了。后来维纳还十分郑重地把钱还给了我们。

据说，维纳虽然对他在麻省理工学院的教授生涯相当满意，却对哈佛从来没邀请过他去任职十分失望。他父亲曾经是哈佛的教授，诺伯特非常希望能追随父亲的脚步。

尽管G. D. 伯克霍夫比维纳至少大十岁，但维纳却把他视为对手，要在数学成就和名声上向他看齐乃至超越他。当伯克霍夫著名的遍历定理发表后，维纳非常努力地试图证明一个更强的定理。他确实做到了，但加强的定理并不如伯克霍夫原始的证明那样简单和基本。这又是一个很好的例子，反映了一些数学家的好胜天性与他们雄心壮志的来源。

我觉得维纳作为数学家天赋极高，其天才在于洞察力和技巧。他有着超凡的通用性智慧，但在我看来，他并不具备独创性的火花，没有做出超出别人所做工作的不寻常事情。在数学领域，与在物理领域一样，十分依赖机遇，需要一些幸运时刻。也许冯·诺伊曼也同样缺乏一些"非理性"因素的眷顾，尽管凭借着令人惊叹的创造力，他在"理性"层面上无疑已经做到了极致。

维纳和冯·诺伊曼在兴趣上有若干交集，在认为纯数学和应用数学同样重要这一点上也是共通的，但很难把他们的个性加以比较。诺伯特·维纳是个十足的怪人，而冯·诺伊曼则恰恰相反，是个真正可靠的人。维纳能够捕捉那些值得思考的东西，他看到了让数学在理论物理学中得到看上去更重要、更清晰可见的应用的可能性。他运用傅立叶变换的技巧炉火纯青，令人不禁为算法和符号主义的力量能达到的成就而称奇。一个专门化的人才，用一种特殊的、明显很狭隘的技巧，竟能完成这么多事情，这总是令我诧异。维纳在这方面堪称大师。我见过其他数学家以更温和的方式做同样的事情，例如，斯坦豪斯在别的领域有着深刻的洞察力，而他的学生、如今在洛克菲勒大学工作的马克·卡克则青出于蓝。另一个波兰人、芝加哥大学的安东尼·赞格蒙是三角级数这一广阔领域的大师。他的几名学生则在其他领域取得了划时代的成果，比如保罗·寇恩在集合论这一数学中最一般性、最抽象的领域取得了成就。

我不认为维纳特别喜欢组合思想，或者特别喜欢研究数学逻辑基础或集合论问题。在他生涯的初期，可能涉足过这方面，但后来他就致力于其他领域，比如数论。

冯·诺伊曼则不同，他也掌握了多种彼此并不太相关的技巧。（一般人顶多掌握两三种，他这样是很罕见的。）其中就包括线性算子的符号操作天赋。他还对新数学理论中的逻辑结构、框架和组合上层结构有一种难以定义的"常识性"感知。在很久以后，他开始对可能的自动机理论概念产生兴趣，并承担电子计算机概念和构造方面的工作时，这给他带来了好处。他试图在神经系统和人脑的总体工作方式，与新开发的电子计算机的运作这二者之间，界定和寻求一些形式上的类比。

孩子气和天真的个性或多或少限制了维纳的发展，这可能要归因于当他还是孩子的时候，他父亲就把他当作一名神童来培养，从而对他的心理产生了不利影响。冯·诺伊曼同样起步很早，但他对世界有着广泛得多的知识，对纯粹智力王国之外的领域也有更多常识。另外，维纳可能更受犹太法典学者的传统的影响，尽管他的观点和信仰非常自由。这种传统在冯·诺伊曼的成长环境中明显是缺失的。

冯·诺伊曼不可抑止的好奇心触及了理论物理学的多个领域，他以先驱性的工作为起点，试图为量子理论构建一个严密的数学基础。他的《量子力学的数学基础》一书已经出版了四十多年，不仅仅是经典，甚至仍是这个领域的"圣经"。他特别着迷于雷诺数那令人困惑的作用，以及流体运动中忽然出现湍流这种看似神秘的现象。他曾与维纳多次讨论雷诺数这一"无量纲数"令人费解的值。这是一个表示惯性力与黏滞力之比的不带单位的数。它的值在 2 000 这个量级，是一个较大的数。为什么是这个大小，而不是 1、10 或 50 左右呢？那时，我和约翰尼得出结论，对许多种特殊情况进行实际的、详尽的数值计算，可能有助于搞清楚从（规则的）层流转变成湍流的原因。

他还告诉我他和维纳在另一次讨论中的不同观点。为了建立人类大脑工作机制的模型，约翰尼主张采取数值方法通过一系列时间步骤来达成，而维纳则设想连续的或"荷尔蒙"的框架。这两方观点间的分歧今天看来仍然很有意思，当然，随着大脑解剖学知识的增加与自动机理论的发展，其内涵有所转变和深化。

G. D. 伯克霍夫与冯·诺伊曼之间的关系是十分奇特的。伯克霍夫对冯·诺伊曼的天才并不全然钦佩或赞赏。他可能无法欣赏冯·诺伊曼所追求的多种数学方向。他钦佩冯·诺伊曼技巧性的才华，但他的品味要更古典一些，沿袭了庞加莱和伟大的法兰西分析学派的传统。冯·诺伊曼的兴趣则不同。伯克霍夫有雄心壮志,要取得一些对物理学极为重要的成果。他确实取得了一些成果,对广义相对论而言它们是在技术层面上很有意思,但在概念上并非很重要的贡献。他在墨西哥做过几场这方面的讲座,促进了那里一个相对论小学派的发展。冯·诺伊曼的兴趣在于新量子理论前沿发展的基础。他们的兴趣、方法和价值体系等都是不同的。伯克霍夫更喜欢有深度的探究而非有广度的探索。冯·诺伊曼在某种程度上两方面都做。当然,两人有近四分之一个世纪的年龄差距,出身和受到的教育也有很大不同。此外,冯·诺伊曼对伯克霍夫在遍历定理上"截胡"了他一直耿耿于怀。冯·诺伊曼曾经首先证明了现在称为弱遍历定理的东西,而伯克霍夫凭借着自己纯粹的艺术大师般的组合思维能力,成功地证明了一个更强的定理。并且,由于他对《美国国家科学院院刊》编者们有着更强的影响力,他的论文率先得以发表。冯·诺伊曼决不会忘记这件事,对此他跟我抱怨过多次,但总是通过一种非常间接的、拐弯抹角的方式。

除了在学会的第一年教授数学基础课程外,我被要求逐渐增开更高阶的课程。这正是我所喜欢的,学习一门学科的最佳方式就是系统地教授它,这样才能掌握真正的要领,掌握其本质。其中之一是有关经典力学的一门重要本科课程,记得它曾经叫作"数学4"。还有一门"数学9",是关于概率论的课程。

那时候我对A、B、C、D和F这样的等级成绩意味着什么并没有确切的想法,但还是有着硬性的标准。记得有一名在其他方面相当出色的学生,因为在我这里得了"C"而抗议。一些教授还干预了,但我固执地,或许有点儿愚蠢地坚守了我的立场。如今我变得更加仁慈了,当我给出"C"和"D"时,学生实际上只配得"F"或者更低的成绩!

布朗大学的教授塔马金请我在他一个学期的学术休假①期间,接替他讲授一门研究生课程。我打算在课上教授多元实变函数论。其中引入了许多新材料,很大一部分来源于我近期的工作,对此我十分自豪。每个周五我都要坐火车前往普罗维登斯,教完课就跑到塔马金家和他共度周末,周日再返回剑桥。1939年夏,我最后一次回到家乡利沃夫,与马祖尔谈起这门课程的内容时,他非常喜欢。他喜欢那些材料,也喜欢编排它们的方法,并表示他本人也很愿意教一教这样的课,这让我十分开心并备受鼓舞。

塔马金是个非常有意思的人。他中等个头,相当胖,我可以说他至少超重三十磅。他近视得很厉害,总是一根接一根地抽烟,通常非常快活。随着对他了解的加深,我发现了他思想和性格中的奇妙品质。

在第一次世界大战前,他针对 G. D. 伯克霍夫的工作写了一些数学研究论文,甚至略微改进了后者的一些研究成果,这导致了他们之间的某种敌意。然而他来到美国后,伯克霍夫帮助他保住了在布朗大学的职位,那里有一批著名的数学教员,包括詹姆斯·理查森、雷蒙德·C. 阿奇博尔德等等。理查森是一位老派绅士。阿奇博尔德是一位杰出的数学史家,他创立了布朗大学著名的数学图书馆,这是美国最好的图书馆之一。

塔马金对波兰风格的数学很感兴趣,而且听说过我在巴拿赫空间理论方面的一些成果。他有一种或许只有少数数学家拥有的品质:对其他人的工作极其感兴趣,而且与多数人相比,自我中心程度都更

---

① 美国大学中发展出的一种制度,教师每工作七年有资格申请一次长期休假,一般是半年的全薪休假或者一年的半薪休假。

低。他对自己研究领域之外的其他方向的进展也很关心，而多数数学家（哪怕是最好的那些），都常常高度沉浸在自己的工作中，对周围的人在做些什么不怎么关注。塔马金对我十分友好，并在工作上给我以鼓励。

他是俄国人，准确地说并不出身于犹太背景，而是圣经派信徒。圣经派是闪米特人的一个宗派，不服从俄罗斯犹太人通常遵循的约束，原因是他们声称当耶稣被处死刑时，他们并不在巴勒斯坦，这使他们得到豁免。这一宣告为俄国统治者所接受。他们还与哈扎尔人有一些共同点，那是公元六七世纪俄罗斯南部一个神秘国度的居民，一群异教徒，其国王决定皈依一个新的宗教。在分别请基督教、伊斯兰教和犹太教的代表阐述了他们的信仰之后，他选择了犹太教。塔马金相信自己是他们的后裔。他在俄国革命后逃离了列宁格勒，采用的是与乔治·伽莫夫十年后相同的方式——走过拉多加湖结冰的湖面前往芬兰。

我在哈佛期间，约翰尼来看过我几次，我邀请他在学者学会一起进餐。我们还一起开车去兜风或旅行，其间从数学到文学等无所不谈，一边关注周围的景物，一边不断谈话。约翰尼非常喜欢这种旅行。

1937年圣诞节期间，我们开车从普林斯顿前往杜克大学，去参加美国数学学会的一场会议。在途中，我们讨论了越来越多的欧洲科学家逃难到美国会对美国学术界产生的影响。我们在一家旅馆留宿，在那里我们发现了一份资料，里面提到了一位当地印第安酋长——托莫-奇-奇，他显然对白人的到来不太高兴。作为我们经常开的咬文嚼字玩笑的一例，我问约翰尼，为何当初清教徒是在美国"登陆"，而如今欧洲移民和避难的科学家只是"到达"。约翰尼喜欢这种隐含的对比，并将其用到其他情境中，作为隐含的价值判断的例子。我们还将 G. D. 伯克霍夫日益增长的对外国影响的疑虑与印第安酋长的态度相比拟。我们继续驾车前进，迷了好几次路，于是我们开玩笑说是托莫-奇-奇使用魔法变出了假的路标，故意把我们引入歧途。

这是我第一次来到美国南方，我被南方各州同纽约和新英格兰之间气氛的差异深深吸引了。我记得当时有一种"似曾相识"的感觉：更优雅的举止、更悠闲的生活节奏和雅致的庄园。有些东西似乎很熟悉，我很好奇究竟是什么。忽然我问自己，这是不是奴隶制的残余？它让我想起了在波兰乡村生活中仍可见到的封建主义的痕迹。我还为能看到那么多黑人而惊讶，他们的语言引起了我的兴趣。在一家加油站，一名黑人服务员说："您现在想要什么，上尉？"我问约翰尼："他是不是认为我可能是军官，因而叫我上尉作为一种恭维呢？"类似地，我第一次听到自己被称呼为"博士"时，也很奇怪那名搬运工是怎么知道我拥有博士学位的！

当我们途经那些内战的战场时，约翰尼能够细致入微地讲出有关的战役。他的历史知识真的是百科全书式的，但他最喜欢和最了解的还是古代史。他是古希腊历史学家那种简洁而精彩的写作方式的忠实崇拜者。他的希腊语水平使他能够阅读修昔底德、希罗多德和其他一些学者的原著。他的拉丁语甚至更好。

雅典人对米洛斯岛的远征、随之而来的暴行和杀戮、对立党派之间漫长的争论，这些东西令约翰尼着迷，其原因我始终不太理解。他似乎对像古希腊这样的文明民族做出的暴行情有独钟。我认为，对他来说，它从总体上给予了人性某种不是很赞扬的反映。也许他认为这说明了这样一个事实：一旦走上了某一条道路，野心和傲慢注定会阻止一个民族调整他们所选择的道路，而且可能会无情地导向可怕的结局，如同希腊人的悲剧那样。不用说，这是对纳粹带来的更巨大也更可怕的疯狂的先知性预言，约翰尼非常清楚不断恶化的政治局势。他以皮媞亚的方式①预见到了即将到来的巨大灾难。

在这次旅途中我第一次感觉约翰尼可能有家庭矛盾。他表现得焦躁不安和神经过敏，经常要停下来往普林斯顿打电话。有一次，他回到车上时脸色苍白，显然很不高兴。后来我得知，那时他刚刚发现他和玛丽埃塔的婚姻注定要破裂了。不久，她就将离开约翰尼，改嫁给约翰尼在普林斯顿频繁举办的派对上的一个常客、一位更年轻的物理学家。

开完会在回程中，我提出了一个关于拓扑与抽象群等结构的纯代数性质之间关系的数学问题：什么时候可以在抽象群中引入拓扑，使该群成为连续拓扑群，并且是可分离的呢？"可分离"意味着存在数量可数的元素，在整个群中是稠密的。（就是说，群中的每个元素都能够用那个可数集合中的元素来逼近。）当然，这个群一定至多是幂连续的——这显然是一个必要条件。这是有关纯代数与纯几何或拓扑学概念之间的关系、试图考察它们之间如何相互影响或决定的首批问题之一。

我们都在思考解决这个问题的方法。当我们在一家汽车旅馆住宿时，我忽然发现了一个组合的技巧，表明这是不可能实现的。要我说，这技巧真是相当巧妙。我把它解释给约翰尼听。我们继续开车前进，约翰尼稍后就对我的证明进行了简化，因为他发现了一个连续群的例子，它甚至已经是阿贝尔（交换）群，却不能假设它是一个可分离拓扑的实例。换句话说，存在幂连续的抽象群，其中不可能存在连续的可分离拓扑。进而言之，存在具有这种性质的阿贝尔群。约翰尼喜欢语言游戏，他咬文嚼字地问我该如何称呼这样的群。我说就叫"不

––––––––––––––––––––

① 皮媞亚是古希腊德尔斐神庙里阿波罗神的女祭司，著名的德尔斐神谕即由其发布。

可分离群"(nonseparabilizable)。这是一个很难发音的词,在余下的旅途中,我们不时重复念叨它作为消遣。

数学家们有上边这种自己"圈子内"的独特幽默。一般来说,他们会被涉及两个定义的同一性或者"同义反复"的浅薄段子逗乐。他们还喜欢涉及空集的玩笑。如果说某个东西"在虚空中"是真的,意思就是说,这句话的条件永远不会被满足,数学家们会觉得这很幽默。他们欣赏某些类型的逻辑不合理或逻辑难题。例如这样一个故事,一位犹太母亲送给女婿两条领带作为礼物,下次见到女婿时,他戴着其中一条领带,她就问:"你不喜欢另外一条吗?"

冯·诺伊曼的某些评论可能是严苛的,尽管这种挖苦来源于一种抽象的天性。在博尔德时爱德华·康登曾告诉我,他在普林斯顿听一场物理学讲座时,坐在约翰尼旁边。讲演者拿出一张幻灯片,上边有通过许多实验测得的点,尽管那些点极其分散,他却说它们分布在一条曲线上。据康登讲,冯·诺伊曼当时嘟哝道:"至少它们是在同一平面上。"

一些人表现出这样一种能力,他们能把故事记住,在适当的场合再讲给别人听。另一些人具备通过识别情景和思想的相似性来编造故事的能力。还有一些人则有享受他人讲笑话并发笑的能力。我有时候好奇各种幽默感是否可以根据人的个性加以分类。我的朋友和同事中,在美国的 C. J. 埃弗里特和在波兰的斯塔尼斯拉夫·马祖尔,两人都有着揶揄式的幽默感,并且在体格和笔迹上也彼此相像。

大体上,冯·诺伊曼更喜欢转述他听过的故事,而我则喜欢编造故事。据我妻子说,我曾经告诉她:"我有一些智慧,这是一种了不起的品质。"当她指出我是在吹牛时,我立刻补充道:"没错。我的缺点是无限的,但谦虚使我无法一一提及它们。"

除了"圈子内"的笑话，数学家们还惯用某种形式的"圈子内"的语言。比如，他们会使用"平凡"一词。他们非常喜欢这一表达，但它究竟是什么意思呢？容易？朴素？还是平庸？我朋友吉安－卡洛·罗塔的一位同事有一次对罗塔说，他不喜欢教微积分，因为它太平凡了。然而，是这样吗？微积分确实很简单，但它是人类智慧最杰出的创造物之一，其发端可以追溯到阿基米德那里。它被牛顿和莱布尼茨"发明"出来，又被欧拉和拉格朗日等人发扬光大。它的美和重要性远远超过了我们当前文化中的大多数数学领域。所以什么是"平凡"？显然不能用它来形容康托尔伟大的集合论，它从技巧上讲十分简单，但在既不困难也不复杂的同时，它在概念上深邃而又美妙。

我曾经听到数学家们嘲讽狭义相对论，称它不过是一个在技巧上很平凡的二次方程加上若干衍生的结果。但它是人类思想的丰碑之一。所以究竟什么是"平凡"？简单的算术吗？它对我们来说也许很平凡，但对三年级的孩子呢？

让我们再来考察数学家惯用的另外一些词汇，比如"连续"这个形容词意味着什么？从这个词引出了整个拓扑学。拓扑学或许可以看作关于"连续"这个词的衍生、推广和应用的一篇大论文。试试从逻辑上或组合式地定义像"甚至"或"然而"这样的连词。或者像"钥匙"这种表示简单物体的平常词，要想对它作一个类似数学里那样的定义也远非一件容易事。例如，"喷涌"是描写烟雾的动词，在这种运动中，一团烟从另一团烟中散发出来。它在自然界中几乎和波动一样常见。这个词可能引出变换和流体力学的完整理论。我曾经尝试写一篇关于可以仿造这一运动的三维空间的论文。

如果我年轻三十岁，我会模仿伏尔泰的《哲学辞典》，尝试编写一本关于数学表达和概念如何来源于日常词汇的数学辞典。

第六章

过渡与危机

1936—1940

　　1936年到1939年间，每年夏天我都会回波兰度过整整三个月。第一次回去是在美国待了仅仅几个月后，我已经对波兰的有轨电车还能开、电器和电话还能用感到惊讶。我满脑子都想着美国绝对的技术优势与独一无二的专有技术。当然，我的主要情感反应是与家人和朋友们重聚，以及利沃夫那熟悉的景象，继而却是对回到美国那自由而又充满希望的开放式生活环境的渴望。对这种复杂情感做个简化的描述就是：到5月，我就开始计算还有几周几天才能回欧洲，而在波兰待上几周之后，我就开始焦躁地计数还要多久才能返回美国。

　　那边的大多数数学家夏天都留在利沃夫，我们在咖啡馆的聚会、我本人与他们私下的联系都在持续，直到第二次世界大战爆发。我一如既往地与巴拿赫和马祖尔共事。有两次，当巴拿赫在利沃夫以南约70千米处、喀尔巴阡山里的斯科莱或者它附近的村庄小住几天时，我跑去拜访他。我从小就了解这些地方。巴拿赫正在编写几本教科书，但我们仍有大量时间坐在一家村中小酒馆里，讨论数学和"宇宙中的其他一切"——这是冯·诺伊曼非常爱用的一种表达。我最后一次见到巴拿赫是1939年7月下旬，在苏格兰咖啡馆。我们讨论了与德国开战的可能性，并往《苏格兰书》里又写进了几个问题。

1937年夏天,巴拿赫和斯坦豪斯让我邀请冯·诺伊曼来利沃夫做一场讲座。他从布达佩斯过来,和我们共度了几日。他的讲座十分精彩,我带他去了几次咖啡馆。他往《苏格兰书》里简略记下了几个问题,我们与巴拿赫以及其他几个人进行了几次非常愉快的谈话。

我告诉巴拿赫,有一次约翰尼在普林斯顿和我谈话时,在提到一些非犹太数学家的成果之前,曾用了这样一种表达:"Die Goim haben den folgenden Satzbewiesen."(异教徒证明了以下定理。)巴拿赫本人就属于纯粹的"异教徒",他觉得这是他听过的最有意思的说法之一。他为这句话暗含的意思而着迷,即如果异教徒能做到,约翰尼和我应该能做得更好。这个段子并非约翰尼首创,但他喜欢它,我们开始不时地使用它。

我带约翰尼游览我们的城市。我有给外国数学家做导游的经历,那时我刚刚上大一,因为我会说英语,库拉托夫斯基就分派给我一个任务,带领美国拓扑学家艾尔斯游览城区。此外,在爱德华·切赫、G. T. 怀伯恩以及其他一些人访问波兰期间,我也曾陪同他们周游利沃夫。

约翰尼对利沃夫非常感兴趣,他为市中心19世纪的风貌、城中众多15、16、17世纪的古迹而惊奇。波兰和匈牙利在某些方面仍然是半封建的。城市里有很多古雅的区域,其间古老的房子鳞次栉比,鹅卵石小路蜿蜒曲折。在犹太区的一条小街上,货币黑市交易在公开进行。郊区的肉铺里,整爿整爿挂着的牛肉一览无余。城里仍有马车和电车线路。出租汽车数量不多,即便在1930年代末,仍然可以叫到小型出租马车,一般是两匹马拉的。刚到纽约时,看到只有一匹可怜的马拉着破旧的马车出现在最繁华的第五大道上的旅馆门前,我感到十分惊讶。

我们参观了一座亚美尼亚人的教堂，其中有扬·亨利克·罗森的壁画，罗森是一位波兰现代艺术家，现居美国。我们还去了一座俄罗斯东正教小教堂，在那儿我们看到一具置于半敞开的棺材中的尸体，正准备按俄罗斯式的仪式下葬，这景象让我俩都很震惊。这是我第一次见到死人。

约翰尼还到了我家里，见了我的双亲。我母亲来年就故去了，而我父亲已经从我那儿听了很多关于约翰尼的事。我带他参观了我父亲的办公室，就位于科西阿斯科街上我家大房子的另一个部分。

约翰尼对我的一些家人已经有所了解。我已故伯父迈克尔的遗孀嫁给了名叫阿帕德·普勒施的匈牙利金融家，而冯·诺伊曼认识普勒施一家。阿帕德的兄弟亚诺什是爱因斯坦在柏林时的医生。阿帕德是一位非常富有的金融家，也是一位颇具争议的人物。我的伯母也很富有，她是一位了不起的女性，是15世纪著名的布拉格学者卡罗的后裔。许多年后在以色列，我和冯·卡门一起游览采法特的城区，一名正统派犹太人向导领着我们看了位于一片古老墓地里的卡罗的坟墓。当我告诉他我与卡罗有亲缘关系时，他双膝跪地——这让我付出了三倍的小费。普勒施一家常常旅行，而且经常住在巴黎。我在1934年的旅途中在巴黎拜访过他们。我伯母的第一任丈夫，我的伯父迈克尔·乌拉姆葬在蒙特卡罗。我伯母如今也去世了，同样葬在那里，安息在天主教墓地中一座修得很好的大理石坟墓里。卡罗伯母是16世纪布拉格的著名拉比勒夫的直系后裔，据传勒夫能够制造石巨人——从泥土中诞生的巨人，可以保护犹太人。（有一次，我向诺伯特·维纳提到我与石巨人的这层关系，他说道："这类联系在你家里依然存在！"这是在影射我同洛斯阿拉莫斯和氢弹的关系。）关于我家广泛的人脉关系就说到这里。

我和约翰尼喜欢讲一个段子，但我不记得是谁先讲出它的，它引自我富裕叔伯们中的一位说过的话："Reich sein ist nicht genug, man musst auch Geld in der Schweiz haben!"（光有钱还不够，还需要在瑞士有积蓄！）

1938年夏天，轮到冯·诺伊曼邀请我去布达佩斯了。我乘火车途经克拉科夫，到布达佩斯后直接去了他家。（我想地址应该是奥洛尼·亚诺什街16号。）他已经在匈牙利大酒店为我订好了房间，那是当时城里最棒的酒店。酒店位于一条狭窄小街的尽头，事实上那条街也过于狭窄了。街的尽头有个旋转平台，以便汽车掉头，就像火车头在圆形机车库里转弯一样。

约翰尼带我游览了布达佩斯，那是一座美丽的城市，有耸立的议会大厦和一座座跨河的桥。我去他家见了他父母，共进了晚餐，之后我们就跑去夜总会里谈论数学！那年约翰尼孑然一身，婚姻破裂了，玛丽埃塔留在美国。

第二天，我们坐在一家甜品店里，说着话，开着玩笑，吃着东西。我们看见一位衣着高雅的女士经过，约翰尼认出了她。她走进店中，两人说了几句话。她离开后，约翰尼解释说，她是一位老朋友，最近刚刚离婚。我问他："你不娶这名离异女子吗？"也许这话在他脑中产生了影响，第二年他们果真结婚了。那位女士名叫克拉拉·丹，我们后来成了很好的朋友。她被朋友们称为"克拉里"。她和约翰尼在布达佩斯举行了婚礼，之后她在1939年夏末或秋天移居到普林斯顿。克拉里是个性情多变的人，极其聪明，也很神经质。我常有这样的感觉，她觉得别人关注她主要是因为她是名人冯·诺伊曼的夫人。事实并非如此，因为她自己就是个非常有趣的人。然而由于有这样的担心，她变得更加神经质了。她之前已经结过两次婚，在冯·诺伊曼去世后又第四次嫁了人。她于1963年悲惨而离奇地死去。在从为致敬诺贝尔奖获得者玛丽亚·梅耶而举办的一场派对上离席后，她被人发现溺死在加利福尼亚州拉荷亚的海滩上。

约翰尼还带我去了一处名叫利拉菲赖德的、景致怡人的山中旅游胜地，去见他先前的两位教授利奥波德·费耶和弗雷德里克·里斯，他们都是研究傅立叶级数理论的先驱。利拉菲赖德距布达佩斯大约100英里，景区里有几家城堡形式的豪华大酒店。费耶和里斯习惯在那里消夏。费耶曾是约翰尼的老师，里斯则是世界上最优雅的数学作家之一，以其精确、简练、易懂的文笔著称。他是函数空间理论的创立者之一，这是一门有着几何学本质的分析学。他的《实变函数》一书已成为经典著作。我们本来要去森林里散步，但在散步前的早晨，约翰尼说我们必须等到主人有了灵感后再出发。他指的是日常的生理必需品，而非精神上的，就是在每天早餐前必须喝上一小口白兰地，这样一天才算是开始！我们的谈论很愉快，当然谈话也涉及国际局势和战争爆发的可能性。

我从利拉菲赖德坐火车返回波兰，途中经过了喀尔巴阡山的丘陵地带。我要换乘好几次火车，还记得我一度坐在敞篷的车上，双腿悬在车边上，行经了分别名为沙托劳尔尧乌伊海伊和穆卡切沃的两座小村庄。喀尔巴阡山山麓两侧的整个区域，包括分属匈牙利、捷克斯洛伐克和波兰的部分，是很多犹太人的家园。约翰尼常说，第一次世界大战爆发前后，所有从匈牙利移民的知名犹太科学家、艺术家和作家，都直接或间接地出自这些喀尔巴阡山中的小小社区，中间随着物质条件的改善，他们也曾搬到布达佩斯。物理学家I. I.拉比就出生在这个区域，在婴儿时期就被带到了美国。至于是什么条件的催化使得这片区域涌现出了如此多杰出的个体，要留待科学史学者发现和解释了。这些人的名字在如今数学和物理学的编年史中随处可见。约翰尼曾说这是多种他也没法说清楚的文化因素碰巧作用的结果：作用于中欧这部分区域整个社会的外部压力、个人的极端不安全感，以及不产生非凡人物就要面临灭绝的困境。在我看来，这情景正像古罗马诗人维吉尔对洪水的描绘那样："在大旋涡中只能看见仅存的几名游泳者。"他们只有通过智力的爆发和艰苦而充满活力的工作才能生存下来。我给约翰尼讲过一个关于生存的诙谐故事，他又编造出了很多变体。一个名叫莫伊舍·瓦瑟皮斯 (Moyshe Wasserpiss) 的出身农村的犹太小男孩移居到了维也纳，成了一位成功的商人后，他把自己的名字改成了赫尔·瓦瑟曼 (Herr Wasserman)。他又去了柏林，获得了更大的成功和财富，于是成了赫尔·瓦瑟斯特拉尔 (Herr Wasserstrahl)，后来又成了冯·瓦瑟斯特拉尔 (von Wasserstrahl)。如今他身在巴黎，愈发兴旺发达，他成了莫里斯·德·拉封丹 (Maurice de la Fontaine) 男爵。[①]

　　尤金·维格纳是来自布达佩斯的著名科学家之一。他和约翰尼是校友，在苏黎世共同学习过一段时间。关于那段时间，约翰尼跟我说过一个有趣的故事：尤金和约翰尼想学习打台球。他们去了一家可以打台球的咖啡馆，询问那里球技很好的侍者能否教他们打球。侍者说："你们对自己的学业感兴趣吗？对女孩子们感兴趣吗？如果你们真要学打台球，这两样你们都得放弃。"约翰尼和维格纳简短商量了一下，认为他们都顶多能放弃其中一样而不能全放弃。于是他们没有学

---

① Moyshe 在中东欧犹太人通行的意第绪语中意为"空气"，Wasserpiss 在德语中有"水"和"尿"的意思；Herr 在德语中意为"先生"，man 意为"人"；Wasserstrahl 德语意为"喷出的水柱"，"冯"在德国和"德"在法国均代表贵族头衔；拉封丹是法国著名寓言诗人，同时fontaine 又有喷泉的意思。从"空气"到"先生"再到贵族、从"尿"到"喷出的水柱"再到"喷泉"，均象征着身份的不断提升。作者和冯·诺伊曼均出身中东欧犹太背景，对意第绪语、德语、法语等均有掌握，所以能编出这种涉及多语言的有文字游戏性质的寓言段子。

打台球。

冯·诺伊曼主要是一位数学家,维格纳主要是一位物理学家,但也是半个数学家,是高明的数学应用者,是在物理学中运用数学技巧的艺术大师。这里要补充一下,他最近发表了一篇有趣的文章,是关于数学对物理学那些令人始料未及的影响的。冯·诺伊曼关于量子理论基础的书,相较于在理论物理学中的直接应用,更多的还是哲学和心理学层面上的意义。维格纳为物理学做了很多具体的贡献,也许不像爱因斯坦的相对论那样重磅,但确实有很多专门性的技术成就,也有具有总体性意义的成果,就是群论原理在量子物理学和基本粒子物理学中的基础性作用。

冯·诺伊曼去世时,维格纳写了一篇优美感人的悼文,其中描写了约翰尼得知自己即将面临死亡时,一种深深的绝望笼罩了他,因为他无法想象自己将停止思考。在维格纳看来,冯·诺伊曼就是思考的同义词。

访问完布达佩斯,到了该准备返回哈佛的时候了。在波兰的每个夏天,我都要去华沙的美国领事馆申请新的访问签证,这样才能回到美国。最后,领事对我说:"与其每个夏天都要来这儿申请新的访问签证,你干吗不拿一份移民签证呢?"我很幸运地照此办理了,因为仅仅几个月后,获得移民签证就变得几乎不可能了。

我曾两次制订了和约翰尼一起横渡大西洋的计划。他和玛丽埃塔婚姻破裂的那年,我们一同前往欧洲。我们一起搭乘冠达邮轮公司的一艘名为"田园诗号"的小船,乘它跨越大洋要花费一周时间。约翰尼总是坐头等舱旅行,于是我也坐了头等舱,尽管我通常都是坐经济舱的。我们一如既往地大谈数学。我们和一位名叫弗拉托的年轻女士调情,觉得她很迷人。遇见她的第二天,我问约翰尼:"你解决弗拉托问题了吗?"他喜欢玩文字游戏。在数学中有个著名的普拉托问题:在空间中给定一条曲线,要找到以这条曲线为边界的面积最小的曲面。这个问题可以用肥皂泡来演示,如果你把一段闭合的金属丝浸入肥皂溶液中,你就能得到一些附着在金属丝上的很好的曲面。普拉托是第一个用公式表示并研究这个问题的人。

1939年,我在学者学会的三年任职期满。遗憾的是,由于我的年龄超过了上限,没法再续任了。多亏了G. D. 伯克霍夫,我得以以数学系讲师的身份继续留在哈佛。更长远的前景并不太乐观,似乎系里并没有空缺的助理教授职位。由于大量德国和中欧科学家涌入,尽管约翰尼为我多方奔走,但回普林斯顿的前景看上去也并不更加乐观。这样,我返回美国时仅有再继续干一年的有保障的职位。这次和我一起来的还有我的弟弟亚当,他还没满十七岁。由于要照料亚当,我油然生出一股责任感。我们的母亲前一年过世了,而我父亲感受到了不断迫近的危机,他认为和我一起去美国对亚当来说更安全。亚当申请签证时,华沙的美国领事似乎持保留态度。当我证明自己在美国生活和教书之后,他才同意发给亚当一份留学签证。

父亲和希蒙叔叔陪我们到了波兰的波罗的海港口城市格丁尼亚,他们送我们上了波兰邮轮"巴托里号"。这是我们最后一次见到他们。

在海上,船上广播说苏联和德国签订了条约。[1]听到这消息后,我感到一种莫名的焦虑不安,对亚当说:"波兰完了。"在船上沙龙里的一张地图上,我在波兰的中间画了一条线,以卡珊德拉[2]式的口吻说:"波

---

[1] 指苏联和纳粹德国签订的《苏德互不侵犯条约》,其中包含了二者在东欧划分势力范围、瓜分波兰的秘密附属议定书。当然,作者当时应该无从得知其中的秘密条款。

[2] 希腊神话中的特洛伊女祭司,具有强大的预言能力,预见了特洛伊面临的灾祸,但人们总是不相信她的话。

兰将会被这样瓜分。"我们至少可以说是满怀震惊和忧虑的。

第一晚在船上用晚餐时，我猛然发现阿尔弗雷德·塔斯基在餐厅里。我并没想到他也在船上。塔斯基在华沙已是著名的逻辑学家和讲师，他告诉我们他是去剑桥参加一场哲学与科学联合会议。这是他第一次前往美国。我们同桌进餐，共度了大量时间。我仍然保留着一张在船舷上拍的老照片，里面亚当、塔斯基和我身着晚礼服，准备好去美国过愉快的社会生活。他打算在美国只待几周，随身只带了一只装夏装的小旅行箱。由于我们登岸后不久战争就爆发了，他发现自己被困在了美国，没有钱，没有工作，而且他的家人（妻子和两个年幼的孩子）还都在华沙。有一段日子，他陷入了风雨飘摇的、极为糟糕的境地。

作为一名少年，第一次出国，远离了自己熟悉的环境，亚当在我们上岸时感到紧张和害怕。约翰尼到船上来接我们，一见到亚当，就用只有我能听到的声音问："这家伙是谁？"他没听我介绍过亚当，感到很惊讶。我弟弟和我相差十三岁，而且我们长得一点儿也不像。亚当比我高，身材笔直，一头金发，面色红润。我比他略黑、略粗壮些。在外貌上，他与我们的几位叔伯相似，而我更像母亲。在码头上，约翰尼显得非常激动。与我们在波兰的人相比，美国人对于时局的看法更清醒也更现实。例如，在波兰获取离境签证时，由于我属于波兰预备役，所以必须首先获得军方的许可才能出国。负责的军官只是随意地问了我一句为何要出国，当我告诉他我在美国已经受聘为讲师时，他就不再追问了。在波兰，人们一般都没感到战争迫在眉睫，认为只是危机状态在延续，如同前一年慕尼黑的情形一样。

我们在纽约停留了几日，拜访了我的表亲、画家赞格蒙·门克斯和他的妻子，以及我们家的一位朋友。由于亚当持有的是学生签证，他为亚当提供了额外的经济担保。实际上，我们的方案是，我弟弟每个月能收到从家里经由我们叔叔在英国的银行汇来的支票。我们还见到了我堂兄弟安德烈的一个熟人，年轻的洛布先生。我和他通电话时，他问我："波兰会屈服吗？"我回答说，我相当确信波兰决不会投降，注定将有一战。

我把亚当留在了纽约，和约翰尼一起去了维布伦在缅因州消夏的地方。尽管我们只去两三天，亚当还是为我离开他而非常不高兴。在去维布伦家的路上，我们和往常一样谈了一些数学，但主要是谈论欧洲即将发生的事情。我们都很紧张和忧虑，我们分析了战争爆发的各种可能情况，如何开始，何时开始。之后我们又开车返回纽约。以上都发生在8月的最后几天里。

我和亚当住在哥伦布转盘广场的一家旅馆里。这是一个异常闷热潮湿的纽约夜晚，我难以安寝。应该是凌晨一两点钟的时候，电话响了。我非常不舒服，睡眼惺忪、满头大汗地拿起了听筒。电话的那一头，我的朋友、拓扑学家维托尔德·胡列维茨开始用阴沉沙哑的声音复述战争爆发的消息。"华沙被轰炸了，战争开始了。"他说道。我就是这样得知第二次世界大战爆发的。他不断地描述着他在收音机里听到的情况。我打开了自己的收音机。亚当在熟睡，我并没有叫醒他，早上会有时间告诉他这个消息的。我们的父亲、妹妹，以及很多亲属都在波兰。那一刻，我忽然感觉似乎有一块幕布在我过去的生活上落下，把它和我的未来分隔开来。从那以后，一切都有了不同的色彩和意义。

在去剑桥的途中，我陪亚当去了位于普罗维登斯的布朗大学，为其做新生入学注册，并给他引见了我的几位朋友，包括塔马金和他的儿子。他的英语相当不错，并且不介意一个人留在大学里。

我开始不能自已地购买各种报纸，搜集每小时新出的所有号外，每天都能轻易读完八到十份报纸，在其中搜寻有关利沃夫、有关军事形势和战争进程的新闻。9月初，我在《波士顿环球报》上看到一幅大照片，亚当被布朗大学的其他新生围在中间，配的说明文字是："不知他的家乡是否被炸了。"

亚当在学校从一开始就表现得很出色，几个月后他就获得了学费减免资格。然而，我们还是面临着严重的经济困境。由于英国政府阻止资金外流，原计划从英国汇来的钱被冻结了，而我在哈佛做讲师的薪水很难维持我弟弟的大学学业（他持有的是学生签证，所以不可以去工作）。在前面的旅途中，我从未想到过从波兰转移一些资金或财产过来，如今这已不可能实现了。我去找了学院的一位领导，说明了我的处境。他姓弗格森，我担心拥有这么一个苏格兰姓氏的人会非常吝啬，幸好并非如此。我告诉他，如果我不能从学校那里多得到一点儿帮助的话，我可能要被迫中断学术生涯，去另寻谋生手段了。他很有同情心，设法为我这一年多争取了两三百美元，这在那段日子里是相当大的帮助了。

从院系开会时显露的迹象，我感到我拿到一个永久性的职位留在哈佛的机会十分渺茫，因此我开始为1940年能得到另一份工作而奔走。位于宾夕法尼亚州伯利恒市的理海大学有一个助理教授职位空缺，我收到了一封邀请我去面试的信。我对去伯利恒并没有什么兴趣，但G. D. 伯克霍夫告诉我："斯坦，你必须知道，在这个国家，如果得不到其他地方的任职邀请，就不可能获得任何晋升或加薪。说真的，去理海大学面试吧。"我回应道："届时，我的课谁来代呢？"伯克霍夫说："我来。"我感到既不好意思又荣幸，大教授伯克霍夫会屈尊来替我讲本科生的理论力学课。确实，他以惯常的迷人的孩子气，要在年轻的学生面前显示他是谁，他给他们上了一堂复杂高深的课。我事后了解到,学生们没怎么听懂。

我去面试的时候,伯利恒笼罩着刺鼻的黄色烟雾,这是一个不祥的开端。系主任带我参观了院系,并把我介绍给那边一位年轻的教授,他碰巧是数论学者D. H. 莱默。我们进入他办公室时,他正在批改一大摞蓝色封面的作业本。他就当着系主任的面对我说:"瞧我们在这里都要做些什么!"这给我留下了负面的印象,让我立刻想起了波兰的类似情况。当一名家庭女佣或者其他类型的女仆离开雇用她的地方时,她会把可能接替她的女仆拉到一边,向她展示这份工作不好的方面。

这或许是我人生中状态最差的一段时期,无论在物质还是精神层面上。我的世界崩塌了。以任何可分辨的形式重建波兰的前景都着实是暗淡的。我为所有留在波兰的家人和朋友的命运而极度焦虑。亚当也处于一种非常沮丧的状态,这加重了我的担忧。一贯友善而乐于助人的L. G. 亨德森竭尽可能给予我道义上的援助。1940年春法国沦陷时,形势变得如此严峻,看似没有任何希望,绝望攫住了大洋此岸每一个欧洲移民的心。还有一种担忧是,德国在取得军事胜利的同时,他们的意识形态也会占据上风,美国的生活将会发生剧烈变化,排外情绪和反犹主义在这里也会抬头。

这段时期我住在大使酒店四楼的一个小房间里。在五楼,阿尔弗雷德·诺思·怀特海住在一套很大的公寓里,房间的墙令人称奇地刷成了黑色。我是在学者学会的宴会上认识怀特海的。他和夫人每周都会在家里举办一场晚间聚会,他们邀请我参加。他年纪已经很大了,但头脑像水晶般清澈、敏锐、深刻,记忆力胜过许多较他年轻的人。我还记得伦敦遭到大轰炸时他们表现出的坚毅和勇气。怀特海似乎从没有对赢得战争丧失过希望,他活着看到了打败德国的那一天。

在怀特海家的谈话涉及面极其广泛，除战争外，人们还谈论哲学、科学、文学，还有人。有一次，话题是伯特兰·罗素。他在这个国家遇到了大麻烦。他与当时的雇主、费城的百万富翁巴恩斯发生了争执，此外因为在性方面的观点和关于自由恋爱的讲座，他在纽约市立大学的处境也很艰难。哈佛想请他来，但由于正统派波士顿人掀起了一波抗议浪潮，邀请没有获得通过。我记得怀特海谈及以上这一切时，他的夫人叫道："啊，可怜的伯蒂！"我们也会谈论数学。有一次，有人问道："怀特海教授，观念和事物哪个更重要？""这个嘛，我认为是关于事物的观念。"他不假思索地答道。

我与其他设法来到剑桥谋生的波兰人一起度过了很多时光，包括塔斯基、斯特凡·伯格曼以及亚历山大·文德海勒。他们都非常闷闷不乐，尤其是文德海勒。他总是有些"悲世悯己"。我们会坐在我整天都开着的收音机前，听战争新闻。他在我的房间里一坐就是几个小时，我们拿漱口用的玻璃杯喝白兰地。他是一位颇有才华的数学家，一个善良、可亲而又聪明的人，他的思想相当难描绘，他像一位聪明的批评家，但略微缺乏数学发现所需的"东西"。这个"东西"我指的并不是天赋。创新所需的天赋是很难描述的，即使是在有限的范围内；此外，它存在于一个连续的范围中，在很大程度上受"运气"影响。也许真的存在习惯性运气这种东西。那些被认为在打牌时运气好的人，可能在这些与技巧有关的游戏中拥有某些隐藏的天赋。这就像物理学中的隐藏参数，对这种不会显露在表面上的能力，我喜欢称之为"习惯性运气"。人们常评论说，在科学界有些人的运气实在太好，以至于人们开始觉得那是别的什么东西在起作用。文德海勒就缺乏这种特殊的才华。

我不记得他最初是何时和如何出现在美国的。他在波士顿的塔夫茨大学得到了一份临时工作。对于美国，他有着一般人常有的印象、抱怨、欣赏和赞美，关于这一点我们曾详细谈论过。学生们的态度使他感到既有趣又震惊。有一天在课上，一名学生对他喊道："哎，窗户开着，你能把它关上吗？"这让习惯于波兰更加庄重的礼仪的他感到十分困扰。在波兰，学生是不会这样对教授讲话的。

他对荷兰数学家斯豪滕的几何学很感兴趣，在我看来，那过于形式化和符号化了。我拿那些公式取笑，说它们把几何体仅仅当作一个符号、一个被上下左右布满的指数所围绕的字母，就像圣诞树上的装饰物一样。

我离开剑桥后，我们逐渐失去了联系。后来我得知他自杀了。我对此是有预感的，因为他常背诵一首诗，讲的是一个用自己的领带上吊的男人。他很孤独，并且多次对我说他为自己的外表而苦恼。他个子很矮，有一张聪慧的脸，但不是那种对女性来说有魅力的脸。他觉得自己很丑，这困扰着他。

在许多情况下，数学是逃离现实的避难所。数学家在与外部事务无关的追求中，找到了自己的容身之所和幸福。下棋有时也会起到同样的作用。在对现世发生的事情感到不快的时候，有些人使自己沉浸于一种数学的自足之中。（有些人单是为这个原因而从事数学研究的。）然而，人们不能确定这就是唯一的原因；对于其他人来说，数学是他们比其他任何事情都擅长做的。

1940学年快要结束的时候，伯克霍夫向我透露说，威斯康星大学可能会有一个空缺。"你不应该像其他欧洲难民那样无论如何都要留在东海岸。像我之前做的那样，试着在麦迪逊找份工作吧。那是一所不错的大学，我年轻时在那儿待过。"我接受了他的建议，去达特茅斯参加了一场美国数学学会的会议，以便能见到马克·英格拉哈姆，他是麦迪逊分校数学系的系主任。那段时期，数学会议就像是招聘会，在会上可以面见系主任，他们就像世袭的酋长那样被祈求者——成群的找工作的年轻人围绕着。情形在1950年代末到1960年代初完全颠倒过来了，那时一个刚刚拿到博士学位从学校出来的年轻人会被一群寻找年轻教授的系主任围住。

在达特茅斯的会议上，我有一次戏剧性的经历。深夜我步行回到宿舍，屋里很黑，我试着不去开灯就爬到床上。我一坐到床上，就听到一声尖叫还有一声呻吟，我的床上已经有一个人了。我摸索着想去另一张床，占据我的床的人说道："是乌拉姆博士吗？"我回答说："是的。"他立即说道："给定一个如此这般的群，它是否具有这样那样的性质呢？"我想了一下回答说："是的。"接着给出了大致的原因："如果它是稠密的，那么这就是对的。""那如果不是稠密的呢？"他试图继续追问。当时已经很晚了，我也很疲惫，我想说："如果它不稠密，就让它见鬼去吧。"我中断了对话，倒头就睡了。

G. D. 伯克霍夫似乎很喜欢、很欣赏我的工作。我想我知道一个可能的原因。他喜欢我的自信，还有我近乎鲁莽地捍卫基于集合论的现代数学观点，反对他更为传统的方法的举动。他欣赏数学创造力中可以说是激情的和感性的那一面。我可能让他忆起了他自己年轻时的感觉。他喜欢我近乎大发雷霆的样子，为了存心激怒我，他攻击了他儿子加勒特对一般代数的研究与对代数结构更形式化、更抽象的研究。我粗暴地为之进行了辩护，然后他微笑着对我说，他很欣慰自己儿子工作的价值和原创性得到了赞赏。

在谈及工作的大体情况时，他常会发表评论，对来自外国的人表示怀疑。我觉得他是害怕他在美国数学界无可争议的领导地位，会被诸如赫尔曼·外尔、雅克·阿达马等外来的杰出人物所削弱。他还害怕数量激增的难民会把重要的学术职位占满，至少在东海岸会如此。有人曾援引据说是他说过的话："如果美国数学家不当心的话，他们可能会成为伐木工和挑水工。"他从没对我讲过这样的话，但他确实常对一些外国人的原创性发表过轻蔑的评论。他还主张，外国人应该满足于更低的职位；客观地说，这是可以理解的，甚至是公平的。同样，我有时会生气也是可以理解的。也许是因为我的家庭一直十分富裕，1940年以前我从不需要为自己的经济状况而担心，所以我可以保持独立，想到什么就可以公开说出来。有一次，我这样回击他对外国人的攻击："你去玩一个结果不取决于技巧而是取决于某些外部环境因素的游戏，你能得到什么乐趣呢？你赢了一局棋，原因是对手有求于你而不得不故意走软招，这又有什么意思呢？"他着实被我的这番言论惊到了。

但伯克霍夫帮助我得到了在麦迪逊的职位。他对英格拉哈姆讲了我的表现，在达特茅斯的会议结束后，我收到了麦迪逊的讲师职位的聘书。我年届而立，在波兰和美国的数学家中有一定的声名，我觉得我至少应该得到助理教授的职位。但当时的情况远非正常，像雅克·阿达马那样最负盛名的法国数学家，只在纽约得到了一个讲师职位，而塔斯基在伯克利也仅仅担任讲师。因此我收敛了自己的傲气，接受了聘请。从经济上说，这份工作相当不错，一年大概能拿二千三百美元。然而，离开哈佛，离开"有文化的东部"，前往我认为更原始、在智力方面更贫瘠的中西部，我感到有些难过。在东海岸有一种说法，暗示哈佛，或许还可以算上耶鲁和普林斯顿，是仅有的"有文化"的地方。我敢肯定，我对其一无所知的麦迪逊就如同西伯利亚，而我则被流放了。但既然没有别的选择，我就在夏末做好了离开剑桥的准备，肃然地决定要挨过流放的岁月，等待战争的结果。

第七章

威斯康星大学

1941—1943

在去麦迪逊的路上，我途经芝加哥，在那儿换乘了一列小火车。火车沿途停靠了若干小站，其中有个镇子名字也叫哈佛。在我看来，这是一种讽刺，我感觉命运和我开了个残酷的玩笑。但没过多久我的看法就完全改变了。我很快发现威斯康星州具有重要的自由政治传统，著名的拉福莱特家族[①]不仅给这座州府，也给州立大学留下了印记。整个外在的印象，风景、湖泊、森林、房屋以及城市的规模都是最可人意的。生活条件给人意外的惊喜。分配给我的房间位于大学俱乐部里，一到那儿我就遇到了很多意气相投、富有智慧的人，不仅有搞数学和科学的，也有搞人文学科和艺术的。房间不大，有浴室、床和桌椅。（我记得阿纳托尔·法朗士的一部小说里的主人公夸尼亚尔神父这样说道："一个人只需要一张桌子和一张床。在桌子上可以轮流读书学习和享受美食，在床上则可以舒服地休息和热烈地做爱。"）楼下有舒适的公共休息室，有图书馆、餐厅，甚至还有一间放着几张台球桌的游戏室。

学校得到了州里充足的财政支持，而且还有一笔额外的收入，来

[①] 代表人物为罗伯特·M.拉福莱特，美国共和党人、政治家，曾任威斯康星州州长和美国国会议员，以倡导进步主义运动和限制公司权力而闻名。

自以前一位教授发现的一种加工牛奶的特殊方法，其专利权归学校所有。

约翰尼的朋友尤金·维格纳在这里担任物理学教授。我还有一封带给另一位杰出的物理学家格里高利·布赖特的介绍信。信来自哈佛的天文学家哈罗·沙普利，我在剑桥期间和他有过很愉快的科学和社交方面的往来。沙普利以造父变星的光变周期为准绳，获得了一把"量天尺"。[①]我很快就和大部分数学家成了朋友，包括逻辑学家斯蒂芬·克莱尼、C. J. 埃弗里特、唐纳德·海尔斯等人，他们很多都是我的同龄人。出于好交际的天性，我喜欢住在大学俱乐部里，和有趣的同仁会面、一起进餐。

其中有一位是瓦西列夫，他是俄罗斯移民，研究拜占庭历史的大专家。他几乎就是纳博科夫的小说《普宁》中主人公的翻版。在晚餐时，他喝完第一碗汤后总会要第二碗，还对我说："美国人真有意思，即使汤这么美味，他们也从来想不到要第二碗。"和许多俄国人一样，他喜欢喝酒，大衣兜里会揣上一小瓶伏特加。那时他应该已经年过六旬了。大约两年以后，美国军队把教工俱乐部征用为营房时，他和其他居住者们不得不另寻住处。瓦西列夫在一座私人住宅里得到了一个两居室套间，他被这新得的宽敞居所迷住了。"它太棒了，"他解释道，"你可以在一个房间里睡觉，在另一个房间里工作。"就如同小说里的普宁一样，他举办了一场他称为"用来庆贺的暖房派对"的活动。

另一个有意思的人物是一位英国文学教授，单身汉汉利。得益于我的记忆力，我能够引述拉丁语并谈论希腊和罗马文明，这就让一些其他领域的同事明显感到我除了数学之外还有其他兴趣爱好。这使

---

① 通过造父变星的光变周期，可以大致测算出它到我们的距离，进而确定它周边天体和所在系统离我们的远近。因此造父变星被称为度量宇宙的"量天尺"。

我很快建立了不少非常良好的关系。汉利是一个台球好手，尽管被我的笨拙震惊了，他仍然坚持要教我打台球。我发现渴望训练和指导别人，是美国人的一项好品质。

就这样，我发现麦迪逊完全不像我之前所害怕的那样是智力的荒漠。学校在多个自然科学领域保持着优秀的传统。学校的湖沼学专业出类拔萃。湖沼学就是研究湖泊和沼泽的科学，是由一位我记不起名字的老教授创立的。但我记得有人告诉我他说过，每当他多记住一个学生的名字，就要忘掉一种鱼的名字。生物学、经济学还有政治学也都是威斯康星大学的强项。当时在校的有经济学家塞利格·珀尔曼、后来成为全国闻名的劳动关系专家的内森·范辛格，以及其他许多杰出的教授。

此外，像我这样勉强说还算体面的外国人，也能很好地被学校的圈子接纳，并很快与各个领域的许多教授建立良好的关系。这里的学术氛围充满活力。总的来说，教授们不像哈佛的某些人一样摆架子。相反，为了能与那些历史更悠久的名牌大学比肩，他们工作得更为尽力，但"啊，不好意思我得去工作了"这种毛病并不像在哈佛那么明显。

另一件事情使得麦迪逊成了对我来说最重要的地方，我在这儿和一个法国姑娘结婚。她是就读于蒙特霍利约克学院的交换生，名叫弗朗索瓦丝·阿龙，我曾经在剑桥见过她。婚姻显然改变了我的生活方式，对我日常工作的模式、我对世界的看法，以及我对未来的打算产生了重大的影响。

诗人威廉·埃勒里·伦纳德个子很高，脑袋硕大，一头白发，是教员中最有趣、最多彩的人之一，为人特别古怪。他是《机车上帝》一书的作者，传说他对火车有着强烈的、神经质的恐惧。这使他一直没法离开位于麦迪逊的大学。据说他的薪水（对于一位正教授来说相当低）从来没有涨过，因为反正他也不会离开。我觉得这样的理由太幽默了。

当时在许多大学，院长和系主任们经营院系，往往不是为了在学术或教育方面追求卓越，而是为了良好的经济效益，就像做生意一样。的确，我来之后不久，就有人指出，我们的工资之所以比同类州立大学的略低，是因为校园位于门多塔湖畔，这一绝佳的地理位置也构成了我们薪水的一部分。我听完就和一些比我年轻的同事开玩笑说："每眺望一次美丽的湖面，就花去了我们两美元。"在我最初参加的一场教职工大会上，克拉伦斯·A. 戴克斯特拉校长，一个仪表堂堂的人（实际上为人也很好），开场就说道："今年我们所有人都将面临挑战。"听到这话，我轻轻推了推邻座并低声说道："瞧着吧，这意思就是说我们不会加薪啦。"果不其然，十分钟后戴克斯特拉就谈到了这方面的影响，我的邻座忍不住笑出了声。

天文学家乔尔·斯特宾斯也在麦迪逊任教授。我喜欢到天文台去见他，和他交谈。他极富幽默感，喜欢恶作剧。在冬天一个寒冷、晴朗的周日夜晚，他开车来到我们公寓楼下，按响了喇叭。我往外看，见到是他，他说道："你想不想跟我一起去耶基斯天文台？天文学会在那儿有一场会。"耶基斯离麦迪逊并不远，开车大概两小时。我穿得暖暖的，迅速下了楼，一路上我们谈了各种各样的问题。随后，他故意开玩笑说："你愿意不愿意在会上发言？"为了附和他的玩笑，我回答说："好啊，讲它五到十分钟。"我迅速开始思考我在几分钟里能对天文学家们说些什么。我想起我曾经思考过这样一个问题：天体轨道也许可以从一个运动的坐标系上来观察，如果假设观察者自身也在运动，通过观察者适当方式的运动，可以使原本看上去复杂的轨道得到简化。

我把这个一般性的问题称作"哥白尼问题"，围绕它讲了几分钟。这的确是一个值得思考的主题，并且它确实引出了一些拓扑学和测度论中实打实的问题，我从这些问题中得到了一些简单的结果。

在任职的头一年，我的教学负担很轻，每周仅仅教十一小时的基础课程（校方考虑到我在做研究并且撰写了数量可观的论文），而其他一些讲师要教十三甚至十六小时的课。后来，我的课又减到了一周九小时。教这些基础课程对我来说基本上不需要备课，只需要偶尔扫一眼书本上标题的次序，以便把所有规定的内容都讲到，而且进度不至于过快或过慢。但几乎所有人，从知名学者到管理者，都在使用"教学负担"这个说法，这让我不仅反感，而且觉得可笑。它暗示着体力付出和疲劳，这是我一直害怕的两种东西，唯恐其干扰我的思考和研究。我十分感激系主任英格拉哈姆，他理解我的想法。他是一个自身快活也令人愉快的人，常常在周末到教工俱乐部来观看足球比赛的影像。他以喜欢吃加奶酪的苹果派而闻名，他向我介绍了威斯康星州的奶酪，这是该州的乳制品特产之一，后来我才认识了法国种类繁多的奶酪。

一般来说，教数学与教其他学科不同。我和多数数学家一样，都感觉教数学不需要太多准备，因为在这个学科中，一件事会不可避免地推导出另一件事。在面向更高阶听众的课堂上、讨论班上以及学会里，我讨论的都是事先占据我脑海的主题，这更像是一种意识流的方法。

据反映，我的课讲得相当不错。这可能是因为我认为应该专注于学科的本质，而不是在所有的项目上平均用力。我喜欢强调重点，与之对立的是一些不重要的细节。我们记住一个证明，是通过回忆一系列令人愉快和不愉快的要点，也就是简单的点和困难的点来实现的。先是遇到一个难点，努力解决之后一切会自然而然地运行一段时间，然后又忽然出现一个必须记住的新的特殊技巧。这在某种程度上就像走迷宫时需要记住那些拐弯处一样。

我在麦迪逊教微积分（这真是个教起来很棒的东西）时，在黑板上解完了一道题，一名学生令我惊讶地说："再做一道像它一样的题！"他们甚至都说不出"它"的名字。不用说，这样的学生成不了职业数学家。

有人会疑惑，教授数学究竟有多大意义。如果必须反复向某人解释，并不断地帮助他，那么他可能天生就不太适合学数学。另一方面，优秀的学生其实并不需要老师，除非只是做他的榜样，或许能影响他的偏好。我先验性地倾向于对学生持悲观态度，即使是对聪明的学生也如此（尽管我还记得在哈佛时遇到的一些优秀学生，我可以和他们交谈，并感到教学并不仅仅是在做无用功）。

总体来说，我并不介意像这样教学生，尽管我不喜欢在教学上花费太多时间。我不喜欢的是在规定的地点和规定的时间履行职责，无法感到自己是完全自由的。这是因为我的性格特点之一就是有一种特有的不耐烦。当有预定好时间的约会，甚至是很愉快的宴会或派对时，我就会发愁。当完全自由时，我可能又会坐立不安，无所事事。

我曾经和我的朋友吉安-卡洛·罗塔一起计算过，算上讨论班和面向高阶听众的讲座，我们一生花在讲课上的时间肯定达到数千小时。如果你能意识到在这个国家年均工作总时长也不过是约两千小时，那么你就应该承认讲课在我们的清醒时间里占据了很大比例。但这并不完全算是"清醒"时间，因为讲课有时是在半出神的状态下进行的。

在麦迪逊，我认识了C. J. 埃弗里特，他成了我的亲密合作者和好朋友。我俩可以说是一拍即合。他虽然还年轻，但已经有些古怪，他见解独到，有一种精致的幽默感，言语揶揄、简洁、尖刻。他一心扑在数学上，这是他唯一的兴趣。我发现他和我在波兰的朋友马祖尔很像，都喜欢发表讽喻性的言论和笑话。在外形上他们也有一定的相似性，都瘦骨嶙峋，个头较矮。甚至他们的笔迹都很像，写出来的字都细小而工整。埃弗里特比我小几岁。我们合作研究有关"阶"的难题，即关于群中元素阶的问题。在我们关于数学的对话中，我一如既往地是一个乐观派，提出一些一般性的，有时还相当模糊的概念。埃弗里特则把它们严密化，提供具有独创性的论证细节并完成最终的构造。

我们写的一篇关于有序群的论文引起了一个女人的兴趣，她是战争期间一个妇女军事组织的负责人。在一次会议上，我们听到她描述海军陆战队的行动时，将该组织称为"有序群"。[①]

后来我们又合写了一篇射影代数方面的论文。我认为这是将数理逻辑代数化的首次尝试，超越布尔或亚里士多德所谓的演绎运算，引入了"存在"和"对任一"两项运算，这二者对高等数学都至关重要且具有广泛意义。

我们在1942年和1943年都为海军新兵讲课。为了多挣些钱，我们还为部队函授学校批改作业。弗朗索瓦丝也来帮忙，她能够出色地批改基础算术和代数的练习题。函授学校为每份作业付我们35美分，这积累起来金额相当可观，总数可以与大学的薪水相比。为此，他们的管理部门决定予以干预，强制规定了每个人可以批改的作业数量上限。部队函授工作由一位比我年长的女士负责，她是数学系的成员；另有一位教授对工作进行督导，他是赫伯特·埃文斯，一个性格开朗、和蔼可亲的人，我和他成了朋友。他是我认识的最具幽默感的人之一。

---

① ordered group 在英语中既有"有序群"的意思，又可以理解为"有序的团体"。

我和埃弗里特在北大楼里共用一间办公室，大楼是一幢位于半山腰的老建筑，是数学系的所在地。来自肯塔基大学的客座教授莱昂·寇恩也与我们在一间办公室，我们和他合作发表了一些成果。我们长时间地泡在那间办公室里，整座大楼里都经常会回荡着我们的笑声。课前和课后我们要批改学生的作业，这是一项我很讨厌并总想拖着不做的工作。结果，一摞摞未经批改的作业本在我的办公桌上堆积如山，当我把新交上来的作业本放在桌子的一头时，另一头的旧作业本只好识相地自己掉进废纸篓里。有时可怜的学生们会为我为什么不把作业发还给他们而感到疑惑。

午饭后我们会打，或者说是试着打台球。汉利在教工俱乐部给我上的教练课，在我身上收效微乎其微。在北大楼收获的快乐，以及我们在学生活动大楼——一幢坐落于湖畔的豪华建筑——频繁的会话，是麦迪逊生活最有魅力的部分之一。休闲与轻松友好的刺激的这种结合，在一个人的精神活动中扮演很重要的角色。除了物理环境差强人意之外，这种会话往往比会导致更枯燥探讨的那些更正式的讨论班和会议更具价值。以这种方式，我多少找到了旧时在利沃夫咖啡馆里的那种会话的替代品，自从离开波兰后，我就一直渴望那样的会话。

埃弗里特在整个战争期间都待在麦迪逊。后来他又来到洛斯阿拉莫斯与我共事，我们一起完成了更多的工作，包括如今我们为人所熟知的合作成果以及氢弹方面的工作。

埃弗里特表现出一种思维特性，其影响可以说是无以复加的：思考的持久性。至少对我来说，而且我想对很多数学家也一样，连续地或接近连续地思考一小时，比分两次各思考半小时更有效率。这就好比爬一个光滑的斜坡，一旦停止，就会往下滑。埃弗里特和埃尔德什都能持久地思考。

系里还有唐纳德·海尔斯和多萝西·伯恩斯坦。海尔斯同样具备思考问题的持久力，以及在特定问题上持续推进思路的能力，我们合写了多篇文章。多萝西·伯恩斯坦是我班上的一名研究生，在我教的测度论课上，她饶有兴趣地、热情而忠实地记笔记并整理材料。她收集了许多材料，我们打算合写一本书，但我们的工作由于我1944年离开麦迪逊而中断，我们的计划成了泡影。

一天，一个名叫理查德·贝尔曼的年轻聪颖的研究生出现在我的办公室，他表达了想要和我一起工作的愿望。我们不仅讨论了数学，还讨论了科学的方法论。美国参战后，他想要回东部去——我觉得他来自纽约并想回到那儿去。他想请我帮忙弄一笔奖学金或者助学津贴，以便他离开麦迪逊后能继续从事研究工作。我想起在普林斯顿，莱夫谢茨有一些与战争相关的新的科学技术事业。我以一种有些狡猾的方式给他写信介绍了贝尔曼，说我有一名非常能干的学生，优秀到配得上一笔可观的资助，又补充说我怀疑普林斯顿是否拿得出这样一笔钱。莱夫谢茨毫无疑问立即就中了我的激将法圈套，为贝尔曼提供了一个职位。两年后，他以迪克·贝尔曼的身份突然出现在洛斯阿拉莫斯，身着军装，成了特别工程分队的一员。特别工程分队由入伍者中聪明而有科学天赋的人组成，被分派来协助做技术工作。

通过与物理学家间的联系，以及在格里高利·布赖特不在时替他主持一个讨论班的契机，我听说知名的法国物理学家莱昂·布里渊最近来到了麦迪逊。我拜访了他，并发现他的妻子斯蒂法是波兰人，出生在罗兹，一座纺织和制造业大城市。当斯蒂法还是一名在巴黎上学的年轻学生时，她和莱昂就认识了，他们在第一次世界大战前的某个时候结婚了。我认为，在第二次世界大战爆发时他是法国广播公司的一名主管，承担了很多军事方面的职责。在法国沦陷、维希伪政权建立后，他一有机会就逃离了法国。他因为在量子理论、统计力学以及固体物理学方面的工作而享有国际声誉。事实上，他是固态理论的先驱之一。（"布里渊区"和其他一些重要概念都要归功于他。）他还是成功而多产的物理教科书和专著作者。

布里渊夫人有着极高的艺术天赋。在1920年代初，她以不高的价格收购了不少莫迪利亚尼、郁特里罗、弗拉曼克和其他画家的作品。在麦迪逊，她自己也开始作画，用厚厚的一层油彩来画花朵，这完全是她自创的风格。我和弗朗索瓦丝结婚那天，布里渊夫妇邀请我们去他们的公寓。他们为我们举办了一场令人惊喜的小小招待会，其间我们喝了法国香槟，并分享了斯蒂法制作的令人难忘的蛋糕。斯蒂法·布里渊几乎不会说英语，但在到麦迪逊几周后，她外出买各种东西时发现，"le centimètre d'ici"（她这样称呼我们的"英寸"）大约是"centimètre de France"（法国的厘米）的2.5倍。这个估算相当精确，一英寸是2.54厘米，而她只是通过观看布料、窗帘和毯子的大小就得出了这一结果。在麦迪逊我们开始了亲密的交往，在战后又持续了很久，直到几年前布里渊夫妇去世。

在我在麦迪逊的第二年开始前，我晋升为助理教授，这给了我希望，使我在物质层面对未来有了信心。我用不高的薪水（一年二千六百美元）既要持家，同时又要资助我弟弟是一件很困难的事。为了维持开销，我时常造访教工信用社，那里一位有同情心的办事人员给了我几笔每笔上限为一百美元的借款，我可以在几个月后偿还。

学校让我主持两周一次的数学学术讨论会，既有本地的也有来访的数学家参加。这里我要补充一点，付给讲演者的费用少得可笑，只有大约二十五美元，其中还包含差旅费。

学术讨论会的进行方式与我在波兰所了解的不同。在波兰，讲演者们会做十到二十分钟的非正式讲话，在麦迪逊则要讲上一个小时。我们在利沃夫的数学学会的那种研讨会上的简短发言，与必须谈论主要研究工作的那种讲演，二者有着很大不同。当然后者会准备得更充分，但更为正式的形式却扼杀了更简练些的交流所具有的某些自发性和激励性。在讨论会上，我遇到了安德烈·韦伊，一位天才的法国数学家，他在战争初期一度去了南美。他受不了那边的条件，于是来到美国，在理海大学找了一份工作。他已经因为在代数几何学和一般代数方面的重要工作而享有很高的国际声誉。他在研讨会上的讲话是关于他最重要的成果之一——有限特征域上的黎曼猜想的。黎曼猜想对于外行是一个不易解释清楚的问题，其重要性在于它在数论中的广泛应用。它在近百年里对许多最伟大的数学家构成了挑战。它至今尚未得到证明，尽管有一个可能的解决方案已经取得了不少进展。

我在哈佛认识的一个朋友迪恩·蒙哥马利应我邀请出席了研讨会并做了发言。系里有一个空缺，我试图吸引他来我们学校，而系里最资深的两位教授英格拉哈姆和兰格也极力想促成此事，但他最终还是去了耶鲁。后来他给我讲了一些关于耶鲁大学氛围的故事，当时在某些圈子里，耶鲁是极端保守的。在面试时，他被问及在学术职业中是赞成还是反对犹太人，以及他是不是自由主义者。尽管他对两个问题的回答在考官看来都是"错误"的，他还是得到了职位。几年后，他离开了耶鲁，加入普林斯顿高等研究院。

艾伦伯格和埃尔德什也在研讨会邀请的讲演者行列中。埃尔德什是那个时期我圈子里为数不多的比我年轻的数学家之一。他是一名真正的神童，十八岁时就发表了自己在数论和组合分析领域的第一批研究成果。

身为犹太人，他不得不离开匈牙利，后来这救了他的命。1941年他二十七岁，思乡情切，闷闷不乐，总是为留在匈牙利的母亲的命运担忧。

从他这次到麦迪逊起，我们之间开启了尽管有些断断续续，却长久而热烈的友谊。因为手头很拮据，用他自己常说的话说就是"贫困"，他打算尽可能延长自己的访问期。1943年，他在普渡大学获得了一笔助学金，这使他不再一文不名，他说自己"甚至摆脱了债务"。此次和后来一次来访期间，我们一起做了大量的工作。我们对数学的讨论只会被阅读或被收听有关战争或政治分析的报纸和广播所打断。在去普渡之前，他在普林斯顿高等研究院待了一年多，只有微薄的津贴，后来连这一点儿津贴也断了。

埃尔德什个头中等偏矮，是一个特别神经质、容易激动的人。他当时比如今更为好动，几乎总是上蹿下跳或者拍打自己的胳膊。他的眼神表明他总是沉浸在数学思考中，这一过程只会被他对世界事务、政治或人类一般事务的相当悲观的言论所打断，他对这些持负面看法。如果他有了有趣的想法，就会跳起来，拍手，再坐下。在对数学的强烈热爱和对问题的持续思考方面，他与我的一些波兰朋友很像，或许比他们更甚。他的怪癖实在太多，不可能一一描述出来。其中之一是（至今依然如此）他别具特色的用语。在他嘴里，"ε"的意思是孩子，"奴隶"和"老板"分别代表丈夫和妻子，"捕获"代表结婚，"布道"代表讲课，还有许多如今在数学界广为人知的用语。在我们合作取得的成果中，有很多到今天还没有发表。

岁月的流逝并没有使埃尔德什改变多少。他仍然完全沉浸在数学、置身于数学家之中。到如今年过六旬，他已经发表超过七百篇论文，它们给他带来了荣誉。在许多关于他的名言中，有这样一句："如果你不知道保罗·埃尔德什，你就不是一位真正的数学家。"还有有名的埃尔德什数——一位数学家在合作关系链中需要几步才能联系上埃尔德什。如果这个数是2，那就意味着你同一个与埃尔德什一起写过文章的人合写过文章。多数数学家通常都能找到与他的联系，而且只需要不是一步就是两步。

埃尔德什仍然以这样的开头来手书短信："假设 x 是那样的，那么……"或"假设我有一列数……"。在接近末尾处，他会附上一些个人评论，主要是关于自己上了年纪（他从三十岁起就这么写）或者对我们这些变老的朋友的命运那疑病症式的悲观看法。不过他的信很吸引人，而且总是包含新的数学信息。我们之间的通信在我来麦迪逊之前就开始了，其中包括很多关于找不到工作的年轻数学家的艰辛，以及关于对付官员或管理者的难处的讨论。当谈及美国的年轻助理教授时，他使用这样的语句："啊，他是个大亨。"当他这样称呼我时，我引入了更细致的分类："大亨、小亨、大爬虫、小爬虫"四种身份等级。[1]1941年，我告诉他，我作为助理教授，顶多算是"小亨"。这个说法把他逗乐了，在以后的对话或通信中，他就会从这四种身份中分派一个给我们的朋友。

我和冯·诺伊曼无论景况如何都保持通信，即便在那段岁月里，我们也会谈及一些数学，不过谈得更多的还是世界上发生的那些悲剧事件。在美国，孤立主义风气很盛，人们有着明显和广泛的厌恶参战的情绪，这使我产生了一种混杂着愤恨的绝望感。总的来说，约翰尼更加乐观，而且对美国的力量和美国政策的长远目标了解得更多。他已经是一名美国公民，参与了国家正在进行的战争准备工作（尽管我

---

[1] 英语中原本有"big shot"和"small fry"两个词组，分别意为"大亨"和"小爬虫"，作者玩弄文字游戏自创了"small shot"和"big fry"，凑成了两对。

当时并不知道）。

我们有关数学的通信和在数学会议上见面时的谈话基调，由偏抽象变为偏向与物理学相关的应用主题。此时，他正在针对流体力学、空气动力学、撞击和爆炸中的湍流问题进行写作。

约翰尼与很多科学家探讨问题，其中就包括诺伯特·维纳。尽管维纳是一个和平主义者，但他迫切想要为美国的战争行动做出一些重要贡献。维纳和罗素一样，认为这是一场"正义的战争"，一场必要的战争，而美国介入战争并取胜是人类唯一的希望。但诺伯特与军方处得不好，而约翰尼则总是和军方处得很好。

维纳在自传中写道，他已经有过与我后来提出的蒙特卡罗法类似的想法。他含糊地说道，当他跟某人提及这些想法时，没得到任何回应，于是就放弃了这件事，就像他失去对巴拿赫向量空间和函数空间中的几何学的兴趣一样。实际上，他在自己写的一本书里称这些向量空间为"巴拿赫-维纳空间"（数学界只有巴拿赫一人的名字与之相联系）。这一名称从未被大家采纳过。

在第一次世界大战期间，数学家们在经典力学、轨迹计算和内外弹道学方面做了大量的工作。这些工作在第二次世界大战时又重启了，但它们很快就被证明不是科学应用的主要目标。流体力学和空气动力学问题变得更为精细和紧要，因为它们与战争中的一些特定问题直接相关。1940年初，我从图书馆里借了一本德文的弹道学教材来研究，却发现其中没有多少东西对1940年代的军事技术有重要意义。战争开始时还没有电子计算机，在哈佛、国际商业机器公司（IBM）和其他一两个地方才刚刚开始建造基于机械式继电器的机器。

规定的年限一到，我就于1941年在麦迪逊申请并获得了美国公民身份。我期望这样一来可以更容易地为战争出力。为了通过入籍测试，我学习了美国历史、宪法要点、历任总统的名字，还有其他在测试时比较可能考到的主题。不记得是出于什么原因了，原本应该是我到芝加哥去测试的，结果却是一位主考官来到了我们在麦迪逊的公寓楼里。谈了几句之后，我察觉到，他一定要么自己是移民，要么父辈是移民。他的外貌很像犹太人，可能有些冒失，我问了他的出身和背景。他似乎并不介意，回答说他的父母是从乌克兰过来的。我很快就尴尬地意识到，这成了我在考他。

一拿到公民证书，我就试着志愿加入空军。我们大学接到了空军征募志愿者的通知。我已经三十岁，作为战斗机驾驶员是太老了，但因为有数学背景，我想我可以受训成为一名导航员。我去离麦迪逊不远的一处征兵站体检。负责体检的是西海岸的日本医师，他们是被调动到这处中西部营地来的。因为体检包含抽血环节，我对自己开玩笑说，我正在为保卫我的新祖国而失血给日本人。因为视力不合格，我的申请遭到了拒绝，我很失望。

仅仅给军队上数学课似乎并不算与战争多么相关，我想做一些与战争关系更密切、贡献更直接的事。我想去加拿大参军，还想起1940年与怀特海交谈时，得知他有些亲戚在加拿大皇家空军任军官。于是我给他写信，问他能否帮我到加拿大去为战争出力。他回信了，我对信中所说的一切都很珍视。他说他已经代表我给在加拿大的某人写了信，但没有任何结果。

这时洛斯阿拉莫斯在我的视野中出现了。

第三部分

生活在物理学家中间

第八章

洛斯阿拉莫斯

1943—1945

 1943年暮春，我写信给冯·诺伊曼，谈到了投身战时工作的可能性。我知道他已经参与其中了，因为他的信经常是从华盛顿而非普林斯顿寄来的。我做教学并不是很快乐，尽管我做了很多数学研究，也撰写论文、组织研讨会，并教授和战争有关的课程。我仍感觉时间浪费掉了，我觉得我能为战争做更多事情。

 一天，约翰尼在回信中暗示说有一份有意义的工作正在进行，他不能告诉我是在哪里。他说他要从普林斯顿途经芝加哥到西部去，并提议说我可以到联合车站去和他面谈，因为火车换乘有两小时的间隙。这是1943年初秋时的事。

 我如约前往，而约翰尼当然也按约定出现了。护送他的两个人引起了我的注意，他们就像大猩猩一样强壮。他们显然是警卫员，这让我印象深刻，我想约翰尼一定成了重要人物，才会有这样的待遇。其中一名警卫员去办理车票手续了，我和约翰尼谈了起来。

 约翰尼说现在有一些非常激动人心的工作，而我很可能在其中发挥很大作用，他依然不能告诉我是在什么地方，但他很频繁地在普林斯顿和那地方之间往返。

 不知为什么，也许纯属偶然或是不可思议的巧合，又或是有先见之明，我开玩笑似的回答："嗯，你知道，我对工程学或者实验物理学了解不多，我甚至不清楚厕所冲洗装置是如何工作的，只知道它涉及某种自催化效应。"听到这里，我看见他的脸抽搐了一下，表情变得古怪起来。后来，我才了解到"自催化"这个词的确会在原子弹制造工程中用到。

接着又发生了另一个巧合。我说："最近我一直在研究分支过程。"比如有一篇瑞典数学家发表的论文，是关于类似细菌繁殖一样的粒子倍增过程的。这个工作是战前完成的，是一个关于概率过程的巧妙理论。它同样与中子倍增的数学理论有关系。约翰尼又一次用近似怀疑和惊奇的目光看着我，惨笑了一下。

我偶然遇见了威斯康星的天文学家乔尔·斯特宾斯，他告诉我有一些和铀有关的工作正在进行，还谈到了从重元素中释放能量的情形。我怀疑是这个消息促使我下意识地发表了上述言论。

在这次于车站的会面中，约翰尼和我还谈到科学界在规划对战争有用的工作时，似乎普遍缺乏想象力，特别是在流体力学和空气动力学的计算方面。我指出，我对部分主要参与者的年龄有疑虑（那时，超过四十五岁的人在我看来就算老了）。约翰尼也认同其中明显有高龄因素。像往常一样，我们试图用诙谐的评论来冲淡忧伤，说应该有人出面组织一个"老年"协会，成员是那些对为战争出力感兴趣，但深受早衰或速衰之苦的人。

由于约翰尼除了说去西南部外，不能或不愿透露他具体要去哪里，我便想起了一则古老的犹太故事，讲的是两个犹太人在俄国搭乘一列火车。其中一个人问另一个："你要去哪儿？"另一个人回答："去基辅。"第一个人随之说道："你这个骗子，你告诉我你要去基辅，好让我以为你要去敖德萨，但我知道你要去基辅，所以你为什么要撒谎？"

于是我对约翰尼说："我知道你不能告诉我，但你说你要去西南部，好让我觉得你要去东北部，但我知道你要去西南部，所以你为什么要撒谎？"他大笑起来。我们又谈了一会儿战争形势、政治和世界局势；然后他的两个同伴都回来了，他就走了。

我和他又见过一次面，我想是在芝加哥，那是在我受到官方的邀请去参加一个名称不详的工程之前，这个工程很重要，研究与恒星内部有关的物理学。邀请信由著名物理学家汉斯·贝特签署。一起寄来的还有人事部门的一封信，详细说明了职位、薪水、审批程序，以及到达目的地的方式等。我怀着激动和热切的心情立即接受了邀请。

薪酬略高于我在大学里的收入，而且是以十二个月为基准支付的，如果我没记错的话，大约有五千美元。在那里，像贝特这样的专业物理学家的工资已经比大学的高不少了。我后来得知，来自哈佛的化学家乔治·基斯佳科夫斯基拿到了据称天文数字般的九千或者一万美元。

我把有机会参加这样一个显然很重要的战争工程的情况告知了我的学校，并获得了在此期间休假的许可。

我的学生琼·辛顿在几周前已经到一个不知道什么名字的地方去了。琼上过我开的经典力学课，有一天她来到我位于北大楼的办公室，询问我能否在学期结束前三四周给她举办一次考试，以便她能参加某些与战争相关的工作。她出示了一封系主任英格拉哈姆教授的信，信里授权我可以这样做。她是一个好学生，一个相当古怪的女孩，金发、健壮、漂亮。她舅舅是英国物理学家G. I. 泰勒，她还是19世纪著名的逻辑学家乔治·布尔的曾外孙女。我就在信封背后写了几个问题；琼拿了几张纸，带着笔记本席地而坐，写完了她的答卷，通过了考试,随后从麦迪逊消失了。[①]

很快,我熟识的其他一些人也开始一个接一个地没有说去哪里就消失了。这些人中有在咖啡馆认识的人、年轻的物理学教授以及研究生,包括戴维·弗里施及其妻子罗丝——她是我微积分课上的一名研究生、约瑟夫·麦吉本、迪克·塔舍克等人。

最终,我得知我们要去新墨西哥州,去一个离圣达菲不远的地方。由于从未听说过新墨西哥州,我去图书馆借了一本联邦作家项目的《新墨西哥州导游指南》。书封底的借阅卡上有借阅者们的签名,我看到了琼·辛顿、戴维·弗里施、约瑟夫·麦吉本和所有其他因机密的战争工作、没说去哪儿就神秘消失者的名字。我就以这样一种简单而出人意料的方式发现了他们的行踪。在战争时期要保证绝对机密和安全几乎是不可能的。

这也让我想起了另一件事。我和斯特宾斯很熟,在到达洛斯阿拉莫斯大约一个月后,我给他写了一封信。我没有说我在哪儿,但提到了时值一二月份,我在地平线附近看到了老人星。事后我想到,作为一位天文学家,他能够很容易地推断出我所处的纬度,因为老人星是南天的恒星,在北纬38度以北是看不到的。

我们订车票时遇到的问题这里就略去不谈了。即使我拥有优先权,我们还是被拖延了将近一个月才出发。在火车上,为了给已经怀有两个月身孕的弗朗索瓦丝弄到一个卧铺位,我不得不给售票员一笔小费。这是我人生中第一次,我想也是最后一次"贿赂"别人。

我们到达了一个遥远的、人迹罕至的、毫不引人注目的小站,新墨西哥州的拉米镇。令我无比惊讶的是,在那儿迎接我们的是杰克·卡

---

① 琼·辛顿女士1948年来到延安,此后常居中国,取中文名寒春。她为中国的农业机械化事业做过很大贡献,2004年成为第一位获得中国"绿卡"的外国人,2010年病逝于北京。

S. M. 乌拉姆，1938年。赞格蒙·门克斯的素描作品

与数学家同仁斯塔尼斯拉夫·马祖尔（左），利沃夫，约1933年

斯特凡·巴拿赫,波兰,约1945年

1930年在利沃夫举办的波兰数学学者大会，数字标出的人员依次为：(1)莱昂·赫维斯泰克，(2)斯特凡·巴拿赫，(3)斯塔尼斯拉夫·洛里亚，(4)卡齐米日·库拉托夫斯基，(5)斯特凡·卡茨马尔兹，(6)尤利乌什·绍德尔，(7)马尔切利·斯塔克，(8)卡罗尔·博苏克，(9)爱德华·马尔切夫斯基，(10)S. M. 乌拉姆，(11)A. 扎瓦兹基，(12)爱德华·奥托，(13)W. 索恩，(14)M.普哈利克，(15)K. 什普纳尔

斯坦和弟弟亚当 1939 年登船赴美国之前,乌拉姆一家在格丁尼亚的码头。
从左至右:约瑟夫(父亲)、亚当、希蒙(叔叔)、斯坦

约翰·冯·诺伊曼,普林斯顿,1932年

哈佛学者学会的成员们，剑桥，1938年。第一排（坐姿）左起：乔治·霍曼斯、吉姆·菲斯克、保罗·萨缪尔森、约翰·斯奈德、詹姆斯·米勒、伊万·格廷、威拉德·奎因、罗伯特·伍德沃德、乔治·哈斯。第二排左起：詹姆斯·贝克、肯尼思·默多克、保罗·沃德、乔治·哈斯金斯、L. J. 亨德森、约翰·费里、乔治·汉夫曼、查尔斯·柯蒂斯、阿尔弗雷德·诺思·怀特海、约翰·利文斯顿·洛斯、塔尔博特·沃特曼、汤姆·钱伯斯、塞缪尔·埃里奥特·莫里森、约翰·米勒、康拉德·阿伦斯伯格、戴维·格里格斯、威廉·怀特。第三排左起：F. 爱德华·克兰茨、里德·罗林斯、哈里·莱文、弗雷德里克·沃特金斯、约翰·奥凯斯屠拜、E. 布赖特·威尔逊、理查德·霍华德、艾伯特·洛德、加勒特·伯克霍夫、克雷格·拉德里埃、斯坦·乌拉姆、奥维尔·贝利（哈佛大学供图）

乌拉姆和C.J.埃弗里特在威斯康星大学的北大楼前,麦迪逊,1941年

战时洛斯阿拉莫斯的入口（洛斯阿拉莫斯科学实验室供图）

1940年代的恩利克·费米（哈罗德·阿格纽供图）

在富勒小屋的一场会议中，三位诺贝尔获奖者欧内斯特·O. 劳伦斯、费米和 I. I. 拉比在一起，洛斯阿拉莫斯，1940年底

富勒小屋中的午餐，从最右边沿顺时针方向依次为：理查德·费曼、卡森·马克、杰克·克拉克、费米

在一次野餐活动中,冯·诺伊曼、费曼和乌拉姆在菜豆峡谷中班德利尔小屋的门廊里,新墨西哥州,约1949年(尼古拉斯·梅特罗波利斯供图)

一场网球赛,洛斯阿拉莫斯,1958年。左起:詹姆斯·塔克、乌拉姆、康拉德·朗迈尔、唐纳德·多德尔(洛斯阿拉莫斯科学实验室供图)

一岁的克莱尔·乌拉姆和父亲
在一起,1945年

乌拉姆站在他1947年花一百五十美元在圣达菲买下的一块土地上

冯·诺伊曼一家在一次远足中开始走下科罗拉多大峡谷,1940年代末。从前面数第四位为戴着遮阳帽的克拉里;光着头、身着城市套装的约翰尼处在最后一位,他骑着唯一一头面朝错误方向的骡子

冯·诺伊曼和他十一岁的女儿玛丽娜在商业区,圣达菲,约1949年

约翰尼、克莱尔和斯坦在乌拉姆家的院子里,洛斯阿拉莫斯,约1954年

乔治·伽莫夫描绘"超弹"指导委员会成员的漫画。下方左起:乌拉姆、爱德华·泰勒、伽莫夫。约瑟夫·斯大林和J. 罗伯特·奥本海默则在上方观察事态(维京出版社供图)

乌拉姆在实验室开放日为克莱尔"演示"MANIAC机，1955年（洛斯阿拉莫斯科学实验室供图）

乌拉姆在为西奥多·冯·卡门调整麦克风颈绳时被技术问题所困扰（洛斯阿拉莫斯科学实验室的麦克斯·斯普林供图）

总统访问期间抓拍的一张照片，洛斯阿拉莫斯，1962年。左起：副总统林登·B.约翰逊、总统约翰·肯尼迪、参议员克林顿·P.安德森、数学家乌拉姆、众议员约瑟夫·M.蒙托亚、科学顾问杰里·韦斯纳（洛斯阿拉莫斯科学实验室供图）

乌拉姆和《生活》杂志的摄影师阿尔弗雷德·艾森施塔特在洛斯阿拉莫斯的图书馆附近,1962年(洛斯阿拉莫斯科学实验室的威廉·H.里根供图)

斯坦和弗朗索瓦丝·乌拉姆在家中,洛斯阿拉莫斯,1964年(劳埃德·希勒供图)

尔金，一位我很熟识的数学家。几年前我在芝加哥大学遇见了他，之后又见过很多次面。卡尔金曾是约翰尼的助手，并和他一起去伦敦讨论空中投弹模式与方法中的概率问题。就在几周前，他加入了"曼哈顿工程"。他是个高个子、外表帅气的男子，比多数数学家更会为人处世。听说我要来，他从军队的车辆调配场借了一辆汽车，开车到火车站来接我们。

阳光很明媚，空气清爽而令人陶醉，虽然地上有很多积雪，但仍然挺暖和，与麦迪逊的严冬形成了可喜的对比。卡尔金开车带我们进入圣达菲，我们在拉方达酒店停下来，坐在酒吧间低矮的西班牙式桌子边吃午饭。吃完一顿有趣的新墨西哥州风味的午餐后，我们走到了中央广场附近一条小街上一栋一层建筑的门口。在一套简朴的房间里，一位笑容可掬的中年妇女请我填写了一些表格，然后在一台老式台式机器上转动曲柄，制作出了我们进入"洛斯阿拉莫斯工程"的通行文件。这间不起眼的小办公室就是通向庞大的洛斯阿拉莫斯复合体的入口。此情此景很像英国那种"斗篷与匕首"式的涉及秘密行动的悬疑故事，勾起了我小时候为这类故事着迷的回忆。

开展工程的地点在圣达菲西北大约四十英里处。旅途有些让人提心吊胆，杰克特意想让我们领略一下乡村景色，于是带我们抄了一条近路，这是一条泥泞的小道，周围稀稀拉拉地分布着一些墨西哥人和印第安人的村落，走完这条路，我们通过了格兰德河上一座狭窄的木桥。

周围的环境富有浪漫色彩。我们向上走啊走，进入了一片由平顶山、峭壁、矮松和灌木丛组成的奇特而神秘的景观。随着海拔的升高，眼前出现了一片松树林。在铁丝网围住的一道军队大门前，我们出示了通行文件，而后车开进了一片坐落在泥泞而未铺砌的狭窄街道边的杂乱的一层或二层木质建筑之中。

我们分到的是池塘边的一间小木屋（他们承诺等更大的宿舍盖好后就给我们更换）。之后我就跟着杰克初次参观了技术区域。

我们进了一间办公室，在那里我惊讶地发现约翰尼正在全心地和一个中等身材、浓眉、表情严肃的人谈话。他在一张黑板前面踱来踱去，稍微有点儿跛脚。这人就是爱德华·泰勒，约翰尼把我介绍给他。

他们交谈的内容我只能懂个大概。黑板上有一些极长的公式，把我给吓住了。看到这些复杂的分析，我目瞪口呆，担心自己永远无法为之做出任何贡献。但日复一日，那些方程式一直留在上面，而不像我预料的那样几个小时就会变化一次，这让我重拾了信心，有了能为这些理论工作添砖加瓦的希望。

我能听懂他们对话的一些片段，一个小时后，约翰尼把我拉到一边，正式而清楚地向我解释了这项工程的本质与现阶段的状况。洛斯阿拉莫斯的工作是两三个月前才认真开展起来的。冯·诺伊曼似乎非常确信工程的重要性，而且流露出了对这项事业最终能获得成功的信心，它的目标是制造出一颗原子弹。他给我讲了考虑过的关于提炼可裂变材料的问题，关于钚的问题（虽然当时洛斯阿拉莫斯还连一丁点儿真实存在的钚都没有）的各种可能性。我非常清楚地记得，几个月之后我看见罗伯特·奥本海默兴奋地从一条走廊上冲下来，手里拿着一个小瓶子，维克托·魏斯科普夫紧跟在他后面。他把瓶子底部几滴神秘的物质展示给大家看。一扇扇房门打开了，人们聚拢过来，进而窃窃私语，大家兴奋异常。这是实验室第一次拿到了钚。

不用说，我很快就遇到了大部分先于我从麦迪逊神秘消失的威斯康星的熟人。我第一天就碰见了汉斯·贝特，我对他的了解要比对泰勒的多些。我逐渐认识了整个理论和实验物理学家团队。我之前已经认识了许多欧洲和美国的数学家,但还不认识那么多物理学家。

尽管我曾跟约翰尼开玩笑说我连厕所冲洗装置的工作原理都不懂,但我其实还是具备一些理论物理知识的。天文学当然是我最感兴趣的,其次是物理和数学。我在哈佛甚至还教授过经典力学课程。但抽象地了解物理是一回事,实际面对与实验数据直接相关的问题,比如来自洛斯阿拉莫斯的非常新的技术,又完全是另一回事。

我发现最需要具备的能力是以一种视觉的,甚至近似触觉的方式,对物理情景加以想象,而不仅仅是给出问题的逻辑图景。

对物理问题的感觉与纯理论的数学思维是相当不同的。能让人对物理现象的行为进行猜测或估计的那种想象力是很难描述的。在这方面具备较强能力的数学家为数很少。比如,约翰尼在猜测在特定的物理情境中会发生什么这方面,就不具备任何程度的直觉性常识或"第六感",他也不喜欢这样做。他的记忆主要是听觉的而非视觉的。

另一个看起来必要的能力就是对十多个物理常数的了解,不仅仅是对它们的数值的了解,而且是对它们的相对数量级和相互关系的切实感受,即可以称为本能的"估计"能力。

我当然知道一些物理常数的值,比如光速,还有其他三四个,像普朗克常数 h、气体常数 R 等。我很快就发现,只要对其他十来个与辐射及原子核有关的常数有所领会,就能够大体明白地对亚原子世界做出想象,能够在计算更为精确的关系之前,对图景有尺度上和性质上的把握。

在洛斯阿拉莫斯,大部分的物理工作可以概括为研究粒子之间的相互作用、相互碰撞、散射,以及间或生成新粒子的情形。十分奇怪的是,实际的工作问题并不涉及多少量子理论的数学机制,尽管它应该是相关现象的基础。涉及更多的是更传统的动力学:运动学、统计力学、大尺度运动问题、流体力学、放射现象等等。实际上，与量子理论相比，工程涉及的理论更像是应用数学而非抽象数学。一个善于解微分方程或者使用渐近级数的人，不一定非要懂得函数空间语言的基础理论。当然，更基本的理解还是需要的。同样，在许多情形下，量子理论在解释数据还有解释截面值时是需要的。但是，一旦相继理解了中子与其他核子反应时所发生的事情的概念与事实，量子理论就不是决定性的了。

我应该要去泰勒的小组工作，他在第一天就跟我谈了一个数学物理问题，它是为发展一种"超弹"的概念做准备的必要理论工作的一部分，这种炸弹后来被称为热核氢弹。当然，能释放巨大能量的热核反应的思想出现得更早。物理学家杰弗里·S.阿特金森和弗里茨·斯特豪斯在他们1930年代发表的一些理论论文中，就讨论过热核反应在恒星内部的反应中所扮演的角色。我认为，通过铀裂变的爆炸来触发热核反应的思想要归功于泰勒、贝特和科诺平斯基，也许还有其他一些人。

泰勒的问题涉及电子气与辐射的相互作用，与洛斯阿拉莫斯的工作针对的主要问题——核裂变炸弹的组装相比，它与热核反应的可能性关系更为密切。他猜想出一个能量转换的公式，与所谓的康普顿效应中的能量转换率有关。这个公式相当简单，仅仅基于维度的基础和他个人的直觉；他请我尝试更严格地把它推导出来。他给我的公式，前面没有任何数值因子。这让我感到惊讶。一两天后，我明确地问了他这一点，他说："哦，因子应该是1。"

这是我人生中应对的第一个理论物理领域的技术问题，而我是从一个十分基础的视角来处理它的。我读了一些统计力学还有辐射场性质方面的论文，开始使用相当朴素和常识性的运动学场景来描绘。

我尝试了一些算法,并获得了一个与泰勒的十分相似的公式,但前面带有一个大约为4的数值因子作为转化率。这是一项微小而棘手的工作,爱德华对我相当基础的推导并不满意。

在我和泰勒讨论这项工作后不久,一位更专业的年轻数学物理学家小亨利·赫尔维茨加入了泰勒的小组。他在这类问题要用到的特殊函数方面拥有更高的数学技巧和更多经验,他得出了一个比我的更具学术性的公式,涉及贝塞尔函数。那个数值因子的精确值确实与4相差不大。如果我没记错的话,它是一个特定贝塞尔函数的根。

当时的想法是把热核反应物,比如氘,放在裂变炸弹旁边,使之在铀弹爆炸后被点燃。具体如何实现这一点是个大问题,这样的安排是能够真正点燃反应物,还是只能产生失败的溅射,显然并不容易看出来。还有,至少在理论上,存在发生超出目的的爆炸,甚至可能会点燃整个大气层的危险! 著名物理学家格里高利·布赖特就参与了对点燃大气层的可能性的计算。在哪怕只是开始设想在地球上搞热核反应之前,这种可能性显然都必须是零。

我想是贝特和著名理论物理学家埃米尔·科诺平斯基一起,提出用氚代替氘的。在核裂变炸弹所提供的温度之下,氚更容易被点燃。能通过理论工作给出这种工程方面的建议,源于他在理论核物理方面非凡的知识。

贝特是所谓理论部门的头儿。实际上,他自己还有罗伯特·F. 巴彻发表在《现代物理评论》上的那些论文在洛斯阿拉莫斯的科学家中间被奉为"圣经",因为它们包含了大部分当时已知的理论思想和实验数据。贝特如今已经因为他先前在太阳及其他恒星能量产生机制(所谓的"碳循环")方面的发现,成了诺贝尔奖获得者。他是数学物理技巧方面的大师。就像费曼曾经说过的那样,在洛斯阿拉莫斯,他凭借自己严谨而最具权威性的工作，就像一艘战列舰一样平稳前进，而实验室中更年轻的理论工作者们，则如同围绕着战列舰的一群小型舰只。他是我一开始只是尊敬而随着时间的推移逐渐对其产生了喜爱和钦佩之情的人之一。

我第一次见到泰勒的时候，他显得挺年轻，总是很专注，雄心外露，满怀要在物理学上有所成就的激情。他是个热情的人，很明显渴望与其他物理学家建立友谊。他的头脑富有批判性，他还表现出敏捷、理智、坚毅的品质。不过我认为，他在理论物理学更为基础的层面上，没有表现出那种真正能化繁为简的感觉。夸张一点儿说，他的才能更多地是在工程、构建以及考察现有的方法方面。但毫无疑问，他也有着出色的独创性。

泰勒以他在分子方面的工作而闻名，但他或许只把这视为次要的研究领域。我认为，正是由于伽莫夫在没有任何技术武器的情况下轻松地提出了新的想法，才促使泰勒试图仿效他，试图做更基础的工作。

在就氢弹工作的组织特点方面与泰勒产生个人矛盾后，伽莫夫告诉我，在他看来，战前的泰勒是一个不一样的人，乐于助人，愿意并且能够按照别人的想法开展工作，而不是坚持一切都必须是他自己的。伽莫夫说，在加入"洛斯阿拉莫斯工程"后，泰勒身上发生了某种变化。

当然，许多物理学家属于近乎天生的象牙塔类型，在忽然意识到自己的工作不仅具有重要的现实意义，而且具有世界历史性意义时，他们的想法就会发生改变，更不用说他们看到了那虽然琐碎但显而易见的事实，就是他们能够得到超过他们以往任何经验的巨额资金和物理设施。这可能对一些人的性格变化起了一定作用。对于负责人奥本海默来说，这可能影响了他后来的活动、事业、思想，促使他化身为一位普世智者。像泰勒一样,奥本海默在把自己与伟大的新物理理论的缔造者们相比较时,可能感到缺乏足够的自信。在才智和机敏方面,他与泰勒相比毫不逊色,甚至更胜一筹,但在独创性方面他或许缺乏决定性的创造火花。以他杰出的智慧,他自己应该已经意识到这一点。在理解速度和批判力方面,他可能要超过贝特和费米。

泰勒想在洛斯阿拉莫斯许多基本的工作中留下他自己的印记,这首先是通过他在裂变炸弹方面使用自己主张的方法来实现的。他力主要搞温和一些的爆炸、对材料进行稀释等等。尽管科诺平斯基和其他人的计算表明,其中一些方案的前景不容乐观,但他想方设法让自己的方案被采纳。这样他和理论部门的领导贝特之间的合作就变得越来越困难了。

泰勒和贝特之间的分歧日趋频繁和尖锐,泰勒威胁说要离开。奥本海默不愿意失去这样一位才华横溢的科学家,于是同意让他和他的团队独立于工程的主线,在一个更面向未来的领域开展工作。这就是泰勒开始集中精力组织开展"超弹"理论工作的缘起。科诺平斯基、魏斯科普夫、塞尔贝、理查德·费曼、威廉·拉里塔和其他许多人都为之做出过特殊贡献,但的确是泰勒在战争期间把团队凝聚在一起并向前推进的。

费米到来之后,泰勒的小组成了费米部门的一部分。费米对热核反应和氢弹可行性方面的理论工作非常感兴趣。在战争结束时,他做了一系列讲座,很好地总结了到那时为止的工作,那大部分要归功于泰勒和他的团队所做的研究。

但即便如此,在原子弹获得成功之前,泰勒的一些行为也为后来所谓的氢弹论战中许多的不愉快和时间的浪费埋下了伏笔。

泰勒的团队由一批很有意思的年轻物理学家组成,一些人甚至比泰勒、科诺平斯基还有我更年轻。其中包括尼克·梅特罗波利斯，一个性格很好的希腊裔美国人；哈罗德和玛丽·阿尔戈，一对热切而有天赋的夫妻；简·罗伊贝格，一位让人感觉很有能力的年轻女性；还有几个我现在已经记不起来名字的人。

当然，我们与那些和关乎"超弹"的可行性问题沾边的其他物理学家群体联系也十分紧密。我们和他们之间的讨论是频繁而愉快的，涉及很多不同的物理学分支。人们可以听到赞成和反对内爆这一观点的不同声音。这是一个新的观点，在很多办公室中都被热烈地讨论着。这些讨论是完全公开的。对任何一位科学家都没有隐瞒什么。

更为正式地向人们通报进展的方式是每周的例会，例会在一座大机库里召开，那里还作为电影院使用。会上的讨论涵盖了整个实验室的工作进程，以及工程遇到的具体问题。会议由奥本海默亲自主持。

至于我自己，在就爱德华的问题做完我到这里来的第一项工作之后，我把兴趣点扩展到了其他相关的问题上，其中之一是中子倍增的统计问题。从纯数学的角度看，我觉得这个问题比较容易琢磨。我就这类分支和倍增模式的问题与戴维·霍金斯做了讨论。我们撰写了一篇关于倍增分支过程的报告，它有一些实际应用，并与最初通过几个中子引爆炸弹的过程有关。斯坦·弗兰克尔和费曼也以更偏技术性和更古典的方式对这个问题进行了研究。我们的论文可以视作如今数学中大家所了解的分支过程理论的开端，它作为概率论的一个子领域而存在。

我还与冯·诺伊曼、卡尔金就流体力学问题，特别是有关内爆过程的问题进行了许多讨论。令我有些惊讶的是，我发现作为一位数学家，我的纯抽象思维习惯在处理这些更实际、更专门、更具体的问题时立即就派上了用场。我从来也没有感到在纯数学的思维模式与物理的思维模式之间有什么"鸿沟",而许多数学家却对此大力强调。任何可以进行智力分析的东西都是合我意的。我指的不是严密的思考与更模糊的"想象"之间的区别,即便对于数学本身,一切也并不是严密的问题,而是一开始涉及理性的直觉、想象,还有反复的猜测的问题。毕竟,大多数思维过程都是一系列三段论的综合或并置,也许是在持续不断的"向前"运动中,对可以称为"旁支"的东西进行搜索。有时要按不一定在一开始就显示出来的路线前进,我把这称为"派出探索性的巡逻队",并需要尝试各种可供替代的路线。这是一件多姿多彩的事情,不太容易用一种读者能够欣赏的方式来描述。但我希望这种我个人对科学思维的分析,能够成为本书可能比较有趣的地方之一。

我记得1944年初,我和冯·诺伊曼做过一次长达数小时的讨论,涉及计算内爆过程的一些方法,这些方法比他和他的合作者们最初进行的那些尝试要更为现实。流体力学的问题表述起来很容易,但计算起来则非常困难,不仅是在细节上,哪怕是在数量级上也是如此。

特别是,这些问题涉及与压缩和压力等相关的某些数值。我们必须知道这些数值,其误差,比如说应该小于10%甚至更精确,但之前的计算草案中所做的简化,其性质使得连比这大两三倍的误差范围都不能保证。由冯·诺伊曼和其他物理学家提出,并在卡尔金的帮助下尝试实行的所有那些巧妙的捷径和理论上的简化,对我来说都是不适用的。在这次讨论中,我强调了纯粹的实用主义,以及试图通过简单的蛮力手段,也就是更现实的大量数值计算来对总体问题进行启发式的全面考察的必要性。在1944年那个时候,已有的计算设备还不能够满足所需的数值计算的精度。这是推动电子计算机发展的最重要原因之一。

那些日子里，洛斯阿拉莫斯生活中最具吸引力的地方之一，就是在富勒小屋和朋友们共进午餐。在那里，我惊奇地见到并逐渐认识了很多我曾经听说过的著名人物。

洛斯阿拉莫斯是一个富有青春气息的地方，我那时三十四岁，已经属于比较年长的人之一了。最令我印象深刻的是那些年轻人非常出色的工作能力，以及他们五花八门的专业领域。这很像在品阅一部百科全书，是我非常喜欢做的事情。我在实验室各处与年轻的科学家们交谈时也有同样的感觉。也许这并不是正确的表达方式，但粗略地说，他们在深度上要比在广度上更为成功。而那些更年长的人，其中许多是在欧洲出生的，则具备更广博的常识。科学的分支已经变得如此多而细，专业化程度也日趋加强，既记住全部细节又掌握全景是相当困难的。

年轻的科学家在他们自己的领域内知识丰富，但总体而言，在对自己的领域以外的事情进行推断时则表现得犹豫不决。也许这来源于他们对不能做到"绝对正确"的恐惧。许多人表现出某种反哲学的精神——不是反智，而是反哲学。这也许是因为美国人人生态度中的实用主义天性。

美国人著名的合作天赋和团队精神也让我感触很深，这与我在欧洲大陆所熟悉的情形迥然相异。我记得儒勒·凡尔纳在写关于组织"月球之旅"所需的集体努力时，就对此有所预见。这里的人为共同事业做贡献时，甘心扮演次要的角色，这种团队合作精神必然是19世纪生活的一大特征，正因如此，美国才能成为强大的工业帝国。这种精神在洛斯阿拉莫斯产生了一个好笑的副作用，就是对组织图表的迷恋。在会议上，虽然理论性的交谈也足以使听众感兴趣，但每当一张组织图表出现时，我都能感觉到全体听众因为看到了某种具体而又明确的东西（比如"谁应该对谁负责"）而兴致勃勃。组织方面的能力曾经是，或许现在也仍是美国人的一项杰出才能，尽管我这句话是写在所谓的能源危机爆发之时，但在我看来它更像是一场动力上而不是能源上的危机（是事业心、团结、共同精神、决心和为共同利益合作方面的危机）。

为普通读者描述科学"气氛"中的智识风格和感觉是一件困难的事情，没有专门的词语来表达这方面的印象。"气味"暗含着不那么愉快的意思，"香气"带有人工色彩，"气场"则带有神秘和超自然的意味。那些年轻科学家并没有很强的气场，他们是聪明的年轻人，但并非天才。也许年轻人中只有费曼有某种气场。

费曼比我小六七岁，聪颖、风趣、古怪，富于原创性。记得有一天贝特的笑声使走廊的墙壁都震动起来了，引得我赶忙冲出办公室要看看什么事情如此好笑。往前数第三个房间是贝特的办公室，费曼站在那里，边说话边打手势。他在讲述他如何在征兵体检中没过关的故事，重现着他如今已经很出名的手势：当医生让他伸出手时，他双臂向前伸直，一只手朝上，另一只手朝下。医生说："另一面！"他把两只手都翻了面。这段经历与他体检时发生的其他一些趣事，使得整层楼都爆发出笑声。此事发生在我在洛斯阿拉莫斯初次见到费曼，并对他表达了我对 $E=mc^2$（我从理论上当然相信它，却总好像不能真正地"感知"它）事实上成了一切的基础，并且基于它能产生出炸弹的惊奇后的第一或第二天。整个工程的开展都取决于纸上这寥寥几个小符号！据说爱因斯坦本人在战前得知放射现象证实了质量与能量的等价性时，曾回应说："Ist das wirklich so? Ist das wirklich so?"（真的是这样吗？真的是这样吗？）

我曾对费曼开玩笑说："有一天人们将会发现，一立方厘米的真空真能价值一万美元,因为它等价于那么多的能量。"他马上赞同并补充道:"对,但那当然要是纯净的真空才行!"确实,人们如今了解了真空的极化。两个电子或者质子之间的作用力并非e^2/r^2,而是一个以它为首项的无穷级数。它与自身相作用,就好像两面几乎平行的镜子,可以呈现出反射像的反射像的反射像,直至无穷。

写到这里,我想起有一次和费米一起在芝加哥参观回旋加速器时的感觉。他带着我四处看,又领我穿过一扇重得不可思议的门,他说那扇门"如果放在你身上,能把你压扁成一张纸"。我们行走在磁极中间,我把手伸进口袋,去摸我有时会摆弄的小刀。我一摸到它,它就猛地从我手里跳走了。这是真空的力量! 这使我从物理上意识到了"空"间的客观存在。

费曼对很多与物理无关的纯数学的消遣也很有兴趣。我记得他曾做过一次关于三角形数的有趣谈话,并用他的幽默感取悦了所有人。他既在谈数学,又展示了过度聪明的愚蠢,以及这种奇怪兴趣的不合理性。

有一天他对我朗诵了下面的句子:
"我想知道为什么我想知道,
我想知道为什么我想知道为什么我想知道。
我想知道为什么我想知道为什么我想知道为什么。"等等。

一切都取决于你把语调重音放在哪里,每一种不同的念法表达的意思都不同。他不可思议地用了五六种方式朗诵,每一种重音都不同,可以说是非常幽默的。

实际上,洛斯阿拉莫斯是由一系列两间和四间一套的建筑组成的,事实证明那些临时性的军事建筑足够坚固,在战争结束后又屹立了很多年。奥本海默坚持要沿着土地的轮廓布局,尽可能多地保留树木,而不采用军营和企业小镇那种单调的长方形模式,这是值得永远称赞的。尽管如此,设施还是相当原始的,厨房里安装着烧煤的炉子。人们抱怨居住条件不够好,主妇们更是牢骚满腹。但我觉得洛斯阿拉莫斯总体上还是很舒适的。新墨西哥州的气候,特别是海拔7 200英尺的洛斯阿拉莫斯的气候,是我住过的地方里最宜人的之一。

普拉切克是战后参加工程的一位物理学家,他感觉落基山脉以东的美国在气候上完全不适宜居住,用他的话说就是"unbewohnbar"(无法定居的)。特别是对于那些不习惯潮湿闷热的夏天和寒冷刺骨的冬天的欧洲人来说,的确如此。在剑桥时,我曾对朋友们说,美国就像是童话里的小孩子,在他出生的时候,所有的好仙女都带来了礼物,但只有一位没来成,就是掌管气候的那位。

来到洛斯阿拉莫斯后不久,我就认识了戴维·霍金斯,一位来自伯克利的年轻哲学家。他是奥本海默亲自带来的人之一,他管理实验室的行政事务。我们在思想上一拍即合。

霍金斯高个子、金发碧眼,是新墨西哥州早期定居者的后裔。他的父亲贾奇·霍金斯是世纪之交的著名人物。他是一名律师,也是他所在地区的一名官员,在圣达菲铁路运营中发挥了重要作用。戴维在该州南部名为拉鲁兹的小社区里长大。之所以提到这一点,是因为当原子弹在阿拉莫戈多附近的霍尔纳达德尔穆埃托沙漠中爆炸时,戴维担心令人致盲的闪光、热辐射和冲击波会危及住在拉鲁兹的人们。他姐姐的家就在拉鲁兹,那里离爆炸地点只有三四十英里远。

霍金斯是一个兴趣广泛的人,知识面很广,受过良好教育,很有逻辑头脑。他不是从狭隘的专家角度,而是从更加高屋建瓴的认识论和哲学的视角来看待科学问题。除此以外,他还是我认识的最有天赋的业余数学家。他告诉我,他在斯坦福上过从苏联流亡过来的概率论及数论专家邬斯宾斯基的一些课，但他没有受过广泛的数学训练。他天生在数学方面感觉极佳，还有出色的演算能力。在我在全世界遇到的非专业数学家和物理学家中，他是令我印象最深刻的一位。

我们讨论了中子链式反应中的问题，以及分支过程中的概率问题，在1944年我们也称之为倍增过程。

我对有关中子倍增所产生后代的分支树的纯粹程式化的问题很感兴趣。一个中子可能产生零个中子（因为被吸收而消失），或者一个（它自己继续存在），又或者两个、三个、四个中子（引发了新中子的生成），每一种可能性都有特定的概率。对于上述问题，要关注未来的进程，循着经过许多子代之后的可能性链进行探究。

我和霍金斯很早就找到了一种基本技巧，有助于从数学角度研究这类分支链。事实证明，所谓的特征函数，一种由拉普拉斯发明、在随机变量的正常"加法"中十分有用的工具，正是研究"倍增"过程所需要的东西。后来我们发现，在我们之前，统计学家洛特卡就对这种效应进行过观察。但基于对函数或与函数类似的算子（对应更一般的过程）的迭代运算的、针对这类过程的真正理论，是由我们在洛斯阿拉莫斯开创的，发端是一篇简短的报告。战后的1947年，在埃弗里特来洛斯阿拉莫斯与我合作之后，我们对这项工作又做了极大的推广和拓展。再后来，尤金·维格纳提出了优先权方面的问题。他急于表明我们做这项工作，要比著名的数学家安德雷·N. 柯尔莫哥洛夫等俄国人，以及一些捷克人早不少，他们也宣称得出了类似的结果。

我喜欢霍金斯那广泛的好奇心，他同时了解多种科学理论的基础，不光是物理学的基础概念，还有生物学乃至经济学的，这几乎是独一无二的。我很欣赏他在一个领域中有趣而天才的开创性工作，这个领域在经维纳，特别是克劳德·香农形式化之后，就成了人们所知的

"信息论"。戴维还把冯·诺伊曼和莫根施特恩在博弈论方面的数学思想运用到了经济学问题中。

霍金斯后来写了几篇有趣的论文，还有一本关于科学哲学，更准确地说是关于理性思维的哲学的杰作，书名是《自然的语言》。

霍金斯在洛斯阿拉莫斯最初是担任奥本海默的办公室和军方之间的联络员。若干年后，保密令解除，他撰写了两卷关于洛斯阿拉莫斯的组织结构与科学研究史的书，从草创时期一直写到战争结束。那时我并不知道（从和他谈话中看不到明显迹象），1930年代他在西海岸参加了同情共产主义者的团体。这在麦卡锡时代以及之前曾给他造成很大麻烦，包括要出席听证会。他后来被证明是无罪的，才得以解脱。

他的妻子弗朗西丝是一个特别有意思的人，她和弗朗索瓦丝成了好朋友，过从甚密。我在加利福尼亚生病期间，霍金斯夫妇为照顾我们的女儿克莱尔帮了大忙，她当时才八个月大。

战争结束后，霍金斯离开了洛斯阿拉莫斯，去科罗拉多大学博尔德分校担任哲学教授，直至今日。

洛斯阿拉莫斯的社交群体与我曾经生活或工作过的任何地方都截然不同。即使在人口密集、数学家和大学教员们平日常常接触、一起在餐馆和咖啡馆共度很长时间的利沃夫，人们之间的关系也没有在洛斯阿拉莫斯这样紧密。该镇既小又与世隔绝，而且所有建筑物都很接近，所以情况才更为突出。在工作之余，人们总是不断地相互拜访。对我来说新奇的是，这些人并非数学家（除了冯·诺伊曼与两三个年轻一些的人之外），而是物理学家、化学家，还有工程师，这些人在心理上和我那些更加内向的数学同仁是很不同的。观察物理学家多样而丰富的个性是一件饶有趣味的事情。总的来说，理论工作者和实验工作者在气质上是不同的。

据说午餐时间在富勒小屋里，可以看到多达八到十位诺贝尔奖获得者在同时就餐（拉比、劳伦斯、费米、布洛赫、玻尔、查德威克等等）。他们兴趣广泛，因为物理学比数学具有更确定、更明显的中心问题，这些问题分布在很多几乎是各自独立的思想领域里。他们不仅考虑主要问题，即制造原子弹，以及可能与同爆炸相伴随的现象相关的物理问题——这是工程严格规定的工作，还思考物理学的本质、物理学的未来、核试验给未来技术带来的巨大影响，以及技术反过来对未来理论发展的影响等更为广泛的问题。除此以外，我还记得很多饭后关于科学哲学的讨论，当然还有关于世界局势的讨论，包括从前线每日的进展到未来几个月获胜的可能性。

如此众多的有趣人物，又持续地待在一起，由此产生的思维品质是无与伦比的。在整个科学史上，甚至连稍微能媲美这样大规模群聚的情形都从未出现过。与此同时期在马萨诸塞州的剑桥进行的雷达工程，具有某些和这里一样的特征，但并不具备相同的人员密度。那个工程更偏向技术，并没有触及像这里这么多的物理学基本问题。

在这了不起的聚会中，最闪耀的人物有哪些呢？有冯·诺伊曼、费米、贝特、玻尔、费曼、泰勒、奥本海默、O. R. 弗里施、魏斯科普夫、塞格雷，还有另外一些人。我已经试着勾勒出其中一些人的性格特点，下面再描绘几位。

我第一次见到费米，是在他比我们晚几个月来到洛斯阿拉莫斯的时候，那时芝加哥的反应堆已经成功建成了。还记得在他到来之前，我和六七个人一起坐在富勒小屋里吃午饭，其中包括冯·诺伊曼和泰勒。泰勒说："现在已经很确定，费米将于下周到达。"我早些时候已经听说费米被人们称为"教皇"，因为他的言论总是正确无误。于是我马上吟诵道："Annuncio vobis gaudium maximum, papam habemus."①这是在白烟从梵蒂冈的烟囱中飘出后，红衣主教们在俯视圣彼得广场的阳台上宣布教皇选举结果时的经典措辞。约翰尼听懂了我的话，向大家解释了这句话的出处，我的这一影射赢得了全桌的掌声。

费米是个矮个子，但身体很结实，四肢强壮有力，行动十分迅速。他的目光时常跳跃，但他思考问题时，目光就会反射性地固定下来。他常常用手指紧张地摆弄一支铅笔或者一把计算尺。他通常都表现得十分幽默，嘴边几乎总是挂着微笑。

他会用一种询问的神情看着提问者。他会在对话中加进许多问题，而非表达意见。但费米提问的方式能让人清楚地听出他自己是怎样认为或猜测的。他会尝试用苏格拉底式的提问来帮助他人明确思想，比柏拉图式的一连串问题更具体。

使常识得以升华是费米的思维特征。他拥有很强的意志力和控制力，并不固执己见，但能坚持遵循路线，始终非常仔细地考察所有可能的结果。当机会通过科学工作中随机的观察偶然出现时，他决不会放过它们。

有一次，当我们谈论另一位物理学家时，费米将其形容为"过于系统性地固执"。但他还曾告诉我他喜欢有条不紊地、系统性地工作，使一切都在掌控之中。与此同时，他从年轻时起就决定每天拿出至少一个小时来进行天马行空式的思考。我喜欢这种悖论，以系统性的方式来进行非系统性的思考。费米有一整套关于重要定律或效应的思维图景。他还具备超强的数学技巧，但只在必要时使用。事实上，那不仅仅是技巧，而是一种把问题分割开来，对各部分逐个击破的方法。

① 拉丁语，大意为"告诉你一件最值得高兴的事：我们有了一位父亲。"

由于我们在内省方面知识有限，现在还无法把它解释清楚。它仍然是某种"艺术"而非一种"科学"。我要说，费米是绝对理性的。让我解释一下我的意思：狭义相对论是奇异的、非理性的，看上去与以前所掌握的背景知识相悖。不存在通过与先前的思想进行类比将其发展起来的简单途径。费米可能不会尝试去发起这样一场革命。

我认为他对重要的事情有着极强的感知力。他对那些所谓的较小的问题并不轻视，与此同时，他牢记着物理学里事物的重要性次序。这种品质在物理学中比在数学中更为重要，后者与"现实"的联系并不那么紧密。足够奇怪的是，他起初是一位数学家。他早期的一些论文致力于研究遍历性运动问题，取得了一些简洁的结果。只要他愿意，他足以胜任任何数学工作。令我惊讶的是，有一次我们一起散步时，他谈到了一个从统计力学中引出的数学问题，而那个问题我和约翰·奥凯斯屠拜在1941年已经解决了。

费米的意志力是显而易见的，甚至高到在冲动时也能控制手势的程度。在我看来，他刻意避免了易冲动的拉丁式举止，也许还在有意识地控制手势和避免惊呼。但恩利克会很欣然地露出笑容。

在所有活动中，无论是科学活动还是其他活动，他对常识性的观点都混杂着半具逻辑性的异想天开的幽默感。比如，当我们打网球时，如果他以局比分4比6输了，他会说："这不算数，因为比分相差不到总局数的平方根。"（这是统计学中纯粹随机波动的一种度量方法。）

他喜欢谈论政治，还喜欢预测未来，但并不是十分认真的。他会让一组人写下他们认为将会发生的事情，然后放进一个信封里密封起来，过几个月之后再打开。总的来说，他对长期的政治前景持悲观态度，断定人类仍然是愚蠢的，总有一天会毁灭自己。

他也很爱嘲弄人。我记得他在用下面的话语奚落泰勒时那种意大利式的音调变化："爱德华啊匈牙利人怎么啊什么都没有啊发明出来呢？"塞格雷非常喜欢周末去洛斯阿拉莫斯山中的小溪钓鱼，有一次他给我们解释钓鱼这门艺术的精妙之处，说鳟鱼是不容易钓到的。并不钓鱼的恩利克微笑着说："啊，我懂了，埃米利奥，这是一场智慧的较量。"

在与朋友们谈论他人的个性时，他尝试尽量做到完全超然和客观，不让自己个人或主观的意见和感觉流露出来。对于自己，他有着极大的自信。他知道在无与伦比的常识、丰富的数学技巧和物理学知识之外，他还拥有良好的感觉和运气。

恩利克喜欢散步，有好些次我们从洛斯阿拉莫斯沿着峡谷的崖壁一路下行，再沿着溪流走到班德利尔国家保护地。这段路要走七八英里，要至少三十次穿过溪流。步行持续好几个小时，其间我们会谈论很多话题。

在此我要提到自己的一个怪癖：我不喜欢走上坡路。我也不知道这究竟是因为什么。一些人告诉我，我往往由于急躁而走得太快，因此气喘吁吁。我并不介意走平路，而且实际上很享受走下坡路。多年前我买过一本名叫《阿尔卑斯山的一百条下坡路》的德文旅行指南。这真是个诙谐的书名。

战后，在菜豆峡谷中进行一次那样的下山远足时，我告诉费米，在我上高中的最后一年，我读了一些关于海森堡、薛定谔和德布罗意的新量子理论的流行报道。我了解到薛定谔方程的解给出的氢原子的能级，能够精确到小数点后第六位。我想知道这样一个人为创造的抽象方程，是怎么能精确到百万分之一这个量级的。在我看来，它就像一个凭空冒出来的偏微分方程，尽管从形式上看是通过类比推导出来的。当我对费米说起这些时，他马上回答道："它［薛定谔方程］没必要做得那么精确，你知道的，斯坦。"

他接着说道，他想秋天在芝加哥大学他的课上给出量子理论真正逻辑化的介绍和推导。他显然为此下了功夫，但在第二年夏天回到洛斯阿拉莫斯时，他对我说："不，我没能成功地对量子理论给出令我满意的真正理性的介绍。"这并不像某些纯粹主义者天真地认为的那样，仅仅是一些公理的问题。问题在于，为什么是这些而不是其他公理？任何一个可行的算法都能被公理化。如何从历史和概念的角度引入、证明、联系或简化这些公理，以及如何将其建立在实验的基础上，这才是问题所在。

冯·诺伊曼和费米个性截然不同。约翰尼的兴趣也许比恩利克广泛。毫无疑问，约翰尼更具体地表达了对其他领域的兴趣，比如古代历史。费米并未对人文科学表现出过任何强烈的兴趣或喜好。我从不记得他谈论过音乐、绘画或者文学。他会谈论时事和政治，但历史是没有谈过的。冯·诺伊曼则对两方面都感兴趣。费米并不很喜欢引用名言或典故，无论是拉丁语还是其他语言的，尽管他偶尔也喜欢警句式的表达方法。他身上没有明显的德国文理学校或法国公立高中那种教育的影子，也未显示出由此养成的心理习惯。他最为显著的特点是他那拉丁式的清晰明了。冯·诺伊曼并不会刻意地坚持让事情简单化，相反，他喜欢偶尔表现出巧妙的复杂性。

在给学生讲课时，或者在学术集会上讲演时，他们表现出了不同的风格。约翰尼并不介意炫耀自己的才智和特有的创造力；而费米则相反，总是力争把简洁发扬到极致，当他讲话时，一切都以一种最自然、直接、明快、清晰的方式呈现出来。学生回去之后，往往无法再现费米对某些现象简洁得惊人的解释，或者他关于如何用数学方法处理物理学问题的看似简单的想法。与此相反,冯·诺伊曼则表现出德国大学教育的经历对他的影响。他会严格避免夸大其词,但他使用的语言结构可能会比较复杂,虽然其完美的逻辑总会给他的话语以唯一合理的解释。

他们对彼此的评价很高。记得有一次我们讨论费米曾经思考过的一些流体力学问题。冯·诺伊曼展示了一种思路,使用了一种形式化的数学技巧。事后费米以敬佩的口吻对我说:"他真是一位行家,不是吗?"至于冯·诺伊曼,他总是很看重成功的外在证据,他对费米拿到诺贝尔奖钦佩有加。对于一些人凭直觉或看上去纯粹靠运气而得出结果的能力,他也既欣赏又羡慕,尤其是对费米看似轻而易举就取得的基础物理上的发现。毕竟,费米也许是最后一位全能物理学家,因为他懂理论,在许多分支领域都做了原创性的工作,并且知道应该给出怎样的实验建议,甚至会亲自动手做实验。他是最后一位在理论和实验方面都堪称伟大的物理学家。

尼尔斯·玻尔,原子中量子化的电子轨道的发现者,量子理论的伟大先驱,曾经在洛斯阿拉莫斯待过几个月。他年纪并不算太大,但对于三十五岁的我来讲,他仿佛是一位古人,尽管年近六旬的玻尔无论在身体上还是精神上,都仍然富有生气、充满活力。他在洛斯阿拉莫斯的山里散步、滑雪、远足。不知怎么回事,他看上去就像是智慧的化身。(是智慧,而或许不是牛顿或爱因斯坦那种意义上的天才。)他知道不该去尝试什么、不用数学他能做到什么地步,而把要用数学的工作留给别人。这种大智慧正是我喜欢他的地方。

有一次,费米违背了他通常在表达对他人的看法时的谨慎态度,评论说,玻尔有时候讲话时会给人一种天主教神父主持弥撒的感觉。这算是一种"破坏偶像"的评论,因为许多物理学家仍然处于玻尔的魔力之下。

他有自己独特的天赋，这使他成了一位伟大的物理学家，但在我看来，他的一些学生几乎被他"一个人可以这样说，但另一方面一个人可以……"或者"一个人不能太明白地说出这意味着什么"这样的互补哲学蒙蔽了双眼。在我看来，没有他那种出色的感知力和直觉智慧的人们会被引入歧途，丧失他们理智思考或科学探究上的精确性和敏锐性。但他仍然有许多崇拜者，维克托·魏斯科普夫就是其中之一。

在我看来，作为一种哲学准则，互补性在本质上是消极的。它只能起到安慰作用。除去哲学上的安慰外，它是否还能起到积极的作用，这是一个困扰我的问题。

玻尔的讲话很难理解，有关他的逸事非常多。大多数时候不可能从他口中得到确切的话。有一天，有线广播系统中呼叫了年轻的物理学家鲁比·谢尔。在此有必要做一下解释：每天按一定的时间间隔，实验室的大厅里会广播通知和请求。最常的是呼叫 J. J. 古铁雷斯，他是一名总务人员，什么都能干。其他一些呼叫是请求归还这样或那样的器具，甚至是西尔斯罗巴克公司的商品目录①。一天，除了其他通知之外，还有一条请鲁比·谢尔到尼古拉斯·贝克的办公室去的通知。（尼古拉斯·贝克是玻尔出于安全原因而使用的化名，费米的化名是法默。）据鲁比·谢尔自己讲，故事是这样的：他去了玻尔的办公室，看到一些物理学家围坐在一起，显然是在听玻尔做介绍。玻尔停了下来，朝着谢尔的方向嘟哝了几句无法理解的话，然后以非常清晰的几个词作为结束语："猜猜是多少？"谢尔连问题中的一个词都没有听明白，因为尴尬而满脸通红，胆怯地摇了摇头，一言不发。过了片刻，玻

---

① 美国西尔斯罗巴克零售公司提供的商品目录，该公司基于目录的邮购业务在20世纪曾经十分流行。

尔又用清晰的声音说道:"十的四十一次方。"这时,在场的所有人都大笑起来。至今,谢尔还不知道这究竟是怎么回事。

关于玻尔的另一则故事描绘了科学家心不在焉的状态:整个洛斯阿拉莫斯都知道尼古拉斯·贝克就是尼尔斯·玻尔,但无论如何,在公共场合始终不应该提及他的真名。在一场讨论会上,魏斯科普夫提到了"著名的玻尔原理"。"啊,对不起,"他支支吾吾地说,"是尼古拉斯·贝克原理!"他的这一安全疏漏引起了哄堂大笑。

我们当中并非所有人都有过度的安全意识。每一位科学家,无论年长或年轻的,办公室里都有一个保险柜,机密文件都应该放在里面。事实上,该工程拥有的保险柜一定比纽约所有银行拥有的还多。有一次,在玻尔的办公室里,我看见他在费尽心力地尝试打开自己的保险柜。保险柜用三个两位数这种相当简单的密码组合就可以打开。他试了又试,花了好长时间,终于成功了。他把抽屉拉出来,兴奋地大声说道:"我想我今天已经做得够多了。"迪克·费曼能够在其他人忘记密码时帮他们打开保险柜的传闻是真实的。他显然能够通过聆听滚筒转动的咔嗒声做出判断,有时他能猜到所有者选择了哪些数字来组合,比如数学中的 π 和 e、光速 c,或者普朗克常数 h。

大约每周一次,我们一小群人会聚在一起打扑克,这是对日复一日的工作、思想讨论、晚间聚会、社交性质的家庭访问和晚宴派对的一种调剂。参加的人有梅特罗波利斯、戴维斯、卡尔金、弗兰德斯、兰格、朗、科诺平斯基、冯·诺伊曼(当他在镇上的时候),有时候也有基斯佳科夫斯基、泰勒和其他一些人。我们打牌会下小额的赌注。游戏时的无忧无虑,以及夹杂着粗俗惊叹声和粗鲁语言的轻松随意的讨论,使我们从作为洛斯阿拉莫斯存在理由的、严肃而重要的业务中得到一些令人振奋的解脱放松。

在玩这样的游戏时，除非你对游戏本身极其感兴趣，而不是仅仅把它作为一种放松，你是不会打得很好的。冯·诺伊曼、泰勒和我在叫牌或下注时，会思考与之完全无关的事情，这导致我们经常输。梅特罗波利斯曾讲过自己从著名的博弈论专著作者冯·诺伊曼那里赢了10美元是多么了不起的胜利。他用其中5美元买了冯·诺伊曼的书，把另外5美元贴在封面上作为胜利的象征。不是科学家也不是数学家的人很难清楚地体会到，一个人可以一边在头脑中紧张地做着理论工作，一边有板有眼地参与另一项平淡无奇的活动。

"三位一体"核试验[1]、广岛核爆、对日战争胜利日接踵而至。在原子弹爆炸的同时，洛斯阿拉莫斯的故事也引爆了全世界。对这项秘密的战时工程的公开报道在报纸上泛滥，而它的几位负责人则成了公众瞩目的焦点。广岛核爆发生后第二天，在报纸上的众多采访报道中有一篇讲道，E. O. 劳伦斯"谦虚地承认"，用采访者的话说，他"对原子弹比其他任何人负的责任都要多"。而媒体上也充斥着其他人类似的说法。有报道称，奥本海默在看到"三位一体"核试验最初发出的可怕闪光后，引用了印度史诗《薄伽梵歌》中的话来形容自己的感受："我脑中闪过了这样的想法，我成了黑暗的王子，宇宙的毁灭者。"

当我读到报纸上这则报道时，我的脑中的确闪过了一些别的东西，一则战前柏林的"廉价小旅店"里的故事。我马上把它讲给正在我家吃晚饭的约翰尼听：一群柏林寄宿生围着一张桌子吃晚饭，菜肴在人丛中传递，每个人从盘中取自己想要的一份。一个人正要把大盘子里大部分的芦笋盛走，这时另一个人羞怯地站起来，说道："不好意思，哥德堡先生，我们也都很喜欢芦笋啊！""芦笋"一词就成了我们私

---

① 1945年7月16日"曼哈顿工程"成功完成的首次核试验，代号为"三位一体"。

下谈话中的一个暗语，代表那些企图在科学工作或其他方面具有共同或集体性质的成就中占有过多功劳的人。约翰尼非常喜欢这个故事，在我们玩笑性质的谈话中，我们围绕这个主题不断展开。我们计划写一套关于"古往今来的芦笋"的二十卷本的专著。我们要遵循庄重的德国式学术体例，约翰尼负责写"Die Asparagetics im Altertum"（古代的芦笋），而我则承担最后一卷"Rückblick und Ausblick"（回顾与展望）。后来，卡森·马克也在这类玩笑中留下了自己的印记，他按照当时一首流行歌曲的曲调，创作了歌曲《啊，我多爱芦笋》。

但这类轻松的言行很难减弱人们的普遍预感，那就是历史将进入一个被称为"原子时代"的新纪元。战争结束了，美国和整个世界都要进行重组，生活必将发生变化。

第九章

南加利福尼亚
1945—1946

 战争结束了，世界正在从废墟中复苏。许多人离开了洛斯阿拉莫斯，有的像汉斯·贝特那样回到了原先所在的大学，有的则奔赴新的学术岗位，比如魏斯科普夫去了麻省理工学院，泰勒去了芝加哥。政府对战时实验室将何去何从还没有做出任何决定。

 芝加哥大学已经为创建一个新的大型核物理研究中心采取了若干步骤，费米、泰勒和来自"曼哈顿工程"的其他一些人都参与其中。在我看来比其他任何人都出色的冯·诺伊曼认为，由于在赢得战争的过程中科学扮演了重要角色，战后学术界与1939年之前的时期相比，将呈现出翻天覆地的新气象。

 在纯粹的个人层面上，没有任何证据表明我有任何直系亲属幸存下来了（很多年后，我才重新获得了两位表亲的音讯，一位在法国，另一位在以色列）。奥斯威辛集中营也使弗朗索瓦丝失去了母亲。我俩现在都已是美国公民了，合众国成了我们的祖国，我们头脑里从未萌生过返回欧洲的念头。而要从战争工作中回归到什么样的岗位上去这一问题，则一直萦绕在我们的脑海中。

 我与当时的系主任兰格有一些通信往来，谈及返回麦迪逊的事。他非常诚实和坦率，当我问及获得晋升以及得到终身职位的可能性时，他以可敬的直率告诉我："没有理由拐弯抹角，如果你不是外国人，这将会容易得多，你的生涯发展也会快得多。"这样看来，我在威斯康星并没有很好的机会，因此我转向别处。别处的机会是我在麦迪逊结识的一位老朋友唐纳德·海尔斯在一封来信中提供的，他已经是位于洛杉矶的南加利福尼亚大学的一名教授。海尔斯在那里发展得很好，他询问我是否有兴趣加盟该校担任副教授，薪资会比在麦迪逊时略高一些。那所学校很小，在学术方面也并不是很强，而且显然不是一个很有名气的地方，但据海尔斯说，那里的教授们正在非常积极地努力提升学校的学术地位。他邀请我去那边看一看，于是我于1945年8月乘飞机前往洛杉矶。

这是我第一次见到那座城市，它给了我一种很奇特的印象。从气候、建筑和其他角度来看，它都是一个与我已知的地方不一样的世界。我向约翰尼提到了这个工作机会，他虽然为我对这份并不算出彩的工作有兴趣而感到十分惊奇，但并没有做出否定的回应。他倾向于尊重我的意愿。我感到战后继续在洛斯阿拉莫斯耗下去并没有多大意义，于是接受了南加利福尼亚大学的职位。

1945年9月初，我去洛杉矶寻找住处，为从洛斯阿拉莫斯搬过去做准备。在战争刚结束的那段时间，洛杉矶的住房情势非常严峻。我们没有汽车，所以只能在学校附近的区域寻找住处。我常常说，洛杉矶的任意两点之间都需要至少一个小时的车程，真是一个"离散"的拓扑空间。我设法转租到了一座典型的洛杉矶式小屋，租期为一学期。房子位于一条不起眼的街道上，道旁生长着两排细高的棕榈树。这样的条件对我来说还算凑合，但在弗朗索瓦丝看来就相当糟糕了。然而我们找不到更好的住处，只好暂时住下来。我发现在我们次数众多的从一地搬迁到下一地的过程中，我们的物质财产，包括衣物、书、

家具等等，在以一定的方式减少。我常说，它们每次会减少到原来的
$1/e$，与粒子在通过"一个平均自由程"①时的能量损失类似。

那一学年（1945—1946）的第二学期，霍金斯一家的好朋友，哈尔
和哈蒂·冯·布勒东夫妇，邀请我们住到他们位于纽波特海滩对面的
巴尔博亚岛的避暑别墅中去。那地方四面环水，美丽而又舒适，与大
学周边的住处相比，是一种绝妙的改变，但对于我每天上下班来说有
点儿太远了。于是我工作日就住在校园附近的一家旅馆里，周末再去
岛上的住处。弗朗索瓦丝则留在巴尔博亚岛上，与我们尚在襁褓中的
女儿克莱尔在一起，克莱尔是上一年在洛斯阿拉莫斯出生的。

我发现南加利福尼亚大学的学术氛围有些局促，与我在洛斯阿拉
莫斯从事的高强度、高水平的科学活动相比落差较大。不过每个人即
使对"研究"不太感兴趣，也都充满善意。虽然又要不情愿地再次承
担"教学负担"，但任务并不算太重。总而言之，事情看上去还是很有
希望的，但我被一场突如其来的严重疾病击倒了。我参加完芝加哥的
一场数学会议后返回洛杉矶，得了重感冒。那天风雨大作，在下了公
交车走向巴尔博亚岛上的住处途中，狂风险些令我窒息。那天夜里，
我头痛得厉害。我在此前的人生中，还没有经历过任何形式的头痛。
这是一种全新的感觉，是我经受过的最剧烈的疼痛，遍及全身，伴随着
从胸骨向上一直蔓延到下巴的麻木感。我忽然想起了柏拉图对苏格
拉底在监狱中被迫服下毒芹之后的描述：狱卒让他来回走，并告诉他
当从双腿开始的麻木感蔓延到头部时，他就会死掉。

弗朗索瓦丝很难为我找到一位能在半夜到岛上来的医生。好容
易找来的医生又没能查出我有什么毛病，他给我打了一针吗啡，以缓

---

① 指粒子在两次碰撞之间可能经过的平均路程。

解如重刑一般的疼痛。第二天早上，我感觉几乎恢复正常了，但有一种挥之不去的疲倦感，而且无法清楚地表达自己的想法，这种感觉来了又去。不过我还是回到洛杉矶，在大学里讲了课。当晚，剧烈的头痛又发作了。当我想从旅馆的房间里给弗朗索瓦丝打电话时，我发现自己讲话含糊不清，几乎不能说出完整的词。我试图绕开那些无法表达出来的词句，使用同义的表达，但其实基本上只是发出了无意义的喃喃自语，这是一段非常可怕的经历。我语无伦次的电话使弗朗索瓦丝大为震惊（我不知道我是怎么还能记起家里的电话号码的），她给冯·布勒东夫妇打了电话，请他们叫医生来看看我。实际上来了两位医生。他们对我反反复复的症状感到困惑，把我送到了西达斯黎巴嫩医院。我得了一种严重的脑部疾病，它开始进一步发作了，这是我一生中对我折磨最重的经历之一。顺便说一下，对在接受手术之前发生的事，我的很多记忆是模糊的。多亏弗朗索瓦丝后来的讲述，我才能拼凑出完整的情形。

我在几天的时间里接受了多种医学检测，如大脑造影、脊椎穿刺等。做大脑造影时的感觉十分怪异。医生怀疑是肿瘤，可能是良性的，也有可能是恶性的。库欣的神经外科学生雷尼博士被请来了，计划第二天做手术。当然，我当时对以上这些事情毫不知情。我只记得我试图让护士往窗外看，以引开她的注意力，好让我偷看自己的病历表。我看到了一些令人担忧的代表C-3的符号，我怀疑那意味着第三脑回。经历了这一切，我被一种强烈的恐惧感笼罩着，怀疑自己快要死了。我觉得自己活下来的机会不到一半。失语症依旧存在，大部分时候我试图讲话时，发出的只是无意义的噪声。我不知道为什么没人想到确认一下我是不是能用写字代替说话。

弗朗索瓦丝得到了冯·布勒东夫妇的提醒，急忙从巴尔博亚岛坐出租车一路赶来,到达时正好赶上我开始吐胆汁,脸色变绿,逐渐失去知觉。她担心我濒临死亡,慌忙给外科医生打了电话,医生决定立刻做手术。也许正是这个决定救了我的命,紧急手术缓解了我颅内的高压,而那正是一切麻烦的根源。我记得在半昏迷状态下有个理发师(恰巧是个波兰人)给我理了发,他说了几句波兰语,我还试图回答。我还记得在手术准备室里我短暂地恢复过知觉,并好奇自己是不是已经进了停尸房。我还记得曾经听到过钻孔的声音,这感觉被证明是真实的,医生们确实在我颅骨上钻了一个孔,以进行术前最后的X光检查。医生在并不清楚具体要在哪里找什么的情况下,为我实施了颅骨钻孔术。他没有发现肿瘤,但确实发现大脑有严重的炎症。他告诉弗朗索瓦丝,我的脑组织是亮粉色的,而正常情况下应该是灰色的。当时青霉素刚出现不久,他们却大手大脚地用了不少。医生在我的脑袋上留下了一个"窗口",以缓解那引起了令人担忧的症状的颅内高压。

手术后我昏迷了好几天。当我终于醒来时,我不仅感觉好多了,而且有一种欣快感。医生们宣布我得救了,但还是告诉弗朗索瓦丝要注意观察,看我有无任何性格变化或是症状复发的迹象,那可能意味着存在脑损伤或者隐藏的肿块。我接受了更多的检查和化验,病症被暂时诊断为某种病毒性脑炎。虽然我的语言能力完全恢复了,但我对自己的智力状况的忧虑持续了很长时间。

一天早上,外科医生问我13加8等于几。他问我这样一个问题,让我感到很尴尬,于是只是摇了摇头。他接着问我20的平方根是几,我回答说大约是4.4。他没有吭声,我于是反问道:"不对吗?"我记得雷尼博士笑了起来,表现得如释重负,说道:"我并不知道答案。"还有一次,我用手抚摸着我那缠着厚厚纱布的脑袋,医生斥责了我,说那可能会导致刀口被细菌感染。我指给他看我摸的是其他地方。随后,我想起了中子平均自由程的概念，并问医生是否知道细菌的平均自由程是多少。他没有回答，而是给我讲了一个难登大雅之堂的笑话，说一个人蹲在村中的厕所里，而细菌如何从飞溅的水中跃出。护士们似乎挺喜欢我，为我做了各式按摩、推背，还拿来了各色饮食，相比于（出人意料地好的）身体状况，它们对于我的精神状况的提升帮助更大。

许多朋友来探望我。正在卡特琳娜岛度假的杰克·卡尔金到医院来过多次。大学里的同事们也来看过我多次。其中，我记得数学家亚里士多德·迪米特里奥斯·迈克尔。他讲话那样激动，以至于我为了聆听而从床上掉了下来。这把他吓坏了，不过尽管身体的一侧还有轻微的麻木感，我还是自己爬回床上去了。尼克·梅特罗波利斯特意从洛斯阿拉莫斯赶来，他的到来使我倍感愉快。我得知洛斯阿拉莫斯的安保人员担心，我在无意识或半昏迷状态下可能泄露某些原子弹的机密。还有一个问题是，这种疾病（它从未得到完全确定的诊断）是否可能是由原子辐射引起的。但对我来说，这种可能性基本上是不存在的，因为我从未近距离接触过放射性材料，只是用笔和纸工作。大学的行政官员也来看过我。他们似乎关心的是，我痊愈后是否有能力重返教职。人们对我的智力状况非常关注，想知道它是否能够恢复如常。对此我也非常担心，究竟是我的思维能力能完全复原呢，还是说这场病会损害我的智力呢？对于我的职业来说，记忆力能全部复原显然是至关重要的。我十分害怕，但在自我分析中，我发现自己可以想象出更加令人恐慌的状态。逻辑思维过程很容易被恐惧所干扰。在危急状态下打断逻辑思维过程，代之以本能反应，或许是自然的法则。但在我看来，这种蕴藏于神经和肌肉"程序"中的纯粹本能，在现代人要面对的复杂情形面前，已经不再够用了。在多数危险情形下，一定的推理能力仍然是必要的。

我逐渐恢复了力量和机能，在几周后获许出院了。大学准许我休一段时间的假。

我还记得出院时的情景。在为离开做准备时，我自病倒以来第一次穿戴整齐，和弗朗索瓦丝一起站在走廊里，埃尔德什出现在大厅的尽头。他事先没想到能看到我站起来，他大声说："斯坦，我很高兴看到你还活着。我曾想过你可能要死了，而我则要为你写讣告，还要独力把咱们合作的论文写完。"他看到我还活着时的高兴劲儿让我感到荣幸，但我同时也感到很害怕，因为我意识到，我的朋友们已经几乎以为我要死了。

埃尔德什随身带着一只旅行箱，他是在访问了南加利福尼亚之后正准备离开。他并没有什么紧要的事在身，就问我说："你要回家吗？很好，我可以跟你一起去。"于是我们邀请他和我们一起到巴尔博亚岛待上一段时间。他能陪我让我很高兴，但弗朗索瓦丝稍微有些顾虑，怕这会让刚开始康复的我过度疲劳。

一位南加利福尼亚大学数学专业的同事把我们一行送回巴尔博亚岛上冯·布勒东家的房子里。我的身体仍然非常虚弱，头部也还没有痊愈。我戴着保护颅骨的帽子，以便在头发重新长出来之前预防感染。我记得开始几天我绕着街区散步还有些困难，但我的力量逐渐恢复了，很快我就能沿着海滩走上一英里远。

在从医院回家的车上，埃尔德什忽然把我拉进了一场数学对话中。我发表了一些言论，他问了我一些问题，我又表达了一些意见，然后他说道："斯坦，你跟以前完全一样。"这话令人心安，因为我还在检查自己的头脑，看看自己的记忆是否存在缺失的部分。一个人也许能意识到自己忘记了什么东西，这似乎有些自相矛盾。我们刚一到家，埃尔德什就提出要下棋。这使我心里再次涌起复杂的感觉，一方面想要试试看，另一方面又害怕自己万一已经忘记了规则或者走法该怎么办。我们坐下来开始下棋，我在波兰时经常下棋，比埃尔德什练习得更多，于是成功赢了一盘。但随之而来的喜悦之情很快就被一种想法冲淡了，那就是保罗可能是故意让我赢的。他提出再下一盘，尽管我有些累，但还是答应了，并且再次获胜。这时，是埃尔德什说道："到此为止吧，我有点儿累了。"从他的话语中，我意识到他确实是在认真下棋。

在随后的那些日子里，我们进行了越来越多的数学讨论，并且在海滩上走的距离也越来越远。有一次，他停下来抱起一个十分可爱的小孩子，用他那独特的语言说道："看，斯坦，多可爱的一个 ε！"一位漂亮的年轻女子就坐在旁边，她显然是孩子的妈妈，我于是回应道："不过看看那个大写的 E 吧。"这让他尴尬得满脸通红。这段时间，他非常喜欢使用比如下列的表达方式：用乔（斯大林）来代表苏联[1]，用山姆（山姆大叔）来代表美国。以上都是他偶尔会嘲笑的对象。

我的自信心逐渐恢复了。但每当有检验我的思维能力恢复状况的新情况出现时，我都会被怀疑和焦虑困扰。比如，我收到一封数学学会的来信，问我能否在学会的《通报》上为1945年秋天去世的巴拿赫写一篇讣文。这使我再度陷入沉思。让我这样一个刚刚逃离死神魔爪的人为别人的去世写东西，似乎是一件有点儿吓人的事。我周围没有图书馆，只好纯凭记忆写下了文章，并怀着忐忑的心情把它寄了出去，我担心自己写的东西是苍白无力甚至是毫无意义的。编辑们回信说文章将在下一期刊物上发表。再一次，我先是感到满意和宽慰，紧接着疑心又起，因为我知道各种各样的文章都能发表出来，而我对

---

① 斯大林全名为约瑟夫·维萨里奥诺维奇·斯大林，约瑟夫的英文 Joseph 简写就是 Joe（乔）。

其中的许多文章并没有多高的评价。我仍然不确定我的思维过程是否完好无损。

通常，原始的或者"基本"的思维，是对外部刺激的反应或结果。但当一个人开始按次序对思维本身进行思考时，我认为这是大脑在玩一场游戏，某些部分提供刺激，其他部分做出反应，如此这般。实际上这是一场多人游戏，但在意识中，它表现为一种一维的、纯粹的时间序列。一个人只能有意识地觉察到大脑中的某种东西，它对正在进行的过程起着总结或汇总的作用，它可能由同时作用于彼此的许多部分组成。显然，能够口头表达或书写下来的，只有构成思维的一维三段论推理链。庞加莱（后来还有波利亚）曾尝试对思维过程进行分析。当我想起一项数学证明，我似乎只是想起了那些重点，它们是愉快或困难的标记。简单的部分很容易被忽略，因为它们可以很容易地在逻辑上重构出来。另一方面，如果我想要做一些新的或原创性的东西，那就不再是三段论推理链的问题了。当我还是一个孩子的时候，我感到诗歌中韵律的作用，就是迫使人们去发现不明显的东西，因为必须找到能押韵的词。这就强制催生出新奇的联想，几乎确保了人们会脱离常规性的思维链条或路线。有点儿自相矛盾的是，这成了一种自动化的原创机制。我十分确信，这种原创的"习性"也存在于数学研究中，而且我还能指出那些具有这种习性的人。这种创造的过程，显然至今还没有得到充分的理解和描述。人们所认为的灵感或顿悟，其实是大量潜意识的作用，以及在无意识状态下大脑中各通道相互连接的结果。

在我看来，良好的记忆力构成了人们天赋中很大的一部分，至少对于数学家和物理学家是这样的。我们称之为天赋的东西，或者天才本身，在很大程度上取决于正确使用记忆，找出过去、现在和未来之间的类比关系的能力。正如巴拿赫所说，这对于新思想的发展至关重要。

我继续思索记忆的本质，以及它是如何建构和组织的。尽管我们当前对其生理学和解剖学的基础还所知不多，但一个人试图回忆起暂时忘掉的东西的过程，可以给出部分线索。关于记忆的物理机制有几种理论。有些神经学家和生物学家说，它可能是由大脑中能够永久性更新的电流组成的，就像最早的计算机存储器是用水银槽中的声波实现的一样。还有一些人说它存在于RNA分子的化学变化中。但不管机制是怎样的，很重要的一件事是了解我们的记忆是如何存取的。

实验似乎表明，我们所经历或所思考的一切都被存储起来了，从这个意义上来说，记忆是完整的。不过对记忆有意识的存取是部分的，而且因人而异。一些实验已经显示，触碰大脑特定的点位，被试者似乎会回忆起甚至"感受到"过去发生的某个情形，比如参加某场音乐会或切实地听到了某段特定的旋律。

在人有意识乃至无意识的生活和思考中，记忆是如何逐渐构建起来的呢？我的猜测是，我们所经历的一切都被分类并记录在许多位置各异的平行通道上，就像视觉印象是不同的视锥细胞和视杆细胞上许多脉冲的产物一样。所有这些图景与来自其他感官的相关印象被一起传输。每组这样的印象都是独立存储的，可能会存储在许多地方，位于与多种类别相关的名目之下。于是在大脑的视觉中就有了一幅图景，以及相伴随的以分支树形式存储的，关于时间、来源、词语、声音的内容，而分支树还带有一些起连接作用的环。否则，一个人不可能有意识地去尝试回想某个被遗忘的姓名，而且有时还能成功地想起来。在计算机中，表示某个项目在内存中位置的地址一旦丢失，就没办法再得到它了。但我们能够，至少有时候能够成功，这意味着"搜寻队"中至少有一名成员命中了一组印象中某个元素存储的位置。因此，一旦想起了名，通常姓也就能够想起来。

我进一步思考，嗅觉的情况又如何呢？气味是我们感觉到的某种东西，它与任何声音或图像都无关。我们不知道如何去唤起它，它也不包含视觉冲击。这是否与我那同时性存储和连接的猜测相矛盾呢？于是我想起了那则普鲁斯特有关玛德琳蛋糕的气味和味道的著名故事[①]。文学中有很多这样的描述，以前经历和感觉到的气味，让人忽然想起了多年前第一次与某个地方或某个人相联系的遗忘已久的情景。因此，可能恰恰相反，这也能证实我的猜测。

这种类比或联想的感觉，对于将一组印象正确地放置在树的一系列分支的合适端点上来说，是必要的。而也许这正是人与人在记忆方面彼此不同的原因。有些人对这些类比感知、存储得更多，连接得也更好。这种类比在本质上可能是极其抽象的。我能设想，一个具体的图像、一套可视的点和线的序列，能唤起某种抽象的思绪，而这思绪显然是以某种神秘的方式编码的，而且与具体的图像有某种共同之处。所谓的数学天赋，其中一部分可能就有赖于发现这种类比的能力。

据说75%的人视觉记忆占优势，25%的人听觉记忆占优势，而我本人完全是视觉型的。当我思考数学时，我是在符号化的图像中看到抽象的概念。它们是视觉的集合，例如平面上实际点集的示意图。当读到像"无限个球或无限个集合"这样的语句时，我就想象出这样一幅画面，一些几乎真实的物体变得越来越小，最后消失在地平线上。

---

① 法国作家马塞尔·普鲁斯特的意识流文学巨著《追忆似水年华》，其开端就是写作者本人把一块玛德琳蛋糕蘸进茶里，进而启动了记忆的开关。

人类的思维可能不是以词语、三段论或符号的形式来编码事物的，因为大多数人以类似绘画，而不是语言的方式思考。有一种对抽象概念进行速记的方法，它几乎与我们通常通过口语或书面语来交流的方式完全不同。我们可以称之为"视觉算法"。

在大脑内部运作的逻辑过程本身，可能更像一系列符号化图片的运算，类似于中国的文字或玛雅人的事件描述中对事物的抽象化模拟。不同之处在于，逻辑过程中的元素不仅仅是单词，而是像句子或完整的故事，彼此间还有各种联系，构成了某种有其自身规则的元逻辑或者超逻辑。

对我来说，关于记忆中的时间问题与它的物理乃至数学意义之间的联系，一些最有趣的段落，无论是经典的还是相对论的，都不是由物理学家、神经学家或专业心理学家写下的，而是由弗拉基米尔·纳博科夫在他的《阿达》一书中写下的。爱因斯坦在其传记中引用的他本人的一些话，显示了这位伟大的物理学家对生活在时间中意味着什么的好奇心，因为我们能经历的只有现在。但在现实中，我们是由永恒不变的四维的世界线组成的。

康复期间，在我为思维过程思索和忧虑的同时，我的体力逐步恢复。最让我感到欣慰的是，我受到了邀请，请我参加4月下旬将在洛斯阿拉莫斯举办的一次秘密会议。这成为我对自己在精神层面的恢复建立信心的真正标志。他们不能通过电话或信件告知我会议的主题。当时的保密性登峰造极，但我正确地猜到了，会议将会致力于探讨与热核炸弹相关的问题。

会议持续了好几天，我的许多朋友都出席了，有些是直接参与工程，比如弗兰克尔、梅特罗波利斯、泰勒和我自己，其他人则作为顾问，比如冯·诺伊曼。费米没有来。讨论十分活跃，充满着好奇的氛围。

讨论以弗兰克尔的报告为开端,他讲了以在战争期间由泰勒开启的工作为基础的某些计算。这些计算既不够详细也不够完备,还需要计算机来做进一步的工作(不是用MANIAC计算机,而是用在阿伯丁试验场运行的其他机器)。这是第一批要以这种方式来解决的问题。

标志着该工程前景光明的一些特点得到了注意,并在一定程度上得到了证实。但关于进程如何启动,以及启动之后能否成功持续,还存在着很大的问题。

(这一切在日后斯佩里·兰德和霍尼韦尔之间关于计算机专利权的诉讼中具有重大意义。诉讼中是这样声称的:因为当时美国政府使用了计算机,计算机已经进入公共领域,所以后来授予的专利是无效的。我是1971年为此被传去做证的许多证人之一。)

我参加了此次洛斯阿拉莫斯会议的所有场次。每场会议都持续几个小时,从上午开到下午,而我很高兴地发现自己并不感到过度疲惫。

还记得我和约翰尼谈到我的病情。"人们以为我死了,"我说,"而我也觉得自己已经死了,就差一个零测度的集合。"这个纯数学的玩笑逗乐了他,他笑着问道:"什么测度?"

爱德华·泰勒和约翰尼经常凑在一起,而我也会参与他们私下的谈话。

在一次谈话中,他们谈论了对天气施加影响的可能性。他们想的是全球性的变化,而我更倾向于地区性的干预。比如,我记得自己问约翰尼为什么不能通过核爆来使飓风转向、减弱或者消散。我想的不是对称的点式爆炸源,而是线式的多次爆炸。我推断,飓风的威力和巨大能量是在一团空气(天气)之上的,而气团本身在平缓而慢速地移动。我想知道人们能否,哪怕只是稍微地,改变缓慢移动的整体天气的时间和轨迹,以避开人类聚居的区域。当然要完成这样一项艰巨任务还有许多问题,也存在许多反对意见。其中一个必要条件就是详细计算出气团运动的路线,而即使到现在也还无法做出这样的计算。在以后的岁月里,我和约翰尼会不时与流体力学和气象学方面的专家谈及此事。

会议结束了,我返回洛杉矶。飞机刚一降落,两名联邦调查局探员就来到我身边,出示了证件,要求检查我的行李。梅特罗波利斯和弗兰克尔那份绝密报告的一个副本丢失了,他们怕我错拿了它。我们搜索了一番,但它并不在我这里。后来我得知所有参加会议的人员都被排查过了。当局非常紧张,因为这可能导致严重的后果。很长时间之后,这份消失的文件在洛斯阿拉莫斯的一个保险柜里重新出现了,和泰勒的一些论文放在一起。

我能够重返讲台的日子很快就到来了,但我对洛杉矶却产生了强烈的负面感觉。开车行驶在我曾经被救护车载着经过的街道上,我会想起不久前的病痛。我对学校的感觉也受到了这种情绪的感染,这使我不满意。我不耐烦地感到,它从一所光鲜的高中转变成一所真正的高等学府的速度还不够快。我与一位院长在提高学术水准和增加教职工数量方面存在分歧。我得知,他曾开玩笑说,他每次哪怕只是远远地看到我,都几乎要犯心脏病,生怕我又向他提出新的扩张建议!

学校里最棒的地方是汉考克图书馆。它的外观令人印象深刻,它也有一些很好的藏书,但相比之下,外观要比里边的藏书更好。学校刚从波士顿得到了一座古老的市立图书馆,而当我得知其中有哪些藏书后,我认为它如同一堆一百年前的西尔斯罗巴克公司商品目录一样毫无价值。这种讽刺性的评价可能不会给我的声望带来正面的提升。

尽管我在这里有像唐纳德·海尔斯这样的朋友，在数学家、物理学家和化学家中也有一些新相识，但我对学校越来越不抱有幻想。我想离开。在洛杉矶的经历并不令人满意。

　　就在这时，我收到了一封电报，邀请我重返洛斯阿拉莫斯，并且有更好的职位和更高的薪水。它是由鲍勃·里克特迈耶和尼克·梅特罗波利斯签署的。里克特迈耶已经成了那边理论部门的负责人。

　　这份重返洛斯阿拉莫斯与物理学家们一起工作的邀请，连同能再一次生活在新墨西哥州那令人愉快的气候之中的前景，令我如释重负。我马上回复说，我"大体上"(in principle) 感兴趣。但实验室收到我的电报时，却理解成了我"对做负责人"(in principal) 很感兴趣。

第十章

重返洛斯阿拉莫斯

1946—1949

洛斯阿拉莫斯正大体处于它诞生以来的最低谷。但我回来时，发现有许多人决定留下来，而政府希望让实验室继续运转并繁荣发展。实验室将继续研发原子弹。

战后当然存在着可能发生新的战争、研发新一代武器的问题。我赞成继续实施强有力的军备政策，以应对被其他国家超越的风险。约翰尼和其他一些人为苏联获得或发展核弹的能力，以及它对西欧的虎视眈眈而感到忧心忡忡。他那时很有鹰派的味道（当时"鹰派"和"鸽派"这两个词还没有得到使用）。他是沿着竞争、权力斗争、联盟等古老的历史脉络进行思考的，他比我们的一些物理学家朋友更支持"美国治下的世界和平"。他还很早就预见到了，关键的军事问题将从炸弹本身、其大小和形状，转变到它们的发射方式上来，也就是说火箭将成为重点。

我则持中间立场，介于约翰尼和那些希望核武器国际化的物理学家之间。我认为期望狼能和羔羊和平共处是天真的，并感觉关于核武器的有意义的国际协议还需要很多年才会达成。我们也不能寄希望于人的态度或人性本身能立即发生变化。我对当时提出的大西洋联盟的想法持怀疑态度，觉得它的一些宣传是自欺欺人的。以一般组织为粗劣掩饰的霸权，只会引起对方的恐惧和新的歇斯底里的反应。不过，我未能充分认识到核军备的极大重要性及其对国际事态发展的影响。我对自己说，一枚核弹的威力相当于一千架飞机空袭。但我并没有意识到，这种炸弹的威力还将大大增强，而且能够制造出几千枚。直到后来我才意识到这些。我对回到实验室，为发展原子弹的进一步研究贡献力量并没有什么疑虑。我认为自己是在天真的理想主义和极端的沙文主义之间，走了一条中间路线。我遵循自己的直觉（也可能是缺乏直觉），并且主要是对核弹工作的科学层面感兴趣。核物理学的问题非常有意思，还能够引出物理学和天体物理学的新领域。我可能还认为，科学发现导致技术方面的后果是不可避免的。最终，我选择相信人类的终极良知。最后通过的《原子能法》，比最初提出的将原子能的发展完全置于军方控制之下的建议更令人满意。弗朗索瓦丝出于本能和情感的原因，在道德上对此有更多的疑虑。我一直觉得，科学家们回避技术问题是不明智的。这样做可能会把问题抛到危险和狂热的反动分子手中。另一方面，仅仅无限制地增加核弹的数量也是毫无道理的，因为这样一来，一小部分库存就足以毁灭地球上所有的人口密集地区，即便大部分发射的导弹都没能命中目标。我也不相信苏联会入侵西欧，而这正是大搞所谓的超级军备竞赛的理由之一。站在苏联的角度，我看不出任何可能的优势。我看到即使在波兰，苏联人在维护政权方面也遇到了麻烦。我看不出，他们如果使西德共产主义化能得到什么利益。相反，如果德国重新统一为共产主义国家，将会对苏联形成巨大的威胁。一个统一的共产主义德国将不可避免地试图成为共产主义世界的"老大"。

回到洛斯阿拉莫斯后，我们分到了一套与之前不同的战时公寓，我们只在其中住了几个月。一直留在那里的杰克·卡尔金就住在街对面。霍金斯一家离得也很近，但他们已经准备离开了。我们恢复了一种更自然、更斯巴达式的生活方式，这与洛杉矶的那种颇为矫揉造作的氛围相比，是一种令人耳目一新的变化。

事实证明，在经历了严重的疾病后，我的气力还没有完全恢复。在回来后的最初几周里，我在办公室工作上两三个小时就会很疲倦。幸运的是，这种情况逐渐改善了，我又开始感觉正常了。抛开其他方面不谈，这场疾病是一场经济灾难。尽管有健康保险，但它还是给我带来了大约五千美元的债务。在洛杉矶时，我看上去要死了，或者要终身残疾或一直虚弱下去了，我们在洛斯阿拉莫斯的一些朋友，甚至泛泛之交，都借了钱给弗朗索瓦丝，这让我们深受感动。我尽快先把他们的钱归还了。还清其余的债务花了几年时间。

当时，我的弟弟亚当学业优秀，正要从哈佛大学毕业。他到洛斯阿拉莫斯来看我们。由于已经习惯了战前工作机会稀缺的情形，我对他能否找到工作持悲观态度。我问他有何打算，他回答说："我当然要拿到一个讲师职位。"我对此充满疑虑。他一定从我的表情中看出了怀疑态度，因为我能从他的眼睛里看出，他把我当成了一个悲观的老古董。他是对的，因为他很快就在哈佛得到了一个讲师职位，并且从那以后一直留在那里。他成了一名杰出的政府学教授，如今是俄罗斯研究中心的主任。他还是一位多产而成功的作家。

1948 年初，在一排带有浴缸的房屋中，有一座的一侧空出来了，我们得到机会搬了进去，并一直住在那里，直到二十年后离开洛斯阿拉莫斯。这一排共五六座房子，它们在洛斯阿拉莫斯只有一所农场学校的时期就建成了，它们是唯一拥有浴缸的住房，其他房子里都只有淋浴设备。战争期间，这些好房屋是留给负责人和其他重要人物的。费米、贝特、魏斯科普夫和其他一些重要科学家都只能住在普通的临时性战时建筑里。

富勒小屋改建了，成了用于接待重要人士和官方来宾的旅馆，我们的房子就位于它的正对面。这一位置上的接近给我们带来了很大的好处。我们所有访问洛斯阿拉莫斯的朋友和熟人都离我们只有几步之遥。他们过来喝一杯，吃顿便饭，或者待上个把小时，都是十分方便的。弗朗索瓦丝称呼我们的房子为"富勒小屋的附属建筑"。约翰尼和克拉里常到洛斯阿拉莫斯来，他们特别喜欢住在紧邻我们院子的一间小木屋里。所有这些非正式的聚会为我们在洛斯阿拉莫斯的生活带来了相当大的乐趣。在那里，关于科学、政治和私人问题的对话无休无止，其内容足够写一整本书。

如今理论部门的领导已经由贝特换成了鲍勃·里克特迈耶。战后的几个月内，普拉切克曾经担任这一职务，然后里克特迈耶接替了他。我和里克特迈耶在战争期间就认识了，那时他在华盛顿的专利办公室工作，会定期访问洛斯阿拉莫斯。他是瘦高个，热情友善，显然是一个智力超群的人。他对数学和数学物理学的许多领域都有兴趣。后来我们发现他酷爱音乐，有很高的语言天赋，还具备不少专业技能，比如他十分擅长密码学。但他极度内敛，我发现与他亲近是很困难的，即使我们过去和现在都非常友好。

诺里斯·布拉德伯里接替奥本海默成为实验室的负责人，我在战争时期和他只有过短暂的接触。他比我年轻，和蔼可亲，直来直去，实事求是。即便他已经意识到接过罗伯特·奥本海默的衣钵并不容易，因为后者已经逐渐成为传奇人物，但他还是对承担起责任，继续做这一极端重要的工作充满热情。

诺里斯配得上所有的赞誉，因为他将工程从慢慢沦落为一间"弹道学"实验室的境地中拯救了出来。它很容易退化为兵工厂那样的狭窄受限的机构，就如残留在加利福利亚沙漠中的某些机构一样。在诺里斯的管理下，实验室的思想和技术水准有了缓慢但切实的恢复和提升。它成了一个配备优秀科学家的、稳固而永久的基地。它涉足有趣的科学问题，以及原子时代具有良好前景的技术，其领域越来越广泛。（如今，在哈罗德·阿格纽的领导下，情况愈发如此了。）

诺里斯在争取邀请离开的科学家回归这方面表现得很不主动。他觉得他们自己应该意识到，他们回来对国家和世界是多么重要。结果是，尽管他心里想，却不愿去主动邀请费米、贝特或泰勒这些人来看看。在他的许可之下，发出这类邀请的任务实际上落到了我、卡森·马克还有里克特迈耶头上。因此，我在某种程度上为泰勒回归洛斯阿拉莫斯发挥了作用。

实验室再次开始扩张。人们意识到核能对和平发展、核武器对国防具有重要的政治意义，这使洛斯阿拉莫斯再次成为国家事务中突出的关键地点。政府高官又开始频繁来访，我在哈佛时的年轻同事兼朋友吉姆·菲斯克就是其中之一。他已经是贝尔实验室的要员，也卷入了与原子能有关的事务中。

冯·诺伊曼一家到访时，我们会一起去圣达菲及其周边景点做短途旅行，常常在西班牙裔美国人开的本地餐馆里用餐。

在去圣达菲途中，我们每次开车经过一个名叫"Totavi"的地方（与其说是个地方，不如说只是一个名字），我都会用拉丁语吟诵："Toto, totare, totavi, totatum"，而约翰尼则会加上一些将来时态的词句。这是我们玩的并无实际意义的文字游戏之一。另一种小孩子式的游戏是把路标倒过来念。约翰尼总是把"stop"读成"pots"，把新墨西哥州的"Alto"读成"otla"。

约翰尼和克拉里喜欢在路上玩的另一个游戏叫"黑色台地"

(Black Mesa)。"黑色台地"是里奥格兰德河谷中的一个印第安地标，在从洛斯阿拉莫斯一路开过来的途中不时可见。第一个看见它的人要大声说"黑色台地"以引起他人的注意，并获得一分。每次旅途中他们都会继续玩这个游戏，分数则像网球中的盘和局那样持续记录着。从一次旅行到下一次旅行，他们似乎从来不会忘记历次的分数。约翰尼总是很喜欢玩这些简短的言语游戏，这能使他从高度集中的思考中暂时得到放松。

在战后头几年，甚至在为居民准备好更舒适的新住房之前，原子能委员会就开始为自己和安全部门的办公室建造一座漂亮的永久性建筑。约翰尼评论说，这完全是历代政府管理工作的传统。他决定把那座建筑称为"保护者的宫殿"(El Palacio de Securita)。这是西班牙语、拉丁语和意大利语的完美混合。为了胜过他一筹，我马上把一座新落成的教堂命名为"圣乔瓦尼炸弹"(San Giovanni delle Bombe)。

这也正是我们搞出了"nebech指数"的时候。约翰尼曾给我讲过一个经典故事，讲的是在第一次世界大战前的布达佩斯，一个小男孩从学校回到家里，告诉父亲说他没能通过期末考试。父亲问他："为什么？发生了什么？"男孩回答说："我们要写一篇短文，老师给了我们这样一个题目：奥匈帝国的过去、现在和将来。"父亲问："那么你写了什么呢？"男孩答道："我写的是：Nebech, nebech, nebech。"父亲说："这是对的啊，你为什么没考过呢？"男孩的回答是："我在拼写nebech时写了两个b。"

这使我想到可以给一个句子定义nebech指数，表示可以在其中插入多少次nebech，而句子仍然有意义，尽管nebech修饰不同的单词，会给句子带来不同的意义。比如，我们可以认为最完美的nebech指数为3的句子是笛卡尔的名言"我思故我在"(Cogito, ergo sum)。我们可以说："Cogito nebech, ergo sum"或者"Cogito, ergo nebech sum"又或者"Cogito, ergo sum nebech"。不幸的是，直到约翰尼去世后，我才想到这个精妙的例子。我和约翰尼在数学交谈、物理会议或政治讨论中都常常使用这个指数。针对某个特定的句子，我们会轻推对方，然后低声说"nebech指数为2"，并且非常享受这一行为。

现在，如果读者感到十分困惑，我将解释一下nebech，它是一个很难翻译出来的意第绪语词，是怜悯、蔑视、刺激、嘲笑等意思的结合体。

为了体会这个词的含义，可以想象一下在犹太学校里上演威廉·退尔的故事。在威廉·退尔埋伏起来准备枪击盖斯勒时，扮演威廉·退尔的演员用意第绪语说："那个nebech必定要经过这条街道。"很明显这里的nebech指的就是盖斯勒，因为他会被威廉·退尔杀掉。但如果nebech出现在"街道"一词之前，那么重音就会落到"街道"上，意指它不太像一条街。要想理解这些，可能需要多年的功底。

回到洛斯阿拉莫斯几个月后，我邀请我的老朋友C. J. 埃弗里特从麦迪逊过来加入我们的实验室。他在整个战争期间一直留在麦迪逊，我从我们的通信中得知他对教学已经有些厌倦了，于是我邀请他过来与我继续合作。他是第一个也是唯一一个乘公共汽车到洛斯阿拉莫斯来接受正式面试的人。工程总是会为来访者支付火车小包房或者飞机的费用，他的这一谦虚举动引起了轰动。面试后不久，他就和妻子一起迁居到了洛斯阿拉莫斯，在这里继续和我在概率论和其他数学领域中合作，后来又一起做氢弹方面的工作。

在麦迪逊时他就已经是一个腼腆而不爱与人交往的人，而随着时间的推移他变得越来越像一位隐士了。他刚到洛斯阿拉莫斯的那段时间，尽管他不愿意与人交往，但如果我郑重承诺同一时间不会有其他人来，还是可以把他哄到我的住处来的。后来他连这一做法都不同意了，如今仅有的能看到他的地方就是办公室里他的小隔间，以及我们那座一流的实验室图书馆的研习间。

我们实验室的例行事务之一是准备月度的进展报告。每位成员都要提交一份关于自己工作和研究活动的摘要。我已经说过埃弗里特极富幽默感，有一个月他因为工作忙得不可开交，于是他提交的报告只有这样一句话："在上个月的进展报告的基础上，又取得了很大的进展。"

我回归后不久在两次研讨会上发表的谈话，后来被证明包含一些很好的或者适逢其会的想法，为工程进一步的成功发展起了推动作用。其中一次是关于后来所谓的蒙特卡罗法的，另一次是关于流体力学计算的一些可能的新方法的。这两次谈话都为概率论和连续体力学领域内非常有意义的应用工作奠定了基础。

流体力学计算要处理的问题，都不能期望得到确定的公式或显式的古典解析解。这些计算可以形容为使用虚构的"粒子"进行的"暴力"计算，那些粒子实际上并不是流体中的元素，而是抽象的点。不是去考虑流体中的一个个质点，而是使用一列无穷级数的系数，将连续体发展为抽象粒子，以对流体进行全局描述。整个运动由一些无穷级数来刻画，其中越靠后的项越不重要。只考虑级数的前几项，我们就可以把多元的偏微分方程（或多元的积分方程），转变为关于有限数量的抽象"粒子"的普通方程或其他截然不同的方程。若干年后，弗朗西斯·哈洛在洛斯阿拉莫斯的工作，使这种方法在计算流体或可压缩气体的运动方面的应用范围得到了深化、扩展和丰富。这些如今已得到广泛应用。这类算法的应用潜能至今尚未枯竭，它们可以在空气运动的计算、天气预报、天体力学问题、等离子物理问题和其他领域内起到重要作用。

第二次谈话涉及一类物理问题的概率计算，其思想后来被称为蒙特卡罗法，是我生病期间玩单人纸牌游戏时想到的。我注意到，在单人纸牌游戏（比如甘菲德①或者其他一些玩家的技能对获胜并不重要的玩法）中，要想了解获胜的概率，较为现实的方法是把牌打出来，在对游戏过程进行试验的同时只关注获胜情形的比例。这比试图计算所有组合的可能性更为实际，因为这些可能组合的数量是指数级增长的，它是如此之大，以至于除了非常基本的情况外，无法对其进行估计。这一点从智力上讲，即使不完全是羞辱性的，也是令人惊讶的，它让人因理性或传统思维的局限性而谦卑。对于足够复杂的问题，实际的取样要比检验所有的可能性链更好。

这让我想到，对于所有涉及事件分支的过程，这个道理可能都同样正确，比如在包含铀或者其他可裂变元素原子的物质中，中子的产生和倍增的过程。在过程中的每一步，都有很多决定中子命运的可能性。它可以以特定的角度散射、改变速度、被吸收，或者通过目标核的裂变产生更多的中子，等等。这些可能性中的每一个，其基本概率在某种程度上都是单独已知的，来自对截面的认识。但问题在于，要知道经过几十万或上百万步的分支之后会是什么情况。人们可以为"期望值"列出微分方程或积分微分方程，但要求解它们，或哪怕要得到解的近似性质，都完全是另外一回事。

我的思路是，对这类可能事件进行上千次的试验，在每一步都随机选择事件的命运或种类，这是通过基于适当概率的"随机数"来实

---

① 微软 Windows 自带的"纸牌"游戏就是甘菲德牌戏。

现的，可以说我们只遵循一条可能的路线，而非考虑所有的分支。在仅仅研究了几千个可能的发展过程之后，我们就将获得一个很好的样本，以及问题的一个近似答案。我们只需要找出产生这类发展过程样本的方法。碰巧计算机已经诞生了，这里有些东西正适合用机器来计算。

计算机产生于科学发展与技术发展的交汇点。一方面是数理逻辑、数学基础、对形式系统的深入研究等工作，其中冯·诺伊曼扮演了举足轻重的角色；另一方面是电子学技术的快速发展，使得制造电子计算机成为可能。这一切反过来，又使运算速度得到了极大的定量增长，远远超过使用机械式继电器的机器，从而带来了质的变化，极大地改善和扩展了这类工具的应用前景。结果是人所共知的：在启发式研究、通信和使太空时代成为可能等方面，计算机都开启了新的纪元。

计算机在精密科学、自然科学和日常生活中的应用是如此繁多，以至于我们可以说"计算机和自动装置的时代"已经开始了。

当计算机还处于"萌芽阶段"的时候，我曾开玩笑地提议，要完成蒙特卡罗法的计算，可以从台湾雇用几百个中国人，把他们聚在一艘船上，每人拿一把算盘，甚至只拿纸和笔，让他们通过某些实际的物理过程来产生随机数，比如扔骰子。然后再由某个人把结果收集起来，把统计数据汇总成单个答案。

冯·诺伊曼在电子计算机的研制中发挥了主导作用。他独一无二的天赋、兴趣和性格特征使他适合担当这一角色。我想到的是，他能够并愿意完成程序规划工作中的所有烦琐细节，并且去做把非常大的问题转化为计算机可以处理的形式这种琐事。他在数理逻辑系统的细节与形式系统的理论结构方面的感觉和知识，使他能够构思出灵活的程序。这正是他的重大成就。通过合适的流图解和程序，各种各样的问题都可以在一台所有连接都固定下来的机器上进行计算。而在他发明计算机之前，每次问题发生变化时，都必须拔掉电线，重新连接插接板。

在1946年的一次谈话中，我向约翰尼提出了这种概率方案的可能性，之后蒙特卡罗法的具体形式和相应理论基础就成形了。那是一次相当长的谈话，是在我们开着一辆政府的汽车，从洛斯阿拉莫斯前往拉米的途中进行的。交谈贯穿整个行程，至今我还记得经过一个个转弯处，以及经过某些特定的石头时自己说了什么。(之所以提到这一点，是因为这表明在大脑的记忆中可能存在多重存储，比如一个人经常能记得读过的某些段落是在哪一页上的什么地方，是在左手页还是在右手页，是在上方还是在下方，等等。)在这次对话后，我们一起发展出了这种方法的数学理论。在我看来，"蒙特卡罗"这个名字为这一方法的普及起了很大作用。它之所以被命名为"蒙特卡罗"，是因为它涉及偶然性的元素，即随机数的产生，它可以用于某些合适的游戏中。

约翰尼立即就看到了这一方法的广泛应用范围，尽管在谈话的头一个小时里他曾经表示过一定的疑问。但我增强了自己的说服力，引用了统计估计，即估计出用这种或那种概率获得粗略的结果需要进行多少计算。他表示同意，并最终在寻找高超的技术技巧来促进或加速这种方法方面变得相当有创造力。

蒙特卡罗法的一个特点是，它从不会给出精确的答案，取而代之的是，它的结论表明答案应该是怎样的，在怎样的误差范围内，有怎样的概率。换句话说，它提供了对给定问题所寻求的数值的一个估计。

我在美国各地为这一方法做了许多次"鼓吹"讲演。人们对该理论的兴趣日益增强，改进也迅速涌现。这里有一个我经常选用的关于这类过程的简单实例：我们可以选用它来计算高维空间中由若干方程或不等式定义的区域的体积。传统的方法是通过点或单元格组成的网络来估算出一切，这可能要涉及数以十亿计的独立单元。取而代之的是，我们只需要随机选择几千个点，然后通过抽样方法来获得我们要求的值的大概情况。

蒙特卡罗法关心的第一个问题就是随机数或伪随机数的产生。人们很快就发明出了一些技巧，可以在机器内部产生它们，而不需要依赖任何外部物理机制。(利用放射源或宇宙射线来计数进而产生随机数会非常好，但速度太慢。)除了在电子计算机上对物理过程进行确切的或"真实"的模仿之外，还发展出了一整套技巧，来研究从表面上看与概率过程、粒子的扩散或链式过程完全无关的数学方程式。问题在于，如何将这类算子方程或微分方程转化为能够用概率进行解释的形式。这是蒙特卡罗法背后的主要论题之一，其可能性至今尚未穷尽。我觉得，在一定意义上可以反向引用拉普拉斯的一句话。他断言概率论只不过是应用于常识的微积分，而蒙特卡罗法则是把常识应用到关于物理定律和过程的数学公式中去。

更广泛地说，电子计算机将改变技术的面貌。我们对各种各样的可能性进行了无穷无尽的讨论。但即使是冯·诺伊曼也没能充分预见到它在经济和技术方面带来的全面冲击。在1957年他去世时，就工业应用而言，这些方面的发展还处于起步阶段。在1946年，我们完全料想不到，到了1970年计算机将成为年产值五百亿美元的行业。

几乎战争一结束，我和约翰尼就也开始讨论用计算机启发式地对纯数学问题进行尝试探究的可能性。通过制造实例和观察特殊数学对象的性质，人们有望获得已经用实例检验过的一般命题的行为线索。记得我在1946年曾经提出，可以计算出大量整数的原根，这样通过观察其分布，人们就可以获得足够多的关于它们的外观和组合行为的统计资料，进而或许可以得到一些关于如何陈述和证明一些可能的一般规律的思路。我认为到目前为止，这类特定程序尚未取得很大的进展。(在利用计算机开展数学探究工作方面，我的合作者主要是迈伦·施泰因和罗伯特·施兰特。)在随后若干年我发表的一些论文里，我提出(有时候是解决)了各种各样可以用这类实验甚至仅仅用"观察"来处理的纯数学问题。爱因斯坦的思维实验(Gedanken Experimente)，其最纯粹的数学部分是可能实现的，而且往往是有用的。其中一篇论文为对"非线性问题"进行探索的领域勾画了轮廓，它我是与保罗·施泰因合作完成的。如今这个领域已经有了一整套文献。

很早的时候，事实上是在名为MANIAC的电子计算机在洛斯阿拉莫斯投入使用后仅仅几个月，我就和几名助手(保罗·施泰因、马克·韦尔斯、詹姆斯·基斯特和威廉·沃尔登)一起试着编写代码让机器来下国际象棋。编程让机器依照规则正确地走棋并不是特别困难的。真正的问题在于，没有人知道如何将以往比赛的经验以及对棋形和走位的质量的一般性认识放入存储器中，至今依旧如此。不过让机器下棋，并击败普通的业余选手，还是可以做到的。我们发现，下得差和下得好之间的差别，远比教机器走出合规的步骤和教它应对明显的威胁等之间的差别更大。我们编写的棋局是在去掉主教的六乘六的棋盘上进行的(以减少两步之间机器的计算时长)。我们还在《美国棋艺述评》上发表了一篇文章，它很快又被苏联的一份杂志转载。施泰因原本是一位物理学家，"转行"到了数学领域，并成为我最亲密的合作者之一。

说来奇怪，下棋的模式让我想到了东方风格的地毯，还有某样外行们不会理解的东西——非常复杂的不可测集合。我认为自己棋下得还不错。刚到美国时，我会和其他数学家下棋以作放松。战后几年在洛斯阿拉莫斯，朋友们以及一些年轻的同事组织了一家国际象棋俱乐部，我在其中下了很多盘棋。在洛斯阿拉莫斯国际象棋队里我担任第一局出赛的棋手，我们曾多次战胜过圣达菲乃至阿尔伯克基的队伍，这两个地方的人口分别是洛斯阿拉莫斯的三倍和十五倍。

1949年，在泰勒回归之后，乔治·伽莫夫来到洛斯阿拉莫斯做长期访问，我和他在战前曾经在普林斯顿有过短暂的交往。他从位于华盛顿的乔治·华盛顿大学获得了一年的休假。他的外表令人印象深刻，六英尺三英寸高，1937年时还挺瘦（到了1949年已经严重发福了），金发碧眼，显得十分年轻，而且富有幽默感。他以一种非常独特的碎步拖着脚走路。他与人们普遍印象中的专业的、富有学术气质的科学家截然不同，完全没有那种典型的学术人物的气质。他对什么都感兴趣，是一个真正的"三维"的人，精神焕发，充满活力，喜好丰盛的美食，喜欢趣闻逸事，格外喜欢搞恶作剧。

我们几乎立刻就成了朋友，时常促膝长谈。我们的性情在某些方面十分契合。从我按照标准思路思考（或不思考）物理问题的方式，他发现了一些与自己相投之处。他喜欢从多个方向，以一种不做预设的、直接的、独到的方式去解决不同的问题。他经常谈论自己。他大概是我认识的最自我中心的人之一，但与之相矛盾的是，他又对别人完全没有恶意（这种性格组合相当罕见）。

正是他1928年发表的一篇有关用量子理论解释放射现象的论文，（还有爱德华·U. 康登，两人几乎同时而各自独立地）开创了理论核物理学。在科学研究中，他持续多年专注于少数几个特定的问题，一次又一次地回到同样的问题上。

巴拿赫曾经对我说过："好的数学家能看到定理或理论之间的类比关系，而最顶尖的数学家能看到类比关系之间的类比关系。"伽莫夫拥有看到物理理论模型之间这种类比关系的能力，而且达到了不可思议的程度。在我们越来越复杂地使用，甚至可能已经过度烦琐地使用数学的时候，看到他凭借直观的图像、从历史的甚至是艺术的比较中得出的类比关系，能走得如此之远，着实令人称奇。他工作中的另一个优秀品质，是他能够直面问题的本质。他从不会让天赋把他带离他研究的课题的本质，而去追寻不重要的细枝末节。他的思想正是循着物理学基础的伟大路线，在宇宙学、在近期分子生物学领域的发现上，发挥了重要作用。他先是在原子的放射性衰变方面做了开创性的工作，之后又提出了宇宙起始于一场爆炸的理论，即大爆炸宇宙论（顺便说一下，他本人并不喜欢这个术语），以及随后星系如何产生的理论。最近发现的遍及全宇宙的温度约为三开尔文的背景辐射，似乎证实了他在 1948 年作出的关于约一百亿年前大爆炸残留辐射情况的预言。这项新发现是在他于 1968 年去世后不久取得的。

伽莫夫在生物学领域几乎是一个纯粹的门外汉（一些贬低他的人说他大体上是一个冒牌内行），他凭借那几乎不会犯错的直觉，提出了一些关于遗传密码如何工作的想法。我认为，他是第一个提出由字母 A、C、T、G 表示的 DNA 中的四种物质的序列可以表达各种"单词"的人。这四个"字母"可以合成二十或二十三种氨基酸，而这些氨基酸又可以被视为"单词"，进而组合成定义蛋白质结构的"短语"。伽莫夫比其他任何人都先产生了这个想法。他甚至还差点想出了以三联体密码来表达结构这一正确的方式（后来由克里克发现），一开始他认为需要四联体。他几乎从一开始就在沿着正确的方向前进。

从他的工作中，除了其他突出的品质外，人们还可以看到业余学者对科学产生重大影响的、或许是最后的一个案例。

他对自然界中非常宏观和非常微观的事物的体系有着难以抑制的好奇心，这指引着他在核物理学和宇宙学方面的工作。

对物理学基本常数，比如光速c、普朗克常数h、万有引力常数G的意义、根源，或许还有它们是否会随着时间推移发生变化的思考，是他在生命的最后几年里想象并努力研究的课题。

目前尚未得到解答的重大问题涉及基本粒子的质量之间的关系，以及核力、电磁力和引力之间数值非常大的比值。伽莫夫认为，这些数值并不是由某个初始事件引出的结果，而应该能通过拓扑学或数论方面的考察求得。他相信，总有一天会有一个简洁的终极理论能够对这些数值做出解释。

福尔摩斯的头号对手、法国小说中的侦探亚森·罗宾说过："Il faut commencer à raisonner par le bon bout."（你必须从正确的角度开始思考。）伽莫夫在这方面极具天赋。他惯用模型和相似性，用数学的语言说，他是在同构和同态的引导下前进的。他对量子理论中深奥的思想和经典物理的结构之间更易理解的概念进行了转化和变形——不仅仅是通过重复，而且是通过引入更高阶的变元——从而再一次在技术上使用数学术语。

1954年，我和伽莫夫恰好同时都在马萨诸塞州的剑桥。我对他讲了我对进化问题的一些推测，以及计算生物进化率的可能性。一天他来找我，说道："咱们去麻省总医院吧，那儿有一场有意思的生物研讨会。"我们就乘他的奔驰车前去，路上我问他谁会在研讨会上发言。他说："你啊！"他显然已经对筹备研讨会的教授们说过我们俩都要在会上谈我的那些推测，而我们也确实都发言了。在回家的路上，我感慨道："想想吧，乔治，我们俩竟然去谈了生物学！所有那些人，所有那些穿白大褂的医生，他们都准备给我们穿上约束衣了。"

在他生命的最后几个月里，在和我的对话中，他经常回到对那些可能会揭示基本粒子和物理常数奥秘的图式的思考上来。他在离世前不久做过一个梦，他把这个梦讲给了妻子芭芭拉听。他描述了梦中令人兴奋的经历：在牛顿和爱因斯坦这样的伟大灵魂的陪伴下，他找到了他们已经发现了的结论——终极科学真理的极简性。

与此同时，他喜欢对事物刨根问底。他以一种非常详细和系统的方式记录他所有的日常活动。从我第一次见到他直到他去世（那时我们俩在位于博尔德的同一所大学里担任教授），我记得他总会收集他参与各种活动时的各种照片或图片，把它们按顺序整理好，标记出它们是关于科学进展、度假旅行还是关于与朋友的讨论的。他还喜欢把自己的图画和摄影剪辑相结合，创作照片蒙太奇，把它们当作解说科学发现的插图或漫画。

他所有的作品都具有这样的特点：它们是思想的自然流动，表达简单明了，并具有轻松、毫无冗余、有趣但绝不轻浮的风格。他写作很轻松，写得很快，很少回过头修改。他会写满数不清的纸张，每一页上只有寥寥几行大字。

他关于物理学史和物理科学新思想的著作如今已经成为经典，其中的内容表明，他对物理学同行们并没有恶意或苛刻的评判。他吝于真正的赞美，只把它们留给伟大的成就，但他从不批判，甚至从不点明平庸的存在。

他的科普作品使他得到了广泛的赞誉。这些作品的突出优点之一就是给出的方法很简单，避免了不必要的技术细节，这也使他的研究工作与众不同。

他品性诚实，怎么想就怎么写，体现了笛卡尔的格言："让人的思想通过把复杂的事物分解成更简单的部分来分析它。"

伽莫夫的另一个特点是具有出众的记忆力，这一点可能并非直接可见，但很容易通过他的谈话与他的创造性活动推断出来。在饭后或派对中，他喜欢背诵大段的俄国诗歌来取悦他那些斯拉夫血统的朋友，他可以成小时地背诵普希金或莱蒙托夫的诗篇。他还喜欢使用俄罗斯谚语。

伽莫夫机智过人，常常妙语连珠。他告诉我，第一次开车前往洛斯阿拉莫斯那天，他注意到"一个人穿过格兰德河，在到达格兰德山谷[格兰德山谷是洛斯阿拉莫斯后面的群山之中一座很大的死火山]之前，他会经过邦巴格兰德城"。

1949年我即将迎来四十岁生日，这是我生命中一个令人生畏的里程碑。我总认为它是不吉利的，因为我将步入中年。当然，一个人对年龄的感觉会随着时间变化，但数学家们有在早年达到顶峰的名声，他们中的许多人，包括我在内，都崇拜青春。这种对青春的强调也是美国人痴迷的东西。早年阅读时，我很欣赏二十七岁就死去的挪威天才阿贝尔，以及代数学中新思想和群论的创立者伽罗瓦，他二十一岁时死于在巴黎的一场决斗。中年人取得的最伟大的成就也没有让我如此感动。可悲之处显然在于，一个人随着年龄的增长，会变得倾向于在新情形下尝试使用老办法，这种自我毒害会扼杀创造力。我的朋友罗塔曾说，他认为被扼杀的不是创造力，而是兴趣。这一说法让我生出一种似曾相识的感觉。我部分地同意它。这可能就像拳击：拳手并不是因为反应变慢或者更容易疲劳而输掉比赛；当拳手不得不思考他们该干什么的时候，他们就会输，因为反应应该是本能的，可以比喻成快速自动运行的子程序。

约翰尼曾说，数学家在二十六岁之后就开始走下坡路了。我遇到他时他刚过这个年龄。随着时间的推移，他不断提高这一分界线，但总是把它保持在比他的年龄小几岁的数字上。(比如，当他年近四十岁时，他就把他论断数学家开始走下坡路的年龄提高到三十五岁。)这是他相当谦逊的态度所表现出的特点。他不想留给人一种自以为是的印象。他懂得自我标榜在别人听上去是可笑的。而我则正相反，很喜欢自夸，尤其是对于自己一些微不足道的成就，比如擅长体育运动和国际象棋。孩子会出于天性地自夸。在古老的文学作品中，特别是《荷马史诗》里，英雄们会公开夸耀自己超人的运动能力。而科学家有时会通过批评或贬低他人的成就来含蓄地自夸。

年近四十，回想以往我取得的成就，我仍然充满希望，我以后还有许多工作可做。或许是因为我所做的或所思考的很多东西还没有被写下来，所以我觉得自己仍有一些储备。出于这种乐观的天性，即使如今已经年过六旬，我依然保持着这种感觉。

第十一章

"超弹"

1949—1952

在又一次到常去的东部旅行后,我返回洛斯阿拉莫斯,这时我们的监测系统探测到苏联引爆了第一颗原子弹。这则新闻还没有对大众公布。我刚一回来,梅特罗波利斯、卡尔金等几位朋友就到小机场来接我,用以下的消息来问候我:(a) 杰克在前一晚的一场扑克游戏中赢了八美元(对于我们下的赌注来说,那已经是很大的数额了)。(b) 苏联人引爆了一颗原子弹。我思考了一会儿,说我当然选择相信 (a)。结果 (b) 才是真的。

约翰尼当时正在洛斯阿拉莫斯,他已经和泰勒花了不少时间一起讨论这一不祥的事态发展。我来到富勒小屋中约翰尼的房间里,加入了他们的讨论。主要的问题是"现在怎么办"。我立即表示应该着手推进制造"超弹"的工作。泰勒点头同意,不用说这也是他所想的。他们说他们一直在讨论如何进行这一工作。第二天,泰勒出发去了华盛顿,或许是去见原子能委员会的委员施特劳斯海军上将,以寻求政治支持。

施特劳斯是原子能委员会的首批委员之一。他是犹太人,通过与他交谈,我注意到他具备犹太人中相当普遍的倾向——欣赏成功的科学家,这使我感到高兴。他对科学怀着一种渴望性的欣赏,这或许是由于他本人不是科学家的缘故。在进入委员会之初,他力促开发出了一套能够探测世界上任何地方核试验的监测系统。这可以通过检测大气中的空气样本,查看其中是否含有由铀裂变产生的特定气体来实现。这个点子来源于一位来自芝加哥的物理化学家,托尼·特克维奇。我记得他在战争期间在洛斯阿拉莫斯曾提到过这一计划,当时我正好在场。

受过泰勒和冯·诺伊曼影响后,施特劳斯所提出的建议,对杜鲁门总统决心下命令全速研制氢弹,究竟起了多大作用,我不得而知。

这里有必要重申,关于"超弹"的工作一直在高效而系统地开展着。诺里斯·布拉德伯里负责理论工作的分配。在苏联引爆原子弹的消息传来之前大约六个月,我曾对他提到我有一种感觉,那就是华盛顿的某些人并不想让这项工作继续下去。而诺里斯说:"如果我听任华盛顿的任何人或任何政客指指点点,说什么工作是不能做的,那我就完蛋了。"我仍记得他说出这话时面带着微笑。这种情绪并不是现在所谓的鹰派情绪,也不是出于政治或军事考虑,而纯粹是出于对科学和技术的探索。

关于"超弹"的理论工作,正如我已经表明的那样,在那场有关"超弹"的会议之后,一直在持续开展。但我不认为泰勒很想将这一点公之于众,因为我感觉他要么相信自己是,要么想让大家认为他是这项工作不仅是主要的,而且是唯一的发起者、捍卫者和组织者。他或许感到,布拉德伯里作为实验室的负责人,将会在未来热核炸弹制造完成后收获大部分的赞誉,就像奥本海默在原子弹工作中那样,而其他做技术工作的科学家会被排除在外。事实上,泰勒始终是美国加紧研究热核爆炸的最初动议者。

以上当然是我个人对后来工程进展原因的解释,它可以在现有文献中得到证实。其中包括谢普利和布莱尔两人发表在《生活》杂志上的那篇众所周知的报道，报道对树立泰勒"氢弹之父"的形象起了重大作用。他们两人后来出的那本书因为包含错误信息而遭到质疑。

在杜鲁门总统宣布指示，让原子能委员会加紧氢弹的研究工作之后不久，E. O. 劳伦斯和路易斯·阿尔瓦雷茨从伯克利到洛斯阿拉莫斯来访问，先是和布拉德伯里，然后又和伽莫夫、泰勒还有我开始讨论制造"超弹"的可行性。这次访问对关乎这一事业的政策有一定影响。

泰勒采取的首批举措之一是，招募了一位年轻的物理学家，弗雷德里克·德·霍夫曼当他的助手。弗雷迪出生于维也纳，在战前还是个小男孩时就来到了美国。他年轻、聪明、敏捷，但还算不上一位真正有独创性的科学家。他成了一名杂务总管，一个通晓沟通、与管理人员打交道和其他职责的百事通。他带着爱德华的信息出入华盛顿，也做一些技术工作。他是爱德华的一名理想助手，爱德华后来对弗雷迪的贡献不吝赞美之词，但这不会影响爱德华自己作为这个工程几乎唯一的发起者、宣传者和执行者的形象。

第一个委员会成立了，以便组织有关"超弹"的所有工作，并对所有可能的制造方案进行研究。委员会的工作由作为主席的泰勒，以及伽莫夫和我来主持。

关于如何以裂变炸弹作为启动装置来引发热核反应，存在几种不同的想法建议。一种是伽莫夫提出的，被称为"猫尾巴"，另一种是爱德华原先提出的方案。伽莫夫画了一幅幽默的漫画，对这些方案做了象征性的呈现。在画中，伽莫夫捏着一只猫的尾巴，我往痰盂里吐痰，而泰勒戴着一条印第安人的象征生育的项链，按照伽莫夫的说法，那项链象征着子宫 (womb)，他会把这个词读成"vombb"。这幅漫画和其他插画一起出现在他的自传《我的世界线》中，该书1970年由维京出版社出版。

在委员会的会议上，我和伽莫夫都展现出了很多独立的思想，泰勒对此并不太喜欢。于是最初的"超弹"指导委员会很快就不复存在，也就不太奇怪了。趁着我和伽莫夫都不在镇上的时候，泰勒说服布拉德伯里解散了委员会，并由另一个组织实体代替。伽莫夫对此感到十分恼火。我则并不太在意，但我写信给伽莫夫，在信中预言说，由于爱德华的固执、一意孤行和野心勃勃，后续还会有很大的麻烦。这封信与有关洛斯阿拉莫斯工作的所有通信一样，被伽莫夫"分类归档"。我期望它仍然被存档在某个地方，有朝一日也许会被收入那个时期的某些文档汇编中去。另一封这种"轻率"的信是我写给冯·诺伊曼的，在信中我取笑了爱德华的态度。这封信在原子能委员会官方历史的第二卷《原子盾》中被引用了。我在信里提到我产生了一个想法，并和泰勒做了交流。我开玩笑地补充说，既然爱德华非常喜欢它，也许就意味着它不会起作用了。

我曾经提出一种可能的详细的计算方法，它成为冯·诺伊曼在新建成的电子计算机上开展工作的基础。协助工作的人有：克拉里，她扮演程序员的角色；还有物理学家夫妇塞尔达和福斯特·埃文斯，他们是战后加入工程的。

与我的想法相比，战时，或者更确切地说是战争刚一结束时产生的梅特罗波利斯和弗兰克尔的计算方案是非常粗略的。由于计算机在速度和存储容量上都得到了提升，实现更为艰巨的计算变得可能了。我勾画出的步骤涉及次数极多的算术运算。有一天，约翰尼对我说："这个计算需要做的乘法数量，比人类有史以来做过的总数还要多。"但当我粗略估计了过去五十年里全世界所有学龄儿童做过的乘法次数后，我发现这个数字是我们的计算涉及的乘法数的大约十倍！

我们面临的问题是有史以来运算量最大的问题，远大于当时在手持计算机上进行的任何天文学计算，这需要可以利用的最先进的电子设备。那时冯·诺伊曼在普林斯顿建造的MANIAC已投入运行，而一台同规格的机器正在梅特罗波利斯的指导下在洛斯阿拉莫斯建造。

泰勒仍然在不断暗示，在引爆"超弹"方面，围绕他原本提出的方案所做的工作还不够。他一直坚持要用他自己的某些特殊方法。我必须承认，我被他的这种坚持激怒了。一天我与朋友埃弗里特合作，决定尝试一种粗略的试验性的计算方法，期望至少能够给出数量级的一个数字，以对泰勒计划的前景做出"大致"的估计。

在我们开始对热核反应（点燃一团氚或氘氚混合物）进行计算之前，我和埃弗里特已经在有关活性铀组合体和中子倍增的概率问题上做了很多工作。我们搞出了一个我们称之为"倍增过程"的理论（如今更常用的名称是"分支过程"）。这项工作沿用了我在战争时期与戴维·霍金斯一起撰写的关于分支过程的报告中的思想，但较以前更为详尽，做了极大的深化和扩展。我和霍金斯写的报告只有几页纸。而我和埃弗里特一起历时数月的工作得到的结果，则包含在三份大型报告中，总篇幅长达一百页甚至更多。它成了许多后续工作的基础，其中有些是后来苏联和捷克的科学家独立完成的。

在实验室正式的组织结构中，我是T-8组的组长，而埃弗里特是唯一的组员。他的办公室与我的相邻，每天我们在其中都会做许多其他的数学工作，它们并不一定与洛斯阿拉莫斯当前按程序进行的问题有关。我们还会讨论"宇宙"（这是约翰尼用的词）、数学或者其他东西。

现在我们开始每天花四到六个小时，用计算尺、铅笔和纸来做频繁的数量估测，设法与进展缓慢的巨大完整问题相比更快地获得近似结果。我们工作的很大一部分是通过估计几何因子，设想各种立体图形的交集，估算它们的体积，以及估计点逃逸的机会来完成的。我们连续几个小时反复做这些工作，通过持续不断的计算尺计算大量地进行估测。这是长期而艰辛的工作，得出的结果为原本的"超弹"方案的可行性描绘了令人沮丧的前景。我们的计算显示，该方案存在巨大的实际困难，并对爱德华针对"超弹"点燃条件设计的最初方法的预期提出了严重质疑。

我们工作的程序是这样的：每天早上，我都会对某些系数的值进行几次猜测，这些系数关乎移动组合体的纯粹的几何性质，涉及穿过它们并反过来引起更多反应的中子和其他粒子的命运。这些估计中穿插着对实际运动行为的逐步计算。读者应该意识到，单个计算步骤的实际时间很短，每一步都小于一次"抖动"，材料组合体的空间细分在线性维度上也是非常小的。每个步骤占一次"抖动"的一小部分。所谓"抖动"(shake)是洛斯阿拉莫斯在战争期间为长为 10^{-8} 秒的时间间隔起的代称。还有一个有关截面的单位称作"靶恩"，它的大小是 10^{-24} 平方厘米，是一块非常小的面积。这样一来，单个步骤的总数量就会非常大。我们的计算写满了一页又一页纸，很大一部分是埃弗里特完成的。在这个过程中他差点把自己的计算尺都用坏了。在历时数月的工作后，我们终于获得结果之时，埃弗里特开玩笑说："政府为了表示感谢，至少应该给我买一把新计算尺。"我无法估计在这个问题上究竟一共花了多少工时。

在撰写报告时，我们列出了提供过协助的专业计算者的名单，其中包括约瑟芬·艾略特。甚至连弗朗索瓦丝都被迫"投入使用"，在台式计算器上进行了数不清的算术运算。

尽管这一过程耗时很长，但它还是在普林斯顿的电子计算机的结果出来之前几个月就完成了。关于氢弹研制过程中这个可以被称为"手工完成的"的环节，在很多官方的和大众的报道中都有描述。它之所以博大众的眼球，可能是因为其中的"人机对抗"元素有一定的吸引力。

随着我们的计算工作的进行，它自然而然地吸引了物理学家们的大量关注。其中有些正是泰勒尝试要吸引到"超弹"工程中来的，有的是布拉德伯里已经招募到这项工作中来的。不时就会有些杰出人物现身洛斯阿拉莫斯，来看看我们的计算进展得如何了。约翰·惠勒第一次访问洛斯阿拉莫斯就是在这个时期。

有一天，费米和拉比来到我们办公室，我们给他们展示了计算的结果，它显示反应的进程并不是特别喜人。当然，那些结果只能是指向性的，绝不是确切的，因为我们使用的是粗略的估算和猜测，以取代浩繁的数值计算。

泰勒最初的想法面临的技术困难，似乎可以证明某些物理学家在科学和政治层面的反对，甚至可能还包括总顾问委员会的不情愿态度，都是正当的。当这一点表现出来时，汉斯·贝特又重新表现出了对这一工程的兴趣，访问洛斯阿拉莫斯也更频繁了。凭借着他在数学物理学方面的精湛技巧，以及他解决有关核物理的分析性问题的能力，他提供了非常大的帮助。毕竟，是贝特首先提出（德国的魏茨泽克也独立地得出了相同的结论）了太阳内部的核反应应该是太阳能量产生的原因，这样就解释了太阳和其他恒星释放辐射的原因。如今，他们提出的"碳反应机制"已被发现并不完全像原先设想的那样，是所有恒星产生能量的原因。

泰勒是不会轻易接受我们的结论的。我得知，那些不利的消息一度让他沮丧得流下了眼泪，他陷入了深深的失望中。我并没有亲眼看见他处于那种状态，但在那段日子里他确实显得死气沉沉，其他氢弹工程的热烈支持者也是如此。怀着闷闷不乐和压抑的心情，他会周期性地造访我们的办公室，试图找出一些错误以证明我们是不对的。有一次，他说："这里有一个错误，差一个值为 10^4 的因子。"这很明显让埃弗里特十分恼怒。埃弗里特作为物理学家并没有十足的自信，但作为数学家，他令人震惊地从不犯任何错误。他常说："我从不犯错误。"这的确是事实，他从来没有错用过一个符号，也没有弄错过哪怕一个数字，而这类错误是数学家们经常会犯的。但爱德华每一次尝试给我们挑错，最后都不得不承认是他自己在演算中出了差错。

当冯·诺伊曼和埃文斯在普林斯顿的大型电子计算机上运算的结果开始慢慢出来后，他们全面地证实了我们给出的结果。在计算出的过程中，尽管最初出现了一种充满希望的"爆发"，但整个组合体会开始慢慢地冷却下去。每隔几天，约翰尼就会打电话告知一些结果。他会沮丧地说道："冰锥正在形成。"

这些计算是那时候人们能做出的最好的理论计算。但因为在计算截面时，常数现有的实验值是不确定的，所以原本的工程还存活着，但很有必要找到其他实现点火的方法。

约翰尼始终在情感上支持制造氢弹。他期望通过这样或那样的方法能够找到一个好方案。即便数学计算对最初的方法给出了否定的判断，他也从未丧失过信心。

在这充满不确定性的关键时期，我去普林斯顿拜访冯·诺伊曼。费米恰好也在那儿做短期访问，我们一起讨论工程的前景，整个下午、在约翰尼家吃晚饭时和整个晚上一直在讨论。第二天，我们又和奥本海默一起谈，他已经知晓了我和埃弗里特获得的结果。他听说了那些困难之后似乎很高兴，而冯·诺伊曼仍在想方设法来挽救整个方案。冯·诺伊曼勾勒出了一种流体力学的计算方案。费米表示赞同。他们估算出了一个膨胀速度，在我看来这个速度太慢了。基于我过去几个月所做的大量工作的经验，我注意到他们犯了一个错误，就是把液态氘的密度假设为1，而实际上它比1要小得多。这一单位质量而不是单位体积的错误使得速度看起来确实更小。约翰尼意识到了这一点，惊叫道："我的天啊，它确实要比火车的速度快得多啊！"奥本海默冲我眨了眨眼。他为困难得到确认而感到高兴，并且乐于看到冯·诺伊曼和费米犯下小的演算错误。

我和埃弗里特做的计算涉及的是爆炸的第一阶段，也就是初始引爆的问题。官方的报道忽略了故事的一个重要部分，它涉及继对反应进程、传播和爆炸进行的首批计算之后，我和费米所做的一些相当基础的工作。在次数众多的联合讨论中，我们假定可以通过这样或那样的方式（也许可以通过消耗大量的氚）来实现初始点火，从而勾勒出了传播的可能性。再一次，我们需要通过猜测来代替极其困难的详尽计算，后者可能需要比当时存在的计算机速度更快的才能完成。我们又一次把工作划分成小的时间步骤，借助费米提出的直观估计与非凡的化简方法，最终完成了任务。

数值计算工作是用台式计算机完成的，得到了一些来自实验室计算组的编程人员的协助，负责管理他们的是一个好脾气的纽约人，名叫马克斯·戈尔茨坦。费米想鼓动女程序员使用计算尺，这让马克斯十分气恼。由于我们的化简，机器计算的精度并没有得到真正的保证。但马克斯坚持要按使用台式计算机的通常程序办。像费米那样从计算尺上读数或使用对数表，确实会更不精确，但凭借他非凡的判断力，费米有能力判断精度达到什么程度是有意义的。而那些女程序员只是计算，而不了解其背后的物理或一般数学背景，所以没法做得像费米那样好。显然在某种程度上，马克斯坚持按标准的程序办是对的。

我尤其对其中一名程序员有印象，她相当漂亮，很有天赋，她会拿着每天计算的结果到我的办公室来。一张张的大纸上写满了数字。在她领口开得很低的西班牙式短上衣之前，她打开那些纸，并问道："它们看上去怎么样？"而我则会大声说："它们看上去很棒！"如此来逗费米还有其他当时也在办公室里的人一乐。

费米和我合写了一份报告。恩利克在得出结论时非常谨慎，实际上，在一项说明原计划的反应其性质不容乐观的结论中，包含这样一句话："如果能用某种方式让核反应的截面比原本测量和设想的大上两三倍，反应就会进行得比较顺利。"

我相信我与费米一起做的这项工作，要比与埃弗里特一起做的计算更为重要。事实上，它成了热核爆炸技术的基础。费米对它的执行效果，以及它对此类爆炸的规模做出了限定的事实，这二者都感到满意。他说："你不能让树无限制地向天空生长。"

对于泰勒在战时最初提出的"超弹"设计来说，事情看上去糟糕到了极点，尽管他和他的合作者们在这段时间里也做了粗略的修正和改进。不过，他此时在政治上和组织上仍然表现得非常活跃。

或许是我提出的一个建议带来了变化。我想到了一个办法，通过加入对某些安排的反复执行，来修改整个方法。遗憾的是，涉及的这个办法，或者说一组办法，至今仍属于机密，不能在这里描述。

从心理学的角度看，或许是实验室副主任达罗尔·弗罗曼的一份备忘录让我忽然有了这个想法。他向很多人询问对整个"超弹"工程应该还能做些什么事情。在对泰勒坚持自己特定的方法这一举动的正确性表示质疑的同时，我给弗罗曼写信说，我们应当不惜一切代价继续理论研究工作，一定要找到方法来从热核反应中提取出巨大能量。

收到回信后不久，我就想出了一个迭代方案。我把思路整理清楚，搞了一个半具体化的草案之后，去找卡森·马克讨论。马克那时是理论部门的头儿，已经在负责为给泰勒和惠勒的两个特别小组提供支持而做的非常广泛的理论工作。同一天下午，我还去找了诺里斯·布拉德伯里，跟他提了这个方案。他很快就看出了方案的可行性，并立即表示了对实施方案的兴趣。第二天早上，我把方案对泰勒讲了。我并不认为他因为我和埃弗里特的工作对他的计划造成了如此大的破坏，就对我有任何真正的敌意，但我们的关系确实变得紧张了。爱德华立刻就审视了我的建议，起初踌躇不决，但几个小时之后就充满热情了。他不仅看到了其中新的元素，还找到了一个与之类似的版本，可以替代我所讲的，也许更为方便也更具普适性。从那时起，悲观的气氛消失了，重新为希望所取代。在随后的日子里，我又去找过爱德华几次，每次和他讨论问题约半个小时。我撰写了建议的第一个草案，泰勒做了一些修改和补充，我们很快合写了一份报告，其中包含了针对启动热核爆炸的新的可能性的第一批工程草案。我们在前述原则的基础上搞了两份平行的方案。这份报告成了设计首个成功的热核反应装置的理论基础。核试验在太平洋上进行，代号为"迈克"。一连串的后续活动接踵而至。泰勒在总顾问委员会在普林斯顿举办的一次会议上，不失时机地阐述了这些思想，也许重点强调了我们合写的报告的第二部分。这次会议后来相当有名，因为它标志着氢弹研制工作的转折点。泰勒和霍夫曼又写了一份更为详尽的后续报告。一批新的物理学家被请到了洛斯阿拉莫斯，实验验证工作认真地开展起来了。

约翰·惠勒到新墨西哥州来帮助泰勒，他还带来了一些最得意的门生。其中有肯·福特，后来我们合作搞了一些与氢弹无关的工作。有约翰·托尔，他如今是纽约州立大学石溪分校的校长，当时是一名很有前途的年轻物理学家。有马歇尔·罗森布鲁斯，他在战时作为特别工程分队的一名军人在洛斯阿拉莫斯待过。有泰德·泰勒，他为裂变原子弹贡献过很多新思想，是一位才华横溢的数学物理学家。还有康拉德·朗迈尔和其他几位有天赋的年轻人。高强度、快节奏的工作继续进行着，而关于"迈克"的几个计划在我和泰勒那场决定性的谈话之后仅仅几个月就准备完毕了。

惠勒一家在洛斯阿拉莫斯的那一年，就住在我们隔壁，我们和他们经常见面。惠勒是一位非常有趣的物理学家。在我看来，他对理论思想的创新有着完全正确的热切追求，而不过分拘泥于先入为主的概念和现有的方案。有时他会产生非常古怪的物理学或宇宙学方面的构想，这类想法很多，以至于其中一些会让我觉得缺乏常识，或与可能的实验缺乏联系。或者也可能正相反，它们就像泡利有一次针对海森堡提出一些想法时说的那样，"还不够疯狂"。惠勒的杰出成就在于他在广义相对论方面的工作，他将其推广到了黑洞等极端情况。他还颇具教学天赋，我认为他的学生中到目前为止最出色的是费曼。很久以前，他们就马赫原理合作撰写过一篇非常优秀的论文。

尽管进行了大量出色的实验和实际的热核爆炸，但泰勒仍然不满意，他从事了多项活动，努力将更多的工作置于自己的控制之下。

他对洛斯阿拉莫斯处理研发工作的方式表达了很多不满，尽管布拉德伯里和实验室的其他资深成员也找不到其他合理的方式来工作。分歧越来越大，以至于泰勒施加了所有他可能集结到的政治压力，以建立一所与现有的相竞争的实验室。在很大程度上得益于他对刘易斯·施特劳斯及华盛顿的委员会的影响力，他获得了资金和权限，在加利福尼亚州利弗莫尔市建立和主持另一所实验室，这一切就发生在"迈克"试验取得了很大成功的时候。试验的成功不仅证实了设想中的可能性，而且超出了预期。因此，洛斯阿拉莫斯在没有他参与的情况下继续制造氢弹，而与此同时利弗莫尔产生的首批设计则相当不成功。约翰尼意识到了两所实验室中的情感状况。当利弗莫尔的实验室在太平洋上的试验场进行的第一次热核爆炸试验以失败告终时，他笑着对我说："今晚洛斯阿拉莫斯的街上会有人起舞。"

有些人基于政治、道德或社会学的原因，强烈地反对氢弹，而我对从事纯粹的理论性工作从未产生过任何疑问。我并不觉得尝试对物理现象进行计算有什么不道德的地方。而从战略上讲这一切是否值得，则是问题的另一个完全不同的方面——事实上，这是最严肃的历史、政治或社会学问题的症结所在，与物理的或技术的问题本身并没有什么关系。即便是最纯粹的数学领域中最简单的计算，也可能催生出可怕的结果。如果无穷小量的微积分没有发明出来，我们如今拥有的大部分技术将不可能出现。我们难道能因此说微积分是坏的吗？

我觉得人们不应该发起可能导致可怕结局的工程。但是一旦这样的可能性存在了，验证一下它们是否现实，是不是要更好一些呢？一种更自负的想法是，认为如果你自己不去为这类工程工作，它就根本不会完成。我真诚地认为，让这些事务掌握在科学家，还有那些习惯于做出客观判断的人们手中，要比掌握在那些煽动家和侵略主义者手中要安全得多，甚至也比掌握在怀着善意但在技术上一窍不通的政治家手中要安全得多。当我反思氢弹带来的最终后果时，我感觉它与裂变炸弹的存在导致的那些可能性似乎没有什么本质上的不同。战后，能够制造出尺寸巨大的原子弹就已经是很明显的事了。热核方案既不算很有原创性，也不算很不寻常。迟早苏联人或者其他人也会研究并制造出它们。尽管有来自双方的各种吵嚷声与夸张言语，但其可能的政治影响仍不清楚。一颗氢弹就足以摧毁大城市的事实，与当时已经存在的原子弹及其可怕的破坏力相比，会使全面战争爆发的可能性更小。

在完成了上述的理论工作之后，我认为自己已经完成了使命，并决定暂时变换一下环境。我接受了作为客座教授在哈佛工作一个学期的邀请，那是1951年夏天的事。费米一家住在我们那栋联式房屋的另外半边，我们常能见到他们。9月，因为正为离开做准备，我忙于收拾行李和整理信件、书籍和论文，忘记了去参加一场在布拉德伯里的办公室召开的重要晚间会议。那场会议要为未来的工作和实验制订计划。第二天早上我得知，会上泰勒和布拉德伯里之间爆发了一系列白热化的交锋，而在场的其他科学家也发表了一些尖刻的言论，来与泰勒相当粗暴的指责针锋相对。当我和费米谈及这件事时，他以惯有的平静沉着态度回应道："你干吗要关心这些，你后天就要离开了，不是么？"我的一些朋友为费米表现出来的这种奥林匹斯山般的超然而深深折服。拉比尤其钦佩恩利克在逻辑上的冷静态度。

然后就发生了奥本海默事件①，它逐渐发展成了关于氢弹的激烈

---

① 指奥本海默因为反对制造氢弹，主张与包括苏联在内的大国交流核科学情报并达成相关协议，并且对共产主义理论有兴趣，资助过美国的一些左翼活动，因此被政府指控与共产党人合作，并遭到起诉这一轰动一时的事件。

辩论。尽管施特劳斯与奥本海默之间的敌意有个人的，也许很琐碎的原因，但这一事件确实在心理和情感上对科学家们产生了极大的影响。

有一次我问约翰尼，他是否认为爱因斯坦在奥本海默遇到麻烦时，会积极地为后者辩护。约翰尼回答说，他相信爱因斯坦不会；他认为，爱因斯坦对奥本海默的一些举动，以及对那个事件，感情确实复杂。

要猜测其他人的动机是困难的。它们可能是长久以来的信念、政治倾向，甚至是喜爱的科学或哲学思想的结果。比如我认为，也许奥本海默反对氢弹，并不完全是基于道德、哲学或者人道主义的考量。我可能会不无嘲讽地说，他给我的印象是，他虽然在发动一场革命（核能的问世确实配得上这个称谓）时发挥了重要作用，但他并不乐意设想更大的革命即将到来。

阿纳托尔·法朗士曾经在某个地方说过，有一天他在巴黎的一座公园里看见一位老人坐在长椅上看报纸。忽然一群学生出现了，他们走在游行队伍中，喊着革命口号。老人十分激动，摇着他的手杖喊道："保持秩序！叫警察！叫警察！停下！"法朗士认出了那位老人，他过去曾是一名著名的革命者。

奥本海默有很多异常坚强、有趣的品质，但在某种程度上，他又是一个非常忧郁的人。他提出的对所谓的中子星的理论探讨，是他对理论物理学做出的巨大贡献之一。但使这一理论得到证实的脉冲星的发现，则是他去世几年后的事情了。脉冲星其实就是快速旋转的中子星。

在我看来，这是奥本海默的悲剧。他聪明，接受力强，善于批判，但相比之下并不特别具备深刻的独创性。而且他被束缚在自己编织的网中,这网并非政治的,而是语言上的。在他把自己视为"黑暗的王子,宇宙的毁灭者"时,他可能过高估计了自己的地位。冯·诺伊曼曾说过:"某些人承认罪行,以使罪恶归功于他。"

关于这些事件的报道很多。其中一些是夸张和歪曲事实的,另外一些,比如原子能委员会的官方历史,是相当客观的。但还没有一个是完整的,当然不同参与者所看到的事件是从不同的角度呈现的。这就是我自己对氢弹历史的叙述,因为我亲身经历过,直接参与其中。

第十二章

两位先驱离世

1952—1957

　　先是和埃弗里特，继而又和费米一起略显紧张忙乱地进行了"超弹"方面的研究之后，我又获准休假一学期前往哈佛，与数学界的老朋友们再续前缘。结束这一间隔期返回洛斯阿拉莫斯之后，我的全部注意力就转向了一些其他的，也更纯粹的科学问题。

　　计算机刚刚崭露头角，实际上洛斯阿拉莫斯的MANIAC机才刚刚完工。普林斯顿的冯·诺伊曼机遇到了技术上和工程上的困难，推迟了其完善。洛斯阿拉莫斯的机型要更幸运些，它落在了梅特罗波利斯小组的工程师詹姆斯·理查森的一双巧手之中。

　　这些机器刚一制造完成，费米就凭借他出色的常识和直觉，立即意识到了它们对于研究理论物理学、天体物理学和经典物理学问题的重要意义。我们对此进行了详细的讨论，并决定尝试提出一个易于表述的问题，但其解决方案需要进行冗长的计算，而这种计算是用笔和纸，或者用现有的机械式计算机无法完成的。在仔细考虑了可能的问题之后，我们找到了一个典型的问题，涉及动态系统的长期预测和长时间行为。问题考虑的是一根两端固定的弹性弦，它不仅受到通常的、与形变成比例的弹性应力的影响，还包含一个在物理上正确的小的非线性项。问题在于要找出：这个非线性项在经过许多振动周期之后，是如何逐渐改变众所周知的、以单一波型往复振动的行为的；弦上的其他波型是如何变得更加重要的；还有，整个运动最终是如何，像当时我们以为的那样，热能化的。该运动也许与流体的行为相仿，最初是层流运动，然后变得越来越湍流化，并将其宏观运动逐渐转化为热量。

最近刚来的物理学家约翰·帕斯塔协助我们就该问题拟定流程图、编写程序，并在MANIAC机上运行。费米决定试着学会如何亲自在机器上编程。那时候编程比现在要难，不像现在已经有了既定的规则、现成的程序，而且编程过程本身也变得自动化了。那时，人们为了编程必须学习许多小技巧。费米很快就学会了它们，还教了我一些。不过，我当时已经掌握了足够的知识，能够评估什么样的问题可以用计算机来求解、各个步骤持续的时间，以及执行那些程序的原则。

事实证明，我们的问题选得恰到好处。得到的结果在性质上与费米基于他在波动领域的丰富知识所做出的预期完全不同。最初的目标是，观察一开始被赋予一个单一正弦波（以特定音调敲击产生的音符）的弦，其能量会以多快的速率随着谐波逐渐发展为更高的音调，以及振动的形态最终是如何变得"一团糟"的，无论是在弦的形状上，还是在能量在频率越来越高的波形之间的分配方式上。但这类情况并没有发生。令我们惊讶的是，那根弦似乎玩起了抢椅子游戏，只在几个低频的音符之间变换，而且可能会更令人惊奇的是，在经过了数百次并没有什么特别之处的振动之后，弦会几乎完全回归到它初始的正弦波形上来。

我知道，费米正如他自己所说的，把这当作"一个小小的发现"。一年后，在受邀去做吉布斯讲座（美国数学学会年会上一件极为荣耀的事），他打算讲一讲这个发现。但他在会前生病了，他也就一直没能去做讲座。不过以我、费米还有帕斯塔为作者的、关于这项工作的报道,作为洛斯阿拉莫斯的一份研究报告得以发表。

这里应该解释一下,在计算机上研究弦这种连续介质,要把它想象成是由有限多个质点组成的。在我们的工作中,是取64个或128个质点 (把数量设定为2的整数次幂,更便于在计算机上处理)。这些质点之间有作用力相互连接,这些力不仅包含与它们之间距离相关的线性项,还附带较小的非线性二次项。然后机器能迅速计算出一个较短的时间步长内每个点的运动情况。算完一个时间步长,再就下一个时间步长计算质点的新位置,如此计算许多步。用纸和笔是绝对无法实现这种数值计算的,可以毫不夸张地说这要花上几千年。使用19和20世纪传统的分析学技巧,去求一个封闭形的解析解也是完全不可能的。

计算结果着实令人惊奇。人们做了许多尝试去寻找这一周期性和规律性行为的原因,这成了如今关于非线性振动的大量文献的发端。普林斯顿的物理学家马丁·克鲁斯卡尔和贝尔实验室的数学家诺曼·扎布斯基写了这方面的论文。稍后,彼得·拉克斯为有关理论做出了突出贡献。以上三人对这类问题做了有趣的数学分析。现在的数学家会知道,所谓的庞加莱回归型动力系统包含了如此多的质点,其总长度达到了天文尺度,而它会以如此快的速度回归到其原始形态的事实也着实出人意料。

洛斯阿拉莫斯的另一位物理学家吉姆·塔克很好奇,在几乎恢复到初始位置之后,如果以此为条件再开始下一个周期,那么在第二个"周期"之后情况会怎样。他与帕斯塔还有梅特罗波利斯一起进行了试验,出人意料的是,一切还能恢复到原来的状况,偏差只有1%左右。如果继续试验,经过6个或12个这样的周期,偏差又开始进一步得到改善,出现了一种超周期。这又是相当奇怪的。

其他一些人,包括几位苏联数学家,也研究了这一问题并撰写了论文。去年我收到来自日本学士院的一份请求,要求准许他们重印费米、帕斯塔还有我合写的那篇论文。我毫不犹豫地同意了,那之后没多久,整整一卷包含了许多研究此类问题的作者的论文合集就问世了。

在此我可以说,帕斯塔是一个非常有意思的人。作为一位职业物理学家,他在大萧条期间曾在纽约市当警察,在一条固定的巡逻路线上干了好几年。他来到洛斯阿拉莫斯加入了我的小组。他总体上非常沉默寡言,但偶尔会做出非常刻薄和幽默的评论。约翰尼对帕斯塔的丰富常识、能力以及对洛斯阿拉莫斯情况的了解印象深刻。当约翰尼成了原子能委员会的委员后,他邀请帕斯塔到华盛顿加入委员会。

至于詹姆斯·塔克,他是一位英国物理学家,战争期间随英国代表团来过洛斯阿拉莫斯。战后他曾返回牛津,但之后又回到洛斯阿拉莫斯再次加入了实验室。我们合作研究了一种方法,能以非爆炸的方式通过核聚变获得能量,并在战争期间合写过一份这方面的报告,它可能至今仍属机密范畴。

作为一位非常年轻的物理学家,塔克一度做过林德曼的副手。林德曼后来成了彻韦尔勋爵,做了丘吉尔的科学顾问。关于这段经历,他有不少很吸引人的、妙趣横生的故事,而当遇到对彻韦尔的指责和批评时,他仍会坚决地为其辩护。他让我想起了儒勒·凡尔纳和卡尔·梅笔下的英国怪人。他个子很高,举止唐突,略显不协调,由于动作笨拙,他引发过许多有趣的事件,总会成为朋友们的笑料。在很多年里,塔克一直负责领导洛斯阿拉莫斯一个关于和平利用核聚变的项目。洛斯阿拉莫斯的实验室至今仍在大力寻找从氘聚变中"和平地"获得能量的方法。

还有一个费米想研究，但我们一直没能对其做出很好的表述和研究的问题。有一天，费米说："有一个很有意思的纯运动学问题。假设有一条由许多个环组成的刚性链条，每个环彼此之间都可以自由地转动。如果不计外力，只研究初始能量和约束的影响，看链条被扔到一张桌子上后会变成什么形状，是很让人好奇的。"

这些年，我们开始和冯·诺伊曼夫妇一起过圣诞节。我们的女儿克莱尔那时还是小孩子。在平安夜，约翰尼和克拉里会帮助我们一起组装克莱尔的玩具，这成了一个惯例。还记得我们组装过一个很大的纸板玩具屋，花了好几个小时。我和约翰尼两人都不擅长照着比如"把凸起A插到凹槽B里去"这样的说明来组装东西，尤其是我。直到现在，我仍然不会按照书面说明去做事情，比如填写表格或组装零件。而另一方面，约翰尼却很喜欢做这种事。在普林斯顿，他对MANIAC机建造的哪怕是最小的细节都积极关注。据项目的工程师比奇洛讲，约翰尼弄懂了所有的电子部件，并亲自监督它们的装配。当机器接近完工时，我记得有一次他是如何拿它来自嘲的。他对我说："我不知道这台机器实际上会派上多大用场，但它至少能够在中国西藏赢得很多赞誉。因为它能每小时上百万次地编码出"Om Mane Padme Hum"（您，莲花宝，赐予一切的遍知）。它将远远超过转经筒。"①

---

① 作者这里提到的经文即著名的六字大明咒"唵嘛呢叭咪吽"，在包括藏传佛教在内的佛教宗派中十分流行。其内涵非常丰富，远超这里给出的字面解释。作者原文中给出的英文解释是"Oh, thou flower of lotus"，直译为"啊，汝莲花"，说明作者似乎并不十分了解其内涵。

我们一起共度的另一个圣诞节是 1950 年的。为了庆祝 1940 年代和 20 世纪上半叶的结束，我、弗朗索瓦丝、克莱尔和冯·诺伊曼夫妇一起去墨西哥的瓜伊马斯度短假。他们夫妇从普林斯顿一路开车过去。我们约定在新墨西哥州南部的拉斯克鲁塞斯碰头，然后一起旅行。拉斯克鲁塞斯有一座 1890 年建成的古老妓院，第二次世界大战后改建成了旅馆，我们都住在那里。房间里的家具陈设很有时代风格，房间不是用房号，而是用姑娘的名字来标记，比如胡安妮塔、罗莎莉亚、玛丽亚等。大堂中央的天花板上悬挂着一架秋千，女士们显然要从室内阳台爬到上面去。对于我和约翰尼来说，它就像著名的傅科摆。我们想到了一个涉及学术但又不太成体统的双语笑话，并沉溺其中。我克制住了自己，在此不把它复述出来。

在驱车前往瓜伊马斯的途中，我们创造了一门我们称之为"新卡斯提尔语"的语言来作为消遣。我们对西班牙语不甚了了，我们猜想它由英语单词加上拉丁语词尾构成，比如玻璃（glass）在西班牙语里就是 el glaso。让我们相当惊奇和高兴的是，这个规律对不少单词都适用。特里的《新墨西哥州导游指南》一书，特别是里面的散文，也给我们带来了很多欢乐的时光。其中有一页关于索诺拉迷人的"天堂森林"的描写特别传神，当开车经过时，我们发现它不过是一片干旱沙地上的一片凄凉的小树林，其中也并未居住着"为数众多、各色各异的奇异热带鸟类"。这也衍生出了一个我们用来表达失望的短语。每当我们听到一些数学或者物理上与预期不太相符的事情时，我们就会对彼此会意地说出"迷人的森林"。

在苏联第一颗人造地球卫星上天之前很久，大约在 1951 年或 1952 年，我参加了在华盛顿举办的一场早期的关于洲际弹道导弹的火箭学会议。参加会议的肯定有二十人或者更多，伽莫夫是重要的与会者之一。约翰尼和泰勒也出席了。会议是在五角大楼的一个房间里秘密举办的。开会时，大家围着一张长桌子，约翰尼就坐在我身旁。讨论的问题之一是如何对火箭进行制导。泰勒提议通过某种化学途径导向目标，伽莫夫称之为"闻"路。其他人也提出了一些别的方法。我则提出"弹道"抛射，如果需要，其轨迹可以在途中进行多次校正。还记得约翰尼问我："在发射时瞄准一些，不也一样好甚至更好吗？"我提醒他别忘了高斯那著名的通过多次观察来计算行星轨道的工作是怎么回事。他快速地思考了几分钟，然后得出结论，我提出的方法的确更好。

我还注意到，当我提到弹道导弹时，某些人发出了尴尬的响动，我猜这方面已经有一些工作在进行了。他们不会透露正在开展的全部工作，而与会者各人能够接触机密的程度也是不一样的。这还让我想到了冯·诺伊曼某种似乎让许多人困惑的表现。这涉及他与军方的关系，他似乎很欣赏那些陆、海军的将军们，与他们相处得也很好。即使在他自己成为一名官员（原子能委员会的委员）之前，他也在花越来越多的时间与军事机构商讨问题。有一次，我问他："约翰尼，你怎么会对那些有时并不那么引人注目的、无足轻重的小军官也如此印象深刻？"为了同时稍微贬抑一下自己，我补充说，给我印象最深的是那些象征财富和影响力的人，比如1936年哈佛一百周年庆典上，我在校友游行的行列中看到的 J. P. 摩根。在那之前，我人生中曾见到过非常多杰出的、卓越的科学家和艺术家，但摩根是亿万富翁且掌握着巨大的权力，他的形象着实令我敬畏。回到约翰尼对军方的迷恋上来，我认为这主要归因于他对有权力者的崇拜。这对那些把生命主要花在沉思中的人来说并不罕见。至少他钦慕那些能左右事情发展的人，这一点是很清楚的。此外，我想约翰尼作为一个好心肠的人，还对那些可以做到强硬和无情的人或组织有着暗暗的钦佩之情。他欣赏甚至嫉妒那些能够在会议上采取行动或提出意见，不仅能影响他人思想，还能影响具体决策的人。他本人在委员会的会议上并不是一个非常强势和活跃的辩论者，会屈从于那些更强有力地坚持己见的人。总之，他倾向于避免争论。

那段时间，国防研究合同风行一时，即使数学家也常常接到合同。科学家们在一些提议中，有时会把他们有意研究的项目描述得对国家利益多么有用处，而实际上，他们的动机只是真诚的科学好奇心和要写几篇论文的冲动，对此我和约翰尼发表过一些议论。有时候，实用主义的目标主要是一个借口。这让我想起了一个故事，讲的是一个犹太人在赎罪日想进入会堂。他要想坐在会堂的一个座位上就需要付钱，于是他试图溜进去。他对门卫说，他要进去告诉会堂里的布卢姆先生，他的祖父病得很厉害。但门卫将他拒之门外，对他说："Ganev, Sie wollen beten."（"你这个贼，你实际上是想进去祈祷。"）我们认为，这个故事是对前述行为的一个很好的抽象影射。

伽莫夫住在华盛顿，是海军研究实验室的顾问。我最早的几次所谓公务旅行，其中一次就曾和他磋商问题。他请我谈了蒙特卡罗法，我们还探讨了如何对陆战的情形进行建模。他对坦克战很感兴趣，并做了大量工作。他对蒙特卡罗法加以利用，比如用来做地形仿真，他戏称之为"斯坦形"。

他和他的第一任妻子罗住在城郊。他会说："咱们在切比雪夫环岛见面吧。"显然他指的是切维蔡斯[①]。（切比雪夫是一位俄国数学家，伽莫夫会把切维蔡斯发音成切比雪夫。）他和罗的婚姻问题渐渐升级，

---

① 华盛顿西北部的一个社区。

最终他们分居并离婚了。他搬到了宇宙俱乐部，那里的环境是斯巴达式的，唯一的好处是会员们可以读到大量的报纸和杂志。有一天，我收到一封他悲伤的来信，信中说他独自生活，他的房子还挂上了一块牌子，上面写着"待售"。

1954年，费米一家去欧洲消夏，部分时间待在靠近沙莫尼的里雾诗的法国物理研究所，部分时间待在意大利的瓦伦纳。费米去世后，瓦伦纳建立了恩利克·费米研究所。该研究所如今会就高能物理学和粒子物理学的前沿课题举办会议，这两个领域在费米的晚年才都刚刚起步。

如果我没记错的话，费米在那个夏天申请了一笔研究补助金，但没能得到，这令他稍微有些恼火。这如同政府使用了他制造同位素的专利，但只给了少得可怜的补偿金一样，是一件令人难以置信的事。有一次他对我说，他曾相信他和他的合作者们可能会从政府那里获得大约一千万美元。他们还打算用这笔钱建立一个资助意大利人赴美学习的基金。但直到那时，他们还如他所说，连一个子儿都没有拿到。最后款项终于支付了，但金额是如此之小，勉强够支付律师的费用，如果我没记错的话。

我们约定在巴黎和费米夫妇会面，他们将在那里逗留几天，然后我们两家各开一辆车向南共度一段旅程。他们计划租一辆小型菲亚特汽车，但菲亚特在巴黎的主管非常重视他们，给了他们一辆非常特别的八速汽车。我还记得费米邀请我在码头和里沃利街尝试这辆车的各种变速。

那时，费米的健康状况已经不佳。上一个夏天在洛斯阿拉莫斯时，他的妻子劳拉就注意到他胃口不太好，这让她开始感到担心。他在锻炼时、在他所喜爱的网球比赛中也表现得气力不足。不过当时尚没有其他身体症状，劳拉觉得这可能是由于他卷入了氢弹的争论和奥本海默事件，并且他对国际政治总体形势抱持怀疑主义和悲观主义态度。她希望那个夏天离家休假能对他有好处。

费米夫妇一直过着朴素节俭的生活。在巴黎时我们注意到，他们不愿意时常光顾那些"雅致"且昂贵的法国餐馆。那个夏天，费米并没怎么真正享受美食。我们也没能说服他们住在一流的旅馆里，而那个时候他们肯定比我们更承受得起更大的开销。在结伴短途旅行中，我们也和他们一起住在位于巴黎以南大约一百五十英里处的库桑谷里的一家简朴的小客栈里。人们是如何记住物理环境的，这是一件令人好奇的事。深夜，繁星满天，我们坐在紧挨着潺潺小溪的阳台上，讨论着奥本海默事件。两栋房屋之间架着一些电线，在我们交谈时，费米一直在注视一颗明亮的星星，他移动着脑袋，让电线在视线中遮挡住那颗星星，他在观察由此带来的闪烁现象。

我们一致认为那个事件最终将降福于奥本海默，他将成为伟大的殉道者，而那些指控他的人将会受到诅咒。虽然费米和冯·诺伊曼两人都既不是奥本海默的挚友，也不特别钦佩他，但在听证会上，他们都完全站在奥本海默一边，为那些针对他的指控进行辩护。费米并不觉得奥本海默在物理学上特别了不起，对他的政治倾向也持保留态度。然而，费米觉得奥本海默受到了非常不公正的对待。我们还讨论了爱德华·泰勒的态度，接着我问费米他对未来怎么看。他忽然把目光转向我，手指天空说道："我不知道，我在天上会看到的。"他是不是已经预感到自己病得很厉害了呢？就算是这样，他在那么多的交谈中从未提及过，也从没有去看过病。但这话对我不啻晴天霹雳，特别是当我们讨论物理学的基础、基本粒子的奥秘、介子的行为，以及他的兴趣从原子核结构转变到粒子物理学中更基本的部分时，他又说了一次这种话。他说:"我在天上会知道。"第二天我们分别了,费米夫妇驱车向东前往格勒诺布尔和里雾诗,而我们夫妻、克莱尔以及弗朗索瓦丝的兄弟则一起向南,前往法国蔚蓝海岸上靠近夏纳的拉纳普勒度假。

夏末,当我们回到美国时,有消息说费米病得很重。他一回到芝加哥,马上就接受了一次探查手术,结果发现他患有食道癌和胃癌,并且已经扩散。他的一些朋友认为,癌症可能是他早期和放射性物质打交道引起的,而当时预防措施还没有得到严格遵守。我当时想知道,我曾注意到他有偶尔用力吞咽的习惯,这是否从一开始就与身体不适有关呢?我起先还认为那是一种刻意的自我控制。

他的病情发展得很快。我去芝加哥探望了他。在医院里,我看见他坐在病床上,胳膊的血管上插着几根管子。但他还能说话。看到我走进病房,他微笑着说:"斯坦,一切就要结束了。"我无法形容听到他这话时我是多么震惊和心碎。我努力保持镇静,勉强开了个玩笑,然后我们谈了大约一小时,谈及了很多话题,他始终平静地说话,在这种情形下他确实超常地镇定。他提到泰勒前一天曾来看过他,还开玩笑说他"试图拯救泰勒的灵魂"。通常是牧师想要拯救将死之人的灵魂,费米反其道而行之,暗指泰勒和氢弹引起的舆论哗然。也许他们的谈话产生了一定效果,在费米去世后不久,泰勒就发表了一篇题为《许多人的工作》的文章,淡化了谢普利和布莱尔的主张。在我探望费米期间,劳拉进来了,他们关于家用电器做了一番交谈,这种性质平淡无奇的对话让我感到惊讶。

我们又继续交谈。我记得他说,他相信无论自己能活多久,他已经完成了一生中大约三分之二的工作。他又补充说,他有点儿后悔没有更多地参与公共事务。听他仿佛置身事外地评价自己做过的事情,我有一种很奇怪的感觉。我再一次感觉,他凭借纯粹的意志力达到了一种超客观的境界。

　　不知怎么回事，谈话转向了医学的进展。他说："嗯，斯坦，你知道，我活下来的概率也许不是零，但要低于1%。"我疑惑地注视着他，他继续说道："我相信在大约二十年间能找到癌症的化学疗法，而我现在只能活两三个月了，假设概率是均匀分布的，那么这几个月中能找到疗法的概率是1%。"试图把事情量化是他特有的处理问题的方式，即使在客观上不可能的情况下也是如此。接着我半认真地提出了一个问题：在今后一千年间，人类是否有可能取得重大的突破，从而可以通过追溯后代的基因来重新造出先前活过的人，搜集一个人所有的特征，并对其进行物理重构。费米对此持肯定态度，但又补充说："记忆怎么办呢？他们将如何把构成特定个体的所有记忆放回大脑中去呢？"这种讨论现在看来是相当脱离现实的，甚至是怪异的，把我们引进这样一个话题之中的部分责任在我。但以当时他对他自己、对死亡的超然态度来说，这又是很自然的。我后来又去探望了他一次，那次是和梅特罗波利斯一起，从他的房间出来后我潸然泪下。只有柏拉图对苏格拉底之死的描述才能适用于此情此景。我改编了克里托的一句话，对尼克说："这就是世上最有智慧的人之一的死亡。"

　　费米不久就去世了。又过了一小段时间，我再次途经芝加哥时拜访了劳拉。我把地址给了司机，并补充说这是那位刚刚去世的著名意大利科学家的遗孀的住所。司机恰好也是意大利人，而且从报纸上看到过相关报道，他坚决拒收我付的车费。直到我跟他说他可以把这笔钱捐给慈善机构，他才收下。

　　1954年，就在原子能委员会刚向约翰尼发出任职邀请之后，在他接受职位成为委员会委员之前，我们做过一次长谈。由于奥本海默事件的影响，他对接受这份邀请持严重保留态度。他知道大多数科学家不喜欢施特劳斯海军上将的行为，也不赞同泰勒的极端观点。科学界一些更倾向自由主义的人不喜欢约翰尼实用主义的、相当亲军方的观点，也不喜欢他与原子能工作的总体瓜葛，尤其是与洛斯阿拉莫斯的瓜葛，还特别不喜欢他为原子弹和氢弹工作所做出的贡献。他意识到，即使是他在普林斯顿的一些同事也有这种感情，他担心他加入原子能委员会后，这种感情会更加强烈。尽管事实上，在奥本海默事件中，虽然他个人并不特别喜欢奥本海默，他还是非常客观地为他辩护，并给出了非常正确、勇敢和明智的证词。

约翰尼说，加入原子能委员会的决定让他度过了许多不眠之夜。一天下午，在我们耗时两小时一起游览菜豆峡谷时，他向我表达了自己的疑虑，并问我对此有何感受。他开玩笑说："我将成为一名看门人（Commissionaire）。"（在法语里，这个词一般指听差。）① 但作为一个出生在外国的人，能够被委以这样一个在指导许多科学和技术领域方面具有巨大潜在影响力的高级政府职位，他又感到荣幸和自豪。他知道这可能是对国家非常重要的一项活动。的确，凭借他超人的智力，在发现某些项目中有价值的东西，以及在发起新的项目方面，他本可以做大量有益的事情。作为他的朋友，以及极力敦促他接受这一任命的人，施特劳斯也有义务支持他的观点和想法。此外，约翰尼还多少有点儿条顿人的特征，很容易被官场所打动。无论如何，他在两极之间左右为难：一方面是感到自豪并希望做一些有益有用的事情，另一方面是害怕同事们在心中把他与科学界的一小撮异类、一小部分追名逐利的人联系在一起。接受那个职位需要从普林斯顿高等研究院申请休假，还要在经济上做出一些牺牲。对于施特劳斯可能对他做出过的

---

① 委员会委员的英文为commissioner，冯·诺伊曼这里是用形近词来开玩笑。

承诺，或者对他施加过的压力的细节，我并不了解。

我后来有些好奇，这一决定以及由此带来的极度苦恼和精神紧张，是不是他不久之后就患上的致命疾病的一个诱因。显然，迈出这一步确实对他的身体造成了一些影响，因为他面色苍白，表现得身负重压。此外，体力劳动确实也增加了不少。我想他之前从没有在同一个地方从早上8点工作到下午5点，而且每天要开好几个会。此前无论他工作多么努力，时间总是可以自主安排的。在他成为委员一段时间之后，他的健康出了非常严重的问题的第一个迹象就出现了。

在我认识他的这么些年里，他看上去总是十分健康。他只是偶尔感冒，睡眠良好，工作努力，能够自由地饮食，没有任何不良症状。我认为他没有疑病症。相反，除了偶尔的感冒或牙疼，他很少关注自己的身体状况，虽然有一次他给我看过他与亚诺什·普勒施医生关于肾功能的通信。在我们在菜豆峡谷里的多次散步中，有一次我们经过一棵被藤蔓紧紧缠绕的树，他评论说，一个人被包围、被困住，无法逃脱的感觉一定很可怕。后来在他瘫痪时，我又想起了他的这番言论。

我风闻一些模糊的传言，说他病了。我向泰勒询问，但他给了我一些含糊其辞的回答，还说了一些我不太理解的话。我往乔治敦打去了电话，克拉里给我讲了一个含蓄的小故事。我不禁怀疑出了一些非常糟糕的状况，后来发现约翰尼特意嘱咐过，不要告诉我他得了癌症。一天他坐在办公室里，忽然感到肩膀一阵剧痛，痛得几乎要昏过去。后来疼痛消失了，但他去了位于波士顿的麻省总医院，在那里医生从他的锁骨上切除了一小的恶性肿瘤，可能已经是二期了。他很快从这次外科手术中恢复，又来了一次洛斯阿拉莫斯，这成了他对这里的最后一次访问。我仍未得知他的病情。

他来到我们的住处，我注意到他稍微有点儿瘸。他看上去明显有些心事重重、焦躁不安。他有一些忧伤，似乎经常环顾四周，我后来才意识到，他可能在想这也许是他最后一次来这里了，他想记住这里的风景、群山，记住他经常度过有趣愉快时光的那些非常熟悉的地方。但与此同时，他还为他以原子能委员会委员的身份出现在洛斯阿拉莫斯开了玩笑。如今他在这里不仅要思考科学事务，还要思考非常乏味的行政事务。拉比也在镇上，他也附和说这不再是一次科学访问，而是一次巡视。他离开之前，弗朗索瓦丝给他看了一张最近拍摄的克莱尔骑在自行车上的照片，他把这张照片要走了。他穿过花园走回富勒小屋，我透过窗户注视着他，我明确地感觉到，他的脑子里充满着忧郁和悲伤的思绪。

几周后我去华盛顿，约翰尼带我去吃午饭。用餐时他告诉我医生发现他得了癌症，并描述了是哪类癌症。这对我如同晴天霹雳。我告诉他我之前就觉得事情有些不对，但出于某些原因我只是怀疑他是不是患了糖尿病或心脏病。我转过脸去，不想让他看到我是多么心烦意乱，但他还是注意到了，于是开始讲一个笑话，说布达佩斯有一位妇女，她的女佣病了。她请了一位医生，医生说她的女佣得了梅毒。"感谢上帝，"那妇女说道，"我还担心是麻疹，那样她可能会传染给孩子们。"在这次对我触动很大的午餐中，他仍然表现出强大的意志力，没有向命运屈服的迹象。我则大受打击，不知他还能否康复。

下一次去华盛顿时，我到约翰尼家中看他。他在乔治敦租的房子与他在普林斯顿的截然不同。房子很小，非常有17世纪荷兰的风格，门廊铺着黑白相间的地砖，就像维米尔的某些画里那样。他仍在原子能委员会工作，但行走越来越困难，很快就不得不坐轮椅了。朋友们甚至是医生们都怀疑，部分病因是身心失调。他究竟得的是哪种癌症，从来也没有搞清楚。我也从未完全了解他患病的整个过程，我觉得没有多少人知道。克拉里也从不愿多说。我听说癌症起始于前列腺，最终转移了，这导致了他身体部分瘫痪。

在他患病期间，约翰尼没有对我讲过他在洲际弹道导弹委员会的重要工作，后来我才知道他是委员会的主席，那个委员会因此也被称为"冯·诺伊曼委员会"。随着他病得越来越厉害，一些会议就在他家里举办，后来又安排在伍德内酒店，因为冯·诺伊曼搬到了那家酒店里，这样离他接受治疗的沃尔特·里德医院近一些。他一直保持这种全然的谨慎，直到最后。尽管我可能是他最亲密的朋友之一，但他从不向我透露与我无关的机密或军事问题。我们通常的交谈要么是关于数学的，要么是关于他新近感兴趣的自动机理论的。关于后者的对话在战前就以零星和并不深入的方式开始了，而当时这方面的理论几乎不存在。从战后直到他患病之前，我们就相关问题做了很多讨论。我向他提出了我自己关于以晶体状排列的细胞构成的自动机的设想。亚瑟·伯克斯在他主编的《细胞自动机》一书，以及他自己关于自动机理论的书中描述了这个模型。那个时候人们认为，在人类颅骨内的狭小空间中，聚集着 10^{10} 个神经元，而每个神经元又放射出几百条，在中心区域可能是上千条与其他神经元的连接。我们过去常常惊叹于大脑组织的复杂性。如今我了解到，有发现表明一个神经元与其他神经元之间的连接有数千条，在有些区域能达到五万条乃至更多。当时人们认为，每个神经元只不过是一个简单的"触发器"，一个判定"是或否"的小机器，而如今人们相信神经元很复杂，拥有众多功能。冯·诺伊曼去世后的十五年间，大量新的事实被发现，脑的整体结构与那时相比显得更加令人惊叹，更加不可思议了。约翰尼没能活着看到克里克和沃森对细胞核内DNA链的结构及其所含遗传密码的研究取得进展。

很明显，约翰尼关于未来的自动机和有机体理论的想法，可以追溯到很久以前，但更具体的思想是在他搞电子计算机之后提出的。我认为他迫切要求发展电子计算机的动机之一，就是他对神经系统的工作机制和大脑本身的组织结构的迷恋。他去世后，他的一些同事搜集了他关于自动机理论的大纲的手稿。他身后出版的那本关于大脑的书，只是他计划思考的内容的最基本初稿。他过早地离世，生前看到了那片应许之地，但几乎没有进入。分子生物学的巨大发展对他来说实在发生得太晚了，他没能了解它，也无法进入一个据我所知深深地吸引着他的领域。

另一个刺激来源是他对博弈论的兴趣。起初，这也许是一种独立的好奇心，但在我看来，关于竞争、生存斗争和进化的一般理论，在不远的将来将提供一整套新的数学问题和新的思维模式，涉及通过现在被称为进化和"适者生存"的竞争来进行的生物学过程的发展模式。在这一领域，他的主要工作之一是详细阐述和创造了新的概率博弈论模型，特别是对联盟规则的研究。他和普林斯顿的经济学家奥斯卡·莫根施特恩一起，在他们不朽的著作《博弈论与经济行为》中阐释了这些思想。

在冯·诺伊曼去世后的十五年间，新发现的事实更加令人困惑，整体脑结构比那时更加令人惊奇和不可思议。随着我们深入了解解剖学和生理学，这种趋势将更加明显，并将促进新的数学研究领域产生。

科学的复杂性日益增长的过程还在持续，而且没有趋缓的迹象。这种趋势是会持续下去，还是会发生逆转，是一个大问题。这是世界是无限的还是有限的这一问题的一部分。

在他生命的最后几个月里，约翰尼住进了沃尔特·里德医院。他住在为政府高级官员保留的一间很大的套房里。1956年秋天我们一家又在剑桥居住了，我从洛斯阿拉莫斯获得了另一段假期，去麻省理工学院做访问学者。我设法去华盛顿看了他几次。其中一次我们又谈到了寿命问题。他好奇，如果能够活下来，他还能做多少新颖的、创造性的工作。为了鼓励他，我对他说，他至少能在现在的基础上再多做一半。

说来也怪，三年前我去芝加哥的医院探望费米时，我们的谈话也曾转到相同的话题上，费米当时说他觉得自己已经做完了他大部分的工作。两位杰出人物的观点是多么不同啊，至少在他们表达或抑制感情的方式上是这样的。

同样是在这次探望冯·诺伊曼时，我曾不小心走到了医院同一层楼上与他病房相对的一个角落。我走进了一间接待室，两名军人正坐在里面，他们惊奇而疑惑地看着我。我说我来这儿探望一位朋友，他们的目光变得愈发狐疑，而当我补充说那位朋友是冯·诺伊曼博士时，他们笑了，并把我指引到正确的房间。我刚才误入的是艾森豪威尔总统心脏病发作时住的总统套间。进入约翰尼的房间后，我把这件事告诉他。这让他很高兴，住在一个和总统刚好对称的位置使他感到很愉快。

几个月以前，施特劳斯海军上将和我谈过，如果约翰尼的健康能恢复到足以出院，但又不足以回到原子能委员会的程度，他的生活该怎样安排。当时的想法是，换个新的环境让他振作起来，也许可以给他提供一些政府工作以外的事情来做。尽管施特劳斯认为他不会彻底康复，但还是愿意帮助他在加利福尼亚大学洛杉矶分校获得一份特别教职。这一前景多少转移了一些约翰尼的注意力，并使他稍微振作了一些。

约翰尼从不为痛苦而抱怨,但从他的态度、言辞,以及与克拉里之间关系的变化可以看出,事实上,在他生命的最后阶段,他的整个精神状态是令人心碎的。从某种意义上说,他成了一名严格的天主教徒。一位本笃会修士来访并与他交谈。后来他又要求请一位耶稣会士来。很明显,他在口头上和逻辑上与他人交谈的东西,与他内心深处对自身的思考和忧虑之间,存在着很大的差异,这从他的脸上就能看出来。约翰尼曾经是一个彻头彻尾的不可知论者,尽管他有时候也会表达他对奇迹和神秘事物的感受。有一次当着我的面,克拉里责备他对自己的智力成就太过自信和骄傲,他回答说,正相反,他对自然界和大脑进化中的那些奇迹充满了赞美,与之相比我们所做的一切都是微不足道、无足轻重的。

　　后来他病得非常非常重,我会坐在他身边设法分散他的注意力。他仍然对科学保有一些好奇心,他的记忆力有时似乎还可以,偶尔会令人惊异地好。我永远也不会忘记他去世前几天的那个情景。我从他的一本已经翻破了的修昔底德作品中,找了一个他特别喜欢的雅典人进攻米洛斯的故事,用希腊语读给他听。他对那个故事记得还很清楚,能够纠正我偶尔讲错的地方或是发错的音。

　　1957年2月8日,约翰尼在沃尔特·里德医院病逝。在一场简短的天主教仪式上,他被安葬于普林斯顿,施特劳斯海军上将致了简短的悼词。葬礼过后,在他家里有一场小小的聚会,在场的有几位数学家,其中包括他的老朋友詹姆斯·亚历山大,他刚从一场与我在洛杉矶得的病类似的疾病中恢复过来。还有数论学者阿特勒·塞尔伯格、曾参与建造MANIAC机的工程师刘易斯·德尔·萨索,以及在高等研究院长期担任其秘书的戈尔曼夫人。约翰尼去世后,弗朗索瓦丝带着克莱尔到华盛顿陪了克拉里几天。她所喜欢的孩子的出现,有助于克拉里暂时忘掉约翰尼去世前那漫长而痛苦的几个月。

冯·诺伊曼的才华非常全面。我认识一些出色的数学家,他们对其他科学的好奇心非常有限,但冯·诺伊曼却不然。

冯·诺伊曼作为数学家和科学家的名誉和声望在他死后与日俱增。他的兴趣和科学事业的广度,以及他的个性和神奇的大脑,正在使他成为传奇,超过了他对数学研究的直接影响。诚然,他在生前已经获得了巨大的声望,以及数学界能够给出的所有荣誉。但贬低他的人也是存在的。他并不完全是人们可称为数学家的那种数学家。很早以前,从他倾向于数学的应用时,在他年轻时写关于量子理论的文章时,纯粹主义者们就反对他在数学之外的兴趣了。

至于我本人,我从未对他在希尔伯特空间或连续几何方面的工作有很深刻的印象。这是一个品味的问题,当我自己曾经更倾向于纯粹主义时,我也针对他参与的某些应用数学工作开过善意的玩笑。有一次,我对他说:"等数学在牙科上应用时,也许你才会罢手。"

但他的兴趣并不是微不足道的,而且他那绝妙的幽默感使他不至于偏离数学大厦的主体。从这个方面讲,他是独一无二的。他的总体智慧、广泛兴趣,以及他对短暂的技术工作和数学之树本身的生命线及其在人类思想中的作用之间的差异那种绝对的感知能力,也是独一无二的。

现在巴拿赫、费米和冯·诺伊曼都已经去世了,这三位杰出人物的智慧给我留下的印象最为深刻。他们的离去着实令人悲痛。

第四部分

最近十五年

第十三章

政府科学

1957—1967

写最近发生的事情要更加困难，所处的视角要差一些，区分哪些是独特的、重要的，哪些是偶然性的就更不容易。因此与前面章节的回忆和反思相比，我关于最近十五年的叙述范围要更窄一些，涉及的人和事的选择也要更随意一些。

获准休假到麻省理工学院待了一年后，1957年我回到洛斯阿拉莫斯，布拉德伯里请我担任一个新设置的职务——实验室负责人的研究顾问。顾问一共设两位，另一位是约翰·曼利，他战时曾在洛斯阿拉莫斯担任很重要的管理职务，后来离开去华盛顿大学西雅图分校做了很长时间教授，如今又想回到新墨西哥州来。从行政上来说，研究顾问和部门负责人是同级别的，他们的职责是监督整个实验室各个部门的研究活动：理论、物理、化学和冶金、武器、卫生、"漫游者"（核火箭）以及其他部门。我们一起努力对实验室的各种项目施加积极的影响。这是一项艰辛的、涉及多方面的工作，要和许多人讨论他们各自的研究活动，这也使我自己的兴趣范围得到了扩展。我一直担任这一职务，直到1967年我从洛斯阿拉莫斯退休，转而加入科罗拉多大学博尔德分校数学系为止。在实验室内部，我和曼利两人分别以RASU和RAJM的代号而为人所知[①]。

在洛斯阿拉莫斯担任行政职务与后来在科罗拉多大学博尔德分校数学系担任系主任的经历，使我对那些完全被行政职责缠身的朋友和熟人有了更多的理解乃至欣赏，也对他们产生了同情。以前我对系主任、院长、校长和负责人什么的，通常是抱着怀疑态度的。当然也有例外，其中之一就是从1940年代中期开始在洛斯阿拉莫斯担任理论部门负责人的卡森·马克。马克是加拿大数学家，在战争临近结束时和英国代表团一起来到洛斯阿拉莫斯，几年以后他加入了美国籍。他以超乎寻常的冷静和客观态度，经受住了当时和泰勒相关的困难造成的冲击。他是我认识的少数几位能在广泛意义上理解物理学和相关技术问题的数学家之一。他对理论部门的指导是通过智慧来管理科学团队，而并不对项目工作施加过度压力的一个范例。对于仅与实验室的任务间接相关的领域，他也能够鼓励大家在其中自由地开展科学研究，并最大限度地支持理论物理和应用数学方面的工作。(顺便提一句，他还是我们打扑克活动的常客。从1945年至今，我不记得他有哪一次拒绝参加或者错过了我们的牌局。现在我们打牌的次数明显减少了，先是从一周一次变成一月一次，如今只是偶尔打了，主要是在我去洛斯阿拉莫斯的时候打。)

战后，科学技术对国计民生而言极其关键这件事变得显而易见了，西方国家的政府必须为之花费大量时间并投入巨额预算。著名科学家被召入政府的核心集团，帮助指导他们国家的科学活动，不仅是为了军备竞赛，也是为了技术进步。丘吉尔拥有彻韦尔勋爵，戴高乐拥有弗朗西斯·佩兰，而美国则有自己的科学顾问委员会。从布什和

---

① RASU即Research Advisor Stanislaw Ulam，研究顾问斯塔尼斯拉夫·乌拉姆的首字母缩写，RAJM同理。

科南特开始，奥本海默、冯·诺伊曼和其他许多人都成了政府的"贤达"。在艾森豪威尔、肯尼迪和约翰逊当政时期，政府科学达到了顶峰，委员会的人数也激增，甚至我发现自己也在征召之列。在那之前，我一直拒绝被赋予任何组织性职位。多年来我可以宣称，我唯一担任过的"行政"职务要追溯到早年在哈佛时，曾在学者学会的品酒委员会里干过。

由于我搞过氢弹，从约翰尼去世之前几年开始，我卷入了一些错综复杂的纷争。这些事情确与政府科学以及我成为多个涉及太空和空军的委员会的成员有关。此外，在某些圈子里，我被视为泰勒的竞争对手，我怀疑自己被当作了某种平衡力量。我参与的一些政治活动包括，我对《禁止核试验条约》表明立场，并在华盛顿就这一问题发表证言。漫画家赫布洛克在《华盛顿邮报》上发表了一幅影射我和泰勒各自立场的漫画，幸而我在其中是以"正面形象"出现的。

由于我从来不写任何形式的笔记或日记，在忙于科学技术活动的这些年里，我对事件发生的时间顺序以及事物与人物之间关系的叙述可能不总是完全正确的。

我很快注意到，华盛顿的那些委员会对新的想法往往非常妒忌，它们的成员表现出众所周知的"这里没有发明"综合征，会仅仅为维护委员会成员的既得利益而拒绝他人的提案或想法。这种情绪对新项目发展造成的妨碍，比对项目本身的代价和资金需求的担心造成的更大。决策有时似乎也不是基于客观评估做出的，而是出于常见的学术竞争和对科学声誉的嫉妒而做出的。要不是已经上了年纪并有点儿玩世不恭，以上这些应该早就让我离开政府科学岗位了。还记得约翰尼在洛斯阿拉莫斯时，在多个场合都发表过言论，说引入新事物是多么不易。他说，你必须把所有的卫道士——说服。然而一旦某个事物为大家所接受，它就变成了某种经典，要想改变或舍弃它就会变得同样困难乃至不可能。现在，这个国家的情况变得更加糟糕了，部分原因是最近对科学的价值及其益处的怀疑态度不断蔓延，还有就是与作为美国传统特征的事业心、活力以及合作精神背道而驰的一种普遍的消极情绪的弥漫。

核动力推进的宇宙飞船的想法在原子能成为现实后立即就产生了。这个想法是显而易见的，利用核能更高的能量密度，可以推进有效载荷很大的飞船，进而实现壮伟的空间探测航行乃至登月旅行。我认为费曼是战争期间在洛斯阿拉莫斯第一个谈到使用原子反应堆来加热氢气并高速排出气体的人。通过简单计算就可以知道这样会比排出化学反应的产物要更为高效。

我参与了两个这样的项目，一个是以顾问身份，另一个则更直接。第一个项目是"漫游者计划"，即制造一枚核反应堆火箭，它在苏联第一颗人造卫星上天前多年就已经在洛斯阿拉莫斯设计出来了，但项目资金非常有限。第二个项目是一艘宇宙飞船，后来起名为"猎户座"。约在1955年，我和埃弗里特写了一篇关于通过连续的小型核爆来推进宇宙飞船的论文。这个想法甚至还被原子能委员会以我们的名义申请了专利。这个方法会比"漫游者"的推进方法强大得多，能以极具雄心而又很高效的方式实现空间探索。它可以让飞行器以高有效载荷高速行驶，有效载荷占初始总重量的比例很高。这样的飞行器可以运送数以百计乃至千计的人。在基斯佳科夫斯基担任艾森豪威尔总统的科学顾问时，我把这种可能性告诉了他，但他的反应并不是十分热情。不过他后来对于"猎户座"的兴趣要浓一些。

1960年11月约翰·肯尼迪当选总统后不久，我接到杰里·韦斯纳从剑桥打来的电话。我在麻省理工学院做访问学者的那年就认识韦斯纳了,我们见过若干次面,在科学项目、国家计划和教育等方面相谈甚欢。我们也谈到了关于泰勒的纠纷,韦斯纳对爱德华那种政治行为持谨慎态度。我接到电话时并不感到很惊讶。通话持续了半个多小时,杰里告诉我肯尼迪总统任命他为一个有关科学技术的特别小组的负责人。他问我对总统应该了解并考虑的那些对国家有重要意义的科技项目有什么看法。我问道:"登月怎么样?"我料想其他许多人应该也提过类似的建议。肯尼迪在他的就职演说中提出了将人送上月球的国家计划。我正式地参与太空事业就是从那通电话开始的。我成了韦斯纳的科学顾问委员会的顾问,经常到华盛顿去。

战争刚结束时,来自新墨西哥州的参议员、杜鲁门总统曾经的内阁成员克林顿·P. 安德森成为对核能利用最感兴趣、最了解、最有影响力和最有效力的支持者之一。他在帮助洛斯阿拉莫斯实验室发展,以及在与之相关的位于阿尔伯克基的桑迪亚实验室的大型设施配备方面,发挥了重要作用。

我是在他对洛斯阿拉莫斯的一次早期访问中与他结识的,我很欣赏他的自信。在我看来,他不仅在核能领域,而且在空间活动方面,对我的意见都很信任和依赖。他多次请我就某些具体的航天问题在国会作证,比如美国国家航空航天局的组织问题,以及它应该是军事机构的一部分还是一个独立的组织等。

当决定要切实为"漫游者计划"做点事时,韦斯纳任命了一个总统委员会来调研此事,我也是成员之一。我注意到其中的一些化学家成员对计划的价值和可行性有一定程度的怀疑。在我看来,这是因为他们担心它可能会与正在开发的现有化学火箭推进系统相竞争。委员会的一些讨论让我想起了20世纪初在轻于空气和重于空气的倡导者之间发生的大辩论①，甚至想起了更早的汽船与帆船之争。实际上，委员会写了一份报告，对"漫游者计划"含糊地赞扬了一番，但基本上在事实上对该计划判了死刑。因为报告建议将"漫游者计划"作为一项纯粹的理论研究，不为实验工作提供资金，也不进行任何建设性的投资。成员中只有物理学家贝恩德·马蒂亚斯与我一道写下了不同的意见。

安德森议员是国会太空委员会的主席，他了解我对于"漫游者计划"的立场。出于对委员会的心理和政治动机的了解，以及对新技术及其对国家的重要意义的极大兴趣，有一天他带我去了当时的副总统约翰逊的办公室。我们又一起去一栋邻近的建筑见韦斯纳。约翰逊和安德森在一场会议上极力敦促杰里改变科学顾问委员会对推进问题的态度，会上我也在场，因为我和杰里是朋友，所以我有点儿尴尬。约翰逊和安德森支持我的观点，反对杰里的。最终我们少数派的观点占了上风，"漫游者计划"得救了。洛斯阿拉莫斯进行的相关工作分配到了资金，多年来它成了一项非常成功的事业。不幸的是，后来因为太空计划的经费削减，项目再次下马了。

我还受邀加入了一个空军委员会，研究一个类似的课题：太空计划的一般问题及空军在其中扮演的角色。委员会的主席是特雷弗·加德纳，他是艾森豪威尔任总统时的空军事务助理国务卿。加德纳是一个非常有趣的人，我很喜欢他。他朝气蓬勃的个性、充沛的精力和广阔的想象力非常吸引我。我感到和他很投缘。

委员会里原本就有一批科学和技术界的重要人士。除我以外，唯一的数学家是马克·卡克，他出席过几次会议。在"大亨"级成员中，

---

① 关于航空飞行器的密度是一定要小于空气还是可以大于空气的争论。

我记得有哈罗德·布朗，他是利弗莫尔实验室的负责人，后来的空军部长；有查理·汤斯，他因为发明微波激射器而获得诺贝尔奖；还有伯纳德·施赖弗将军，他经常到场。曾经在冯·诺伊曼的洲际弹道导弹委员会担任过他助手的文斯·福特，如今是加德纳的助手。他在洛斯阿拉莫斯组织一个工作小组委员会的会议。这些会议有许多来自新生的航空航天行业的人士参加。以施赖弗将军为首的空军弹道学部门的总部位于洛杉矶，有时我们就在那里开会。另一些时候，我和施赖弗将军、加德纳还有福特会在华盛顿见面，我们一边在餐馆吃午饭，一边讨论如何对太空探索事业进行规划，以及空军如何开展太空研究这类更广泛的问题。

较早的一次会议上，有业内人士提出了回收火箭发动机的计划，通过对它们加以重复利用而省钱。而在我和其他一些人眼中，真正的问题在于把卫星发射上去，并且越快越好，而不是以省钱为出发点。另外在我看来，推进器，也就是发动机在整个开销中只占一小部分，至少可以说，重新使用可能已经损坏的二手发动机是一个笨拙的方案。当提议者喋喋不休地谈论他们的想法，展示他们的图表和曲线时，我对加德纳耳语道："这在我听起来就像是，建议同一个避孕套要使用两次。"这使他忽然大笑起来，并把这句话围着桌子小声传递了下去。也许就是这个笑话为美国节省了数百万美元，没有把它们花费在当时毫无意义和不切实际的工作上。

加德纳委员会也讨论了"猎户座计划"。在我的建议下，泰德·泰勒成了一个针对该计划开展工作的工作组的执行组长。如泰勒所说，从1957年开始，作为对苏联人造卫星的回应，他提出了"猎户座"的构想。他在加利福尼亚州拉荷亚的通用原子实验室召集了一群令人印象深刻的聪明的年轻人。物理学家弗里曼·戴森对此很感兴趣也充满热情，他从普林斯顿高等研究院请了一年假，来和泰勒一起工作。几年后，他写了一篇很有说服力的文章，描述了这个项目，以及它最终是如何被搁置起来的。这篇文章以《"猎户座"的生与死》为题，发表在巴黎的《世界报》上。

不知怎么回事，加德纳委员会的报告到了华盛顿迷宫的高层后就没了下落。关于空军在太空事业中扮演的角色，韦斯纳与加德纳意见相左。华盛顿有人设法隐藏了这份报告，我估计肯尼迪总统根本没看到它。整个事情至今对我还是一个谜。在加德纳委员会完成工作后，事情由另一家被称为"特文宁委员会"的机构接手。其成员包括一些鹰派人物，如爱德华·泰勒和戴夫·格里格斯，以轰炸东京而闻名的杜立特尔将军也是成员之一。

后来，我又与特雷弗·加德纳有过更私人性质的联系。他邀请我加入他领导的加利福尼亚州海康公司的科学咨询委员会。该公司制造高度机密的军事装备，包括特种照相机。委员会的其他成员有福勒、劳里森、来自麻省理工学院的物理学家阿尔·希尔，以及帕洛马的天文学家杰西·格林斯坦。我了解到，海康东部分部的韦斯纳及其团队，与加利福尼亚州的加德纳他们在公司的财务问题上存在严重分歧，显然韦斯纳和加德纳基本上可以说是话不投机的。

对某些人来说，加德纳是一个有争议的人，因为他脾气急躁，主张坚决。他有很强的政治野心（他本想成为国防部长），但与肯尼迪政府的一些成员意见相左。他在肯尼迪遇刺前不久死于心脏病。是加德纳创建了冯·诺伊曼洲际弹道导弹委员会，这对美国的太空事业至关重要，我认为是它使太空事业真正起步了。这件事以及加德纳的其他一些举措对军事乃至整个国家的重要性，是怎么评价都不过分的。

在参与上述活动的同时，我还继续做着自己的工作。费米去世后，我和帕斯塔决定沿着在电子计算机上进行数学和物理问题的启发式实验工作这一方向继续探索。我们认为在将经典力学和天文学问题相结合这方面，有两种问题适合开展研究：一种是研究一个星团或星系中大量的"粒子"，即恒星的行为；另一种是研究宇宙中一团气体的演化史，它最初通过收缩从一定的初始条件发展而来，可能会产生一组双星或聚星，之后会发生越来越多的核反应，逐渐耗尽自身的核原料，最终可能会坍缩。在过去二十年里，人们对后一种问题进行了许多计算，进而改变了对天体物理学的整体理解，也改变了对从单个恒星直到整个宇宙的演化的理解。

我想用计算机研究的第一个这类问题就是恒星团的问题。我们取了大量质点，来代表星团中的恒星。实验的想法是要看看在以千年计的较长时间尺度内，一个设定好初始条件、模拟了其中恒星实际运动的球状星团里会发生些什么。这的确是一项开创性的计算工作，表明了这类研究是可行的。它在经典力学、子群体的形成和收缩方面给出了非常奇特和出人意料的观察结果。我们拍摄了这些运动的画面，在一个不断加速的时间轴上展示了这些有趣的现象。这项工作在伯克利、法国和别的一些地方带动了其他类似的研究。

另一项我尝试攻关，却尚未解决的问题是考察空间尺度非常大的一团气体，比如像太阳系那么大，其密度很低，看它在初始条件下受到一些轻微扰动而开始收缩后会发生什么。考察它将如何收缩，又如何最终形成一颗恒星。问题的有趣之处和实际目的在于，看看它是否会形成，以及有多大概率会形成双星、三星或聚星。根据最新的研究，至少有三分之一的恒星是聚星。通过暴力计算来看一团不规则形状的气体的收缩过程是如何发展的，是一件很美妙的事。除此之外，还有星系，也就是数以十亿计的恒星的集合体的形成和演化问题。天体物理学家在这方面同样在计算机的帮助下取得了许多成果。

在进行以上这些天体物理学计算的同时，我开始以一种外行的方式来研究某些生物学问题。当时分子生物学领域的新发现不断产生，在读到一些这方面的东西之后，我对数学思想可以在生物学中扮演的某种概念性角色感到好奇。在此我套用一下肯尼迪的名言之一：我感兴趣的"不是数学可以为生物学做些什么，而是生物学可以为数学做些什么"。[1]我相信通过研究生命世界，人们将会提出新的数学模式、新的公理系统，当然还有新的数学结构系统。生命世界的排列组合，可能会使我们在未来找到一种与我们现在所知的性质迥异的逻辑学和数学。读者可以参阅我的一篇关于数学生物学的论文。它过于专业，不便在这里引述，已列在书后的参考文献中。

在与詹姆斯·塔克进行了讨论，并和他一起与实验室中的生物学家们交谈过之后，我在生物学方面的兴趣变得更加明确了。洛斯阿拉莫斯一直都有一个研究辐射的生物学效应的部门。从进入核时代开始，放射性损伤显然就是最值得担心的事情之一。我和塔克、戈登·古尔德以及来自卫生部门的唐纳德·彼德森一起组织了一个讨论班，致力于研究当时的细胞生物学问题并讨论分子生物学的新成果。我在讨论班上确实了解到了很多生物学的基本事实，包括细胞的功能、结构，等等。讨论班大约有二十名参与者，它虽然只持续了两年，但产生了重要的影响。其中的两位参与者，洛斯阿拉莫斯的物理学家沃尔特·戈德和乔治·贝尔，两人都才华横溢、极具天赋，处于美国在这些领域里最优秀的年轻人行列，他们现在正从事大量的生物学

---

① 肯尼迪总统的原话是："不要问国家可以为你做什么，而要问你可以为国家做什么。"

研究。戈德如今在做生物数学领域的工作，而贝尔则在免疫学方面提出了一些新观点。来自科罗拉多的特德·普克也造访过讨论班并做了一些讲座。

我认识特德·普克是在战后不久。我发现他脑子里充满了新想法，他为研究细胞行为和一般分子生物学问题提出了一些有趣的实验和方法。我认为特德·普克的团队是最先成功让哺乳动物细胞在体外存活乃至增殖的。我总是很期待能和他讨论问题，正是他安排我为生物物理系的教员和年轻研究员们开设讨论班，他甚至成功地让我成为科罗拉多大学医学院的一名教职人员。我对他说，身为这个领域的初学者和门外汉，我没准会因为冒充医生而被抓起来。

几乎每个月生物学都会有迷人的新发现。现在人们普遍认为，克里克和沃森的发现也在人们对生物学的心理态度方面开创了一个新纪元。若干年前在哈佛，当我与生物学家们交谈，试图询问或提出一个哪怕只是略带普适性的命题时，总会遭到反驳："并非如此，因为某某昆虫就是一个例外"或者"某某鱼是不一样的"。人们对于任何稍微具有普适性的东西，都怀有一种普遍的不信任感，至少是犹疑感。自从发现了DNA的作用、细胞复制的机制，以及看来如此通用的遗传密码之后，这种态度发生了翻天覆地的变化。

这些年，我不是一直待在洛斯阿拉莫斯的。我作为访问学者分别在哈佛、麻省理工学院、加利福尼亚大学拉荷亚分校和科罗拉多大学度过了一些时日。我还对许多大学和政府的或企业的实验室进行了难以计数的走访，参加了许多科学会议，在那些地方做讲座或提供咨询，这些活动可以称为公务旅行。如果再加上从1950年起我们几乎每年都要去欧洲度假的话（主要是去法国，弗朗索瓦丝在法国仍有些亲戚，而我则有不少科学界的朋友），那么在我看来，我大约有25%的时间是在洛斯阿拉莫斯之外度过的。

那段时间，我与维克托·魏斯科普夫的友谊得到了发展。战争期间在洛斯阿拉莫斯，他接替贝特成为理论部门的负责人时，我就认识他了。战争一结束，他就离开洛斯阿拉莫斯，去麻省理工学院任教授了。我们之间的关系在我访问剑桥、哈佛和麻省理工学院期间得到了加深。

他是一位理论物理学家，人们都称他为维基。他年轻时就以在量子理论中的辐射问题方面的重要工作而为自己赢得了声誉。他有一段时间做过泡利的助手，还在哥本哈根著名的尼尔斯·玻尔研究所工作过。维基出生在维也纳，我注意到这一点，是因为他展现了维也纳人气质中最好的一面。这种气质可以从下面的话语中得到体现。第一次世界大战后，柏林人常说："情况危急，但不绝望。"而维也纳人则说："情况绝望，但不严重。"这种泰然自若的态度与他最高度的智慧相结合，使维基不仅能够克服行政和学术事务中常见的困难，而且能够在理论物理学中的智力和科学难题这样更抽象的领域里迎难而上。他曾经担任位于日内瓦附近的欧洲核子研究中心的理事长、麻省理工学院庞大的物理系的系主任，还有其他一些职务。我想说，他智力上的稳定性源自他对物理学历史的精神的真正了解和感受。这是他通过洞察、理解、筛选和评估涉及这门科学之基础的物理理论中快速变化的场景而实现的。为了方便那些并非专业物理学家的读者，我要在这里补充一点：在过去三十年左右的时间里，对于由基本粒子和场组成的这个让人感觉越来越奇怪的世界，人们的解释可以说是千变万化。许多极具才华的理论家相互竞争，以博学和聪明的尝试来解释和整理那些不断流出的实验结果。那些结果近乎倔强地要让大家怀疑那些刚刚得出的理论公式，或者说在我看来是这样的。虽然在过分数学化的理论物理学研究中,除了这些乱象之外,也在不断取得良好的进展,但正需要像维基这样的人(这样的人真的很少,用一只手就数得过来),才能够使这种流动稳定下来,从中提炼出对量子理论思想的新阐释的要点,并能够同时向物理学家们自己以及更广大的公众解释和描述它。

他那些半通俗的物理学著作非常有趣,在介绍他的哲学和反映科学故事中人性的一面上十分成功。他一直极为关注人类问题和国际事务问题,至今依然如此。他为人和蔼可亲,与每个人都相处得很好。他还喜欢讲故事,有时我们对彼此讲犹太笑话能讲上一个小时。

他在欧洲核子研究中心任职期间(他如今每年夏天仍会去那里担任顾问),他们一家在边境线法国一侧侏罗山中的一个小村庄里建了一座朴素的避暑别墅,在那里可以居高临下眺望日内瓦湖。从欧洲核子研究中心到别墅只有二十分钟车程,他们一家基本上整个夏天都住在那里。我们近些年每次去欧洲旅行时,基本上都要到位于弗藏西的魏斯科普夫家的房子里小住一下。离他们村子几千米远有一座名为费尔内-伏尔泰的村庄,它因伏尔泰曾经在其中住过很多年而得名。我以同样的方式,将弗藏西称为弗藏西-魏斯科普夫。维基很喜欢这个叫法,它也挺恰当,因为维基在村里已经是相当重要的人物了。人们都称他为"主任先生",而农夫们看到他瘦瘦高高的身子迈着小心的步伐穿过他们的田地时,会纷纷脱帽致敬。

1960年,我的《数学中尚未解决的问题》一书出版了[①]。多年以前,弗朗索瓦丝曾经问斯坦豪斯,是什么使人们把我视为一位相当不错的数学家。据她说,斯坦豪斯的回答是:"他是世界上最善于提出问

---

① 原文为 *Unsolved Problems of Mathematics*。但考察本书的其他地方,并检索作者出版过的著作,1960 年似乎并没有这么一本书出版。那年出版的是《数学问题集》(*Collection of Mathematical Problems*)一书。因此此处的书名可能有误。

题的人。"显然我的声名，尽管也并没有多么显赫，是建立在我提出问题，特别是提出正确问题的能力之上的。这本书列出了一些我自己没有解决的问题。年轻时，我很喜欢写在格奥尔格·康托尔论文前面的一句格言，那是引述的一句拉丁文："In re mathematica ars proponendi quaestionem pluris facienda est quam solvendi."（在数学中，我们提出的问题必须比解决的问题多。）

1960年后不久，这本书被翻译成了俄文。由于苏联与西方之间并没有版权协议，所以苏联人不必付版税。但一些西方作者在苏联期间发现，他们可以因自己的著作被翻译过而获得一些钱。汉斯·贝特和鲍勃·里克特迈耶都成功拿到过补偿。因此1966年去莫斯科参加一次国际数学会议时，我想到我也可以试一试。由于俄语与波兰语相近，我就到出版社用自己模仿的俄语去谈这件事。那里也和莫斯科的其他地方一样，尽是打字的姑娘、成堆的文件和其他纸张。一位上了年纪的先生似乎理解了我的要求，并问我是怎么知道应该来找他们的。我说了几位朋友的名字。他走进里间，过一会儿又出来了。读者应该知道，苏联人不会像英美人那样发H音，他们会发成G音。比如希特勒念成吉特勒，哈姆雷特念成伽姆雷特，希尔伯特念成吉尔伯特。那位先生笑容可掬地用俄语对我说："请您明天带着您的护照再到这里来，我们会给您——"我听见的似乎是"您的gonorrhea[1]"。当然，他说的"gonorar"实际上是"honorar"(报酬或者版税)。我当时真想说"不，谢谢"，不过我明白他的意思。第二天我再去时，他给了我一个信封，里面装着三百卢布现金。当时苏联是不允许携带卢布出境的，因此我随后去买了一些纪念品，琥珀、裘皮帽、书之类的东西，但还剩下

---

[1] 意为"淋病"。

一百卢布。我只好把它们存进了一个邮政储蓄账户，这种存款每年有1%到2%的利息。这样我就成了苏联资本家。

1960年代初的某个时候，我遇到了数学家吉安－卡洛·罗塔，他几乎比我年轻四分之一个世纪，无疑代表着下一代。甚至有可能是之后几代，因为在数学学术上，在实际年龄仅仅相差几岁的老师与学生之间就可能存在代沟了。但我们的关系与年龄差异无关。罗塔自称深受我的影响，我因此创造出了"influencer"（影响者）和"influencee"（被影响者）两个词。罗塔是我最好的"被影响者"之一，而比如巴拿赫就被我视为我的"影响者"。

从一开始，罗塔对几个不同数学领域的感觉和他在许多研究领域中的观点就给我留下了深刻印象，在这些领域中他展现了渊博的知识和丰富的常识。事实上，最近二十年乃至更长一段时间是专门化程度日益提高的时代，要找到一个通晓数学发展史的来龙去脉的人是越来越难了。

罗塔在一些几乎被人遗忘的领域中，比如对西尔维斯特、凯莱和其他一些人在经典不变理论方面的工作，也具备相当的知识。顺便说一句，他成功地将一些意大利几何学家的工作与格拉斯曼几何联系到一起，并使上个世纪的许多研究现代化。这些都令我印象深刻。他的主要研究领域是组合分析，在这个领域中他同样设法使一些经典概念得到更新，并将其应用于几何学。

我提议请罗塔作为顾问访问洛斯阿拉莫斯，从那以后他就定期前来。事实证明，他在多个方面都发挥了作用，包括对于在电子计算机上处理许多大型计算问题来说非常重要的数值分析领域。

罗塔的性格与我很合得来。他所受的良好的通识教育、对哲学的活跃兴趣（他是通晓埃德蒙·胡塞尔和马丁·海德格尔著作的专家），以及最重要的——他的古典拉丁语和古代史知识，使他填补了我身边因冯·诺伊曼去世而留下的空白。我们确实经常争着引用贺拉斯、奥维德和其他作家的话，兴致勃勃地炫耀自己的博学。罗塔还是一位真正的美食家，嗜好美酒和佳肴，特别是来自意大利的。他非常擅长制作各式各样的意大利面。他出生在意大利，第二次世界大战一结束就被带到南美，十八岁时来到美国。他在这里接受了大学教育，但在穿着、品味和习惯上保留了很多欧洲人的格调。他毕业于普林斯顿，如今是麻省理工学院的教授。

第十四章

再任教授

1967—1972

　　在洛斯阿拉莫斯的那些年里，我会经常抽出时间回到学术生活中去，而大约从1965年起，我开始以一种更定期的方式造访科罗拉多大学。因此，1967年我决定从洛斯阿拉莫斯退休，并接受博尔德的教授职位，并不算是一个很突兀的变化。我也不算是去一个陌生的新地方，正相反，我是加入了几位好朋友的行列，包括戴维·霍金斯、鲍勃·里克特迈耶还有乔治·伽莫夫，他们同样选择了科罗拉多的洛基山作为栖身之所。霍金斯战后离开洛斯阿拉莫斯后，一直在博尔德担任哲学教授；战后在卡森·马克之前担任洛斯阿拉莫斯理论部门负责人的里克特迈耶放弃了纽约柯朗研究所的职位，选择了空气更清新的博尔德；伽莫夫则在几年前就成了科罗拉多大学博尔德分校物理系的一位教授。科罗拉多大学正在蓬勃发展，尤其是在科学领域，数学系在规模和质量上也都经历了爆发式的增长。此外，博尔德离洛斯阿拉莫斯足够近，开车一天内即可轻松到达，还可欣赏沿途壮观的风景，因此我还可以继续在洛斯阿拉莫斯担任顾问并频繁造访那里。不过，我工作的重心已经从洛斯阿拉莫斯转移到了博尔德。

　　在博尔德我经常见到伽莫夫，直到1968年他去世。几年间，他的健康状况一直在恶化，终身无节制饮酒摧毁了他的肝脏。对此他也很清楚，在一些场合他曾经对我说过："我的肝脏终于来向我讨债了。"尽管健康不佳，他还是坚持工作和写作，直到生命的尽头。在俄罗斯式的葬礼上，他躺在敞开的棺材里，我意识到他是我一生中亲眼看到的第二个死人。虽然我并未明确意识到这给我带来的震动，但当我们站起来唱圣歌时，我不得不扶住栏杆，以免因膝盖发软而跌跪在地。

伽莫夫的自传《我的世界线》在他去世后出版，是根据他未完成的零碎手稿整理而成的。

伽莫夫和爱德华·康登，这两人在同一时期各自独立发现了放射现象的原因（一位在苏联，另一位在美国），又一起在博尔德度过了他们生命中的最后十年，两人的住处相去不到一百码，这真是一个不可思议的巧合。尽管康登经常感觉他和他的合作者格尼都没有因为他们的发现而分享到应得的那份荣誉，但他和伽莫夫还是成了朋友。

康登是一个了不起的人。在我看来，他是美国本地人性格最正面的典型，朴实无华、特别诚实、坚韧不拔、简单纯粹，同时又很有洞察力。他的政治观点常常和我的一致。他不喜欢尼克松，尼克松曾经在非美活动委员会上给他找过麻烦，逼得他辞去了国家标准局局长的职务。他加入博尔德分校物理系时已患有心脏病。他于1973年去世，在去世的前一年，他接受了人工心脏瓣膜手术，这使他在生命的最后几个月里能多有几分活力，也更舒服一些。

大学生活相对更自由，假期更长，除了教一些课之外就没有固定的时间安排了。周围都是数学家和物理学家，我回到了一种更具学术性的科学工作之中。数学系正将基础数学、集合论、逻辑学和数论等领域的优秀研究人员招至麾下。其中之一是沃尔夫冈·施密特，他出生于奥地利，在数论领域有很强的影响力和独创性。还有一位是更加年轻、才华横溢的波兰人扬·梅切尔斯基。他是斯坦豪斯的学生，我当系主任时邀请了他来担任教授。之后我们就合作研究博弈论、组合数学、集合论等领域的问题，近几年又就与神经系统研究有关的数学模式问题开展合作。梅切尔斯基同罗塔以及洛斯阿拉莫斯的数学家威廉·拜尔一道，整理并编辑了我的文集的第一卷。它由麻省理工学院出版社出版，书名叫作《集合、数和宇宙》。博尔德的数学系还拥有一批在分析和拓扑学方面很有能力的年轻人。

1967年，《不列颠百科全书》的编辑们邀请我和数学家马克·卡克撰写一篇长文，作为新版的一系列特别附录的一部分。后来它又以《数学与逻辑》为题单独出版。这篇文章很受好评，先后被翻译成了法语、西班牙语、俄语、捷克语和日语。我们在确定这篇文章的专业程度时很伤脑筋。它与其说是为广大公众设计的，不如说是为其他领域的科学家设计的，我们努力使它半通俗地展示有关数学中著名概念的现代思想和观点。

读者可能已经注意到，我的很多工作似乎都是和其他人合作完成的（正如这本书是和弗朗索瓦丝合作撰写的一样）。一个原因是，我倾向于通过交谈来刺激思考；另一个原因是，众所周知，我对处理细节不耐烦，对阅读我自己写的东西感到某种厌恶。当我看到自己的一篇论文发表了，我就会有一种孩子气的情结，产生一种淡淡的、挥之不去的怀疑，我担心它可能是错的，或者它可能没有什么让人感兴趣的东西，于是在匆匆一瞥之后就把它丢在一旁了。

马克·卡克也在利沃夫学习过，但由于他比我小几岁（而且我二十六岁时就离开了），我对他只是稍有印象。他告诉我，他作为一名年轻学生曾参加过我的博士学位授予典礼，并对其印象深刻。他还补充说，这种第一印象通常会一直保留下去，尽管现在我们的年龄之比已经非常接近一了，他仍然把我视为一位"年长许多的领先人物"。他来美国比我晚两三年。我记得他在波兰时非常纤瘦，但如今身材已变得相当浑圆了。他来到这里几年后，我曾问他是怎么变成这么胖的。他以他特有的幽默口气回答道："兴旺发达嘛！"他十分机敏，几乎总是很快活，这使人很容易和他合得来。

战后他来洛斯阿拉莫斯访问，我们发展了科学上的合作与友谊。若干年后，时为康奈尔大学教授的他被聘为纽约洛克菲勒研究所(如今是洛克菲勒大学)的教授。从前，生物学是该研究所主要的甚至几乎是唯一的研究科目，而他和物理学家乔治·乌伦贝克在该研究所组建了数学和物理团队。

马克是少数几位对纯数学的真正应用点是什么，能怎样加以应用有着深刻认识的数学家之一，他在这方面堪与冯·诺伊曼比肩。他是斯坦豪斯最得意的门生之一。他还是一名本科生时，就在傅立叶级数和傅立叶变换技巧在概率论中的应用方面与斯坦豪斯合作过。他们联合发表了好几篇关于"独立函数"思想的论文。他与安东尼·赞格蒙一样，都是这一领域的杰出倡导者和真正的大师。他在美国的工作成果十分丰硕，其中包括涉及数论中的概率方法的有趣成果。在某种程度上，作为一位数学家，卡克凭借其卓越的常识，在遴选出那些既处于事情的核心，又具有概念上的简单性的科学研究主题这方面，能力可以与作为物理学家的魏斯科普夫和伽莫夫媲美。此外，他们还都具有这样一种能力，即以一种可以理解且常常令人兴奋的方式，向更广泛的科学受众展示最新、最现代的成果和技术。以上两种能力或许是彼此关联的。卡克还是一位出色的讲师，谈吐清晰、睿智、富有判断力，不夹杂琐碎的东西。

和我同辈的数学家里，在我年轻时对我影响最大的是马祖尔和博苏克。马祖尔我前边已经介绍过了。至于博苏克，他向我展示了几何直觉的精髓和真正有意义的拓扑学。我从他那里学到了如何对n维空间加以想象，这光靠我自己是无法习得的。如今博苏克还在华沙继续做他富有创造性的工作。他最近提出的拓扑学中的"形状"的理论，正在展现出日益增大的影响力和应用价值。他的总体兴趣和数学观与我非常接近。他战后来美国访问过几次；我1973年赴波兰做短途旅行时，也到他位于华沙附近的乡间宅邸去拜访过他，我们之间的旧谊也由此得以再续。

一个人可以无止境地从记忆中提取回忆，并加以反思和记录。如果读者还在跟随我的话，他可能会从前面的内容中得出一幅关于我的生活、那些岁月和我认识的许多科学家的存在主义（这个词现在很流行）图景。在此我将再附上一段我在和弗朗索瓦丝结婚前送给她的我的"自画像"，以作为本章的结尾。它是从法语翻译过来的，这在一定程度上解释了为什么行文不太流畅。

S. U. 先生的"自画像"

"他常常带着一副讽刺和嘲弄的表情。事实上，他对一切荒谬的事情都很感兴趣。他也许有一些天赋，能够立刻识别和感受这些事情，所以这从他的面部表情中反映出来也就不足为奇了。

"他的谈话风格非常不稳定，有时严肃，有时愉快，但从不令人厌倦或觉得迂腐。只有对那些他喜欢的人，他才会尝试去取悦他们或分散他们的注意力。在他面前人们几乎可以就任何主题发表任何言论。只有精确的科学例外，在他看来，没有什么东西是如此确定或明显的，以至于他不允许别人有不同的意见。

"他在数学研究方面具有一定的天赋和才能，这使他在很年轻时就赢得了声誉。二十五岁之前，他一直致力工作，独来独往，很晚才渐谙世事。然而他从不会无礼，因为他既不粗鲁也不强硬。如果他有时冒犯了别人，那便是由于不小心或不知情。他的谈吐既不华丽也不优雅。他要是说了好话，那便是因为他就是那么想的。因此，他的性格本质上是坦率和真实的，有时候有点儿犟，但从不会真正吓到别人。

"他缺乏耐心、性情急躁，以致会有过激行为，任何与他相抵触或伤害他的事情都以一种无法控制的方式影响着他。但当他的情绪得到发泄之后，这种影响通常就会消失。

"很容易影响或驾驭他，只要他不觉得那是有意的。

"有些人认为他恶毒，因为他无情地取笑那些自命不凡的无聊之辈。他的性情天生敏感，使他易受微妙情绪影响。这使他既快活又忧郁。

"U先生的言行遵循这样一条普遍规律：他经常说蠢话，很少写蠢文章，从不干蠢事。"

弗朗索瓦丝读了以上描述，觉得这跟她当时对我的了解十分吻合，但她对我的法语水平之高大感惊讶，直到看完最后这一段，她才恍然大悟：

"现在我的行文要变得和我昨天偶然看到的那些文字不同了。因为上文是从大约二百年前达兰贝尔写给莱斯皮纳斯小姐的一封信中逐字逐句地摘录下来的！"（达兰贝尔是著名法国数学家、18世纪百科全书派的成员之一。）这令弗朗索瓦丝忍俊不禁。

从我摘录下这些文字到现在，已经过去了大约三十年。我想最后再补充一句，我并不认为自己有多大变化，但有一种特质是达兰贝尔没有提到而我却具备的，可以说在这一点上我是独一无二的，那是一种特定的不耐烦。我一辈子都有这个毛病，它可能会随着年龄的增长而加剧。(要是爱因斯坦或康托尔今天来这里讲课，我会像小学生那样纠结，一方面想学点什么，另一方面又想逃课。) 虽然我仍然很乐意讲课、讲演或参与讨论，但要坐上几个小时听别人讲，那是越来越难以做到了。我对一些同事说，我"就像一个上了年纪的拳击手，揍别人还行，再挨揍可就受不了了"。这让他们乐不可支。

第十五章

关于数学与科学的随想

前面的章节都是在描述我的"历险"和我所认识的那些科学家，而这一章的内容将有所不同。

在此，我将试图整理、回顾，有时也会进一步阐述我在前面所有章节中只是轻描淡写地触及的一些基本观点。我希望这些随机性的思考能使读者对科学的多个方面，尤其对是数学与其他科学的关系，有一些额外的了解。这里谈的只是"要点中的要点"。至于更详细的内容，只好请读者参阅我的一些更一般性的科学著作了。

究竟什么是数学？许多人尝试给它下定义，但没有人真正成功过，它总是与那些定义不完全相符。粗略地说，人们知道数学是用模式、关系和运算来处理数和图形的，其形式化过程涉及公理、证明、引理和定理，这些自阿基米德时代以来就没有改变过。人们还知道，它旨在构成一切理性思维的基础。

有人会说，正是外部世界把我们的思维（人脑的运转）塑造成了现在被称为逻辑的东西。还有一些人（哲学家和科学家二者都可能）说我们的逻辑思维（思维过程？）是大脑内部工作的产物，因为它们是通过"独立"于外部世界作用的进化而发展起来的。显然，对数学来说，二者兼而有之。它似乎是这样一种语言，既可用于描述外部世界，也许更可用于分析我们自身。在大脑从一个原始的神经系统进化而来的过程中，作为一个拥有一百亿乃至更多神经元，且神经元彼此之间有着为数更多的联系的器官，它的变化和成长一定是许多意外事件的结果。

数学的存在可以由存在着一个个命题和定理这一事实来推证，这些命题和定理的表述很简单，但其证明则需要数页纸来阐述。没有人知道为什么会这样。许多这样的命题都具有简洁性，这既有美学上的价值，又有哲学上的意义。

在数学的整个发展过程中，它的美学一面具有压倒一切的重要性。一个定理是否有用并不重要，重要的是它有多优雅。很少有不是数学家的人，甚至包括其他科学家在内，能够充分理解数学的美学价值，但对于数学的实践者来说，它是不可否认的。然而，我们也要反过来看到数学所谓的朴实无华的一面。这种朴实与必须一丝不苟，必须确保正确走好每一步有关。在数学中，我们不能仅仅使用粗笔勾勒，所有的细节最终都必须填充上去。

庞加莱曾说过："数学是一种不能用来表达不精确或朦胧思想的语言。"我记得这是他许多年前在圣路易斯做关于世界科学的讲演时说的。他还以自己使用英语而不是法语时的不同感受为例，来说明语言对思维的影响。

我倾向于赞同他的观点。众所周知，法语具有一种其他语言所没有的明晰性，我想这在数学和科学文献中就会带来一些差别。不同语言会将思想引向不同的方向。法语会让我想到概括，并促使我朝着简洁和简单化的方向发展。使用英语时人们会感受到实用意义；德语则倾向于让人们追求深度，但这种深度并不总是存在的。

波兰语和俄语有助于思想的酝酿和发展，就像茶越泡越浓一样。

斯拉夫语族倾向于沉思、深情、开阔，更具心理色彩而非哲学色彩，但不像德语那样朦胧或耽于辞藻，那样单词和音节重重叠叠。这两种语言有时把不太协调的思想也串联到了一起。拉丁语又是另一回事，它整齐有序，总是很清晰，单词分隔得很清楚，而不像德语那样黏在一起，它们之间的差别就像煮得刚刚好的和煮得太熟的米饭。

总的来说，我本人对几种语言的印象如下：当我说德语时，我所说的一切似乎都被夸大了，用英语时则恰恰相反，感觉像是轻描淡写。只有用法语时感觉恰到好处，还有波兰语也是如此，因为它是我的母语，感觉很自然。

一些法国数学家常常设法用一种更流畅的风格来写作，而不去过多地陈述那些确定的定理。这比现在的研究论文或图书那种每页上充斥着符号和公式的风格要让人舒服得多。当我看到尽是公式和符号而几乎没有文字时，我就会感到厌烦。对我来说，看着这样的页面而搞不清要重点关注什么，真是太吃力了。我好奇有多少数学家会真的仔细阅读并欣赏这样的东西。

然而，确实存在一些重要的、不那么流畅也不那么优雅的定理。例如，与偏微分方程有关的一些工作在形式和风格上往往不那么"优美"，但它可能很有"深度"，并可能蕴含着一些有待从物理学角度来解释的结果。

那么如今人们要怎样做出价值评判呢？

从某种意义上说，分析自己工作的动机和起因也是数学家的职责。但他们会欺骗自己，可能会失职，觉得自己的主要工作是证明定理，而非至少对其重要性做一下说明。如果完全用美学标准来评判，这难道不是有点儿故弄玄虚吗？

我相信在未来的几十年里，人们对美的程度甚至在形式层面上都会有更多的了解。尽管到那时标准可能已经改变了，会出现一种无法分析的更高层次的超级美。到目前为止，当有人试图过于精确地分析数学的美学标准时，其所提出的一切都显得过于狭隘。它必须与外部世界的其他理论或人类大脑发展的历史相联系，否则它就是纯粹美学的、非常主观的，就像音乐那样。我相信即使是音乐，其质量也可以分析（当然仅仅是在一定程度上），至少可以通过规范的标准，通过将类比思想数学化来分析。

一些许多年悬而未决的老问题正在得到解决。可以这么说，有些解决得很成功，有些则有点儿虎头蛇尾。这一说法适用于那些看起来同样重要且具有先验意义的问题。但有些问题，甚至是一些著名的经典问题，都是用一种相当特殊的方式解决的，以至于没有什么可以再问再说的了。而另一些不那么有名的问题，刚一得到解决就成了好奇心和活力的源泉。它们看起来会开辟出新的天地。

在出版物中，如今的数学家几乎要被迫把他们获得结果的方法隐藏起来。那位二十一岁就死去的法国天才埃瓦里斯特·伽罗瓦，在他参加那场致命的决斗之前写的最后一封信里，强调了实际的发现过程与最终印刷出来的证明过程是如何不同的。这非常重要，值得反复强调。

总的来说，在工作着的数学家中，对于个人成就的价值和新理论的价值，似乎确实存在一种共识。因此，对于数学所提供的美感，即使还没有明确的定义，也必然存在某种客观的东西，这有时还取决于它对数学的其他分支和对其他科学的用处。为什么数学在描述物质世界时如此有用，至少对我来说，这在哲学层面上仍然是个谜。尤金·维格纳曾经写过一篇关于数学这种"令人难以置信的"有效性的迷人的文章，题为《数学不合理的有效性》。

数学当然是一种将一切理性思维形式化的非常简洁的方式。

显然，在小学、中学和高等学校中，数学也具有锻炼大脑的价值，因为数学练习就像所有其他游戏一样，可以磨炼器官。我没法讲当今数学家的大脑是否比古希腊时的要更敏锐，不过在更长期的进化过程中，情况必然如此。我确信数学可能有重大的遗传学作用，它可能是使人脑趋于完善的为数不多的手段之一。如果真是这样，那么对于人类来说，无论是作为一个整体还是个人，要进入命运的新纪元，没有什么是比数学更重要的了。数学也许是在物理上，也就是在解剖学意义上，发展大脑中新的通路的方式。它有一种磨砺思维的价值，尽管其领域内材料的天量剧增有一种让人难以承受的趋势。

每个形式系统、每个算法都有其特定的魔力。犹太法典《塔木德》，甚至是卡巴拉[①]，其包含的材料在智力上似乎都并不特别有启发性，只是大量语法或"食谱"的集合，有些内容可能是诗意的，有些则是神秘的，而所有内容都是随心所欲的。许多个世纪以来，成千上万的学者对这些著作进行了仔细阅读、记忆、剖析和分类。通过这样做，他们可能使自己的记忆力和推理能力得到了磨炼。就像人们用磨刀石来磨刀一样，大脑也可能通过对枯燥事物的思考而变得敏锐。各种形式的勤勉思考都有其价值。

数学中存在一些命题，比如那个被称为"费马大定理"的命题，它们是独立的，似乎很特殊，与数论的主体无关。它们陈述起来非常简单，却让那些最伟大的头脑试图证明它们的努力全部付诸东流。这些命题激发了年轻人（包括我自己在内）更普遍的好奇心。就费马问题而言，尽管它本身是特殊和无关紧要的，但它在过去三个世纪的数学

---

① 一套犹太教内部发展起来的神秘主义学说，与正统犹太教教义并不相符。

发展中，刺激了新的、鲜活的数学思考对象的产生，特别是所谓的代数结构中的思想理论。数学史上有许多这样的创造。

虚数和复数(遵循特殊的加法和乘法规则的实数对)的发明超越了它们的直接目的和用途，开辟了新的可能性，并引向了复变量的神奇性质的发现。这些解析函数(举几个最简单的例子：$z=\sqrt{w}$，$z=c^w$，$z=\log w$)具有出人意料的、简单的、从先验角度看不可预见的性质，这些性质从少数几条约束它们的一般规则就可以推导出来。它们的算法很方便，并与几何对象的性质有着相当深刻的联系，也与和看似如此熟悉的自然数、普通整数相关的奥秘有着很大关系。就如同控制着我们思想的另一个不可见的宇宙，通过它变得隐约可见了。这个宇宙有一些自己的规律，当然，还有一些我们只能模糊意识到的事实。

一些看上去非常特殊的函数，比如黎曼 ζ 函数，与整数、质数的行为有着相当深刻的联系，这一事实很难得到先验的和深入的解释。这一点到今天都还没有得到很好的理解。这些数学实体、这些通过无穷级数来定义的特殊的解析函数，最近以某种方式被推广到了复平面以外的空间，比如代数曲面上。这些实体反映了看上去各不相同的一些概念间的联系。他们似乎也显示了另一种(这里做一个由数学学科本身所激发的暗喻)现实的曲面的存在，另一个我们没有意识到的思想(与思想的联系)中的黎曼表面的存在。

复数的解析函数的某些性质不仅很方便，而且与物质的物理性质密切相关，比如在流体力学理论中，在不可压缩流体(如水)的运动描述中，在电动力学中，以及在量子理论本身的基础中。

人们创造出了空间的一般概念，它当然是抽象的，但并不完全由我们感觉到的物理空间的规律所支配或由其唯一表示。人们把空间推广到了n大于3的维度，甚至是无限维度，它至少作为物理学本身的基础语言是如此有用。这些是人脑的能力所创造的奇迹吗？还是物理现实向我们揭示了它自身的本质？无限有着不同的程度或不同的种类，这一发明，或者说"发现"，不仅在哲学上，也在心理上对那些能够接受它的头脑产生了显著的影响。

说到数学，当然还有其他科学（特别是物理学）的令人惊奇的魅力，还有它们神秘的吸引力，我们不妨注意一下在国际象棋比赛中，人们经常会看到较弱的棋手，甚至是初学者，走出有深度的迷人走位。我经常看业余棋手或并非很有天赋的初学者下棋，在棋局进行了十五步之后，可以观察到盘面上双方都有许多潜在的妙招可走，这也许是出于偶然，而非预先设计好的。我想知道游戏本身是如何在那些迟钝的棋手自己甚至都没能意识到的情况下，自然创造出这些极具吸引力和艺术性的走位的。我不知道围棋中是否也会有类似的情况。由于对这项美妙的游戏的复杂精妙之处了解不多，我无法做出判断。但我很好奇一位围棋大师看到某个盘面时，能否分辨出它是偶然形成的，还是经过一场发展过程合乎逻辑的、深思熟虑的对局而形成的。

在科学中，尤其是在数学中，某些算法似乎有类似的神奇而有趣的现象。它们似乎有一种力量，可以自己产生问题的解决方案或展开新视角之下的前景。起初仅仅是为特定目的而设计的工具，可能会引出一些不可预见和意想不到的新用途。

顺便说一句，我忽然想到了一个小小的哲学难题，我不知道如何解决它：考虑一种像单人纸牌这样的游戏，或者两个人玩的某种游戏。假设玩家在游戏过程中可以作弊一两次。比如，在甘菲德单人牌戏中，如果玩家有且仅有一次机会去改变一两张牌的位置，整个游戏并不会遭到破坏。尽管发生了变化，它仍然是一个精确的、完全的、在数学上有意义的游戏。它只不过会变得更丰富、更有普遍性。但如果我们取一个数学系统，一个建立在公理上的系统，允许在其中加上一两条错误的命题，结果就是整个系统会变得毫无意义，因为一旦存在一个假命题，我们就可以推断出任何想要的结果。那么这二者的区别在哪里？也许这是因为游戏中只允许特定类型的动作，而在数学中，一旦引入一个错误命题，人们可能马上就会得到"零等于一"这样的命题。那么，一定有一种方法可以把数学这种"游戏"加以推广，使人们可以在其中犯一些错误后，只是会得到一个更广泛的系统，而不是完全无意义的东西。

我和霍金斯推测过这样一个与此有关的问题，它是"二十问"游戏[①]的一个变体。一个人心里想一个 1 到 1 000 000（它刚好小于 2^{20}）之间的整数，而另一个人最多可以问 20 个问题，对每一个问题被猜测者只能回答"是"或"不是"。很明显可以用这样的方法来猜中，首先问："这个数是在 1 到 1 000 000 的前一半里吗？"下一问再把数的范围缩小一半，如此这样问下去，最终一定能在 $\log_2 (1\ 000\ 000)$ 次之内得到这个数。现在假设被猜测者可以说一两次谎，这样一来要问几次才能得到正确答案？显然要问 n 次以上，才能在 2^n 个对象里猜中一个，因为我们不知道哪一次回答是在说谎。这个问题还没有得到一般性的解决。

我在那本关于尚未解决的问题的书中断言，许多数学定理都可以被 payzise[②]（希腊语单词，意思是"游戏"）。也就是说，它们可以用博弈论的语言来表示。比如，可以建立这样一个相当一般性的游戏模式：

---

① 一个人猜另一个人心中所想的东西，猜测者可以问最多二十个问题，被猜测者只能回答"是"或"不是"，看二十个问题之内能否猜中。
② 希腊字母拼写的原词是 παιχνίδι。

设 N 为一给定整数，两名玩家要建立两个由 N 个字母组成的排列 $(n_1, n_2, \ldots n_N)$。排列由两人按以下规则轮流生成。第一个排列，玩家 1 决定字母 n_1，玩家 2 决定 n_2，玩家 1 决定 n_3，以此类推，直到排列完成。然后再生成第二个排列，如果由这两个排列能生成包含所有这类排列的群，那么玩家 1 获胜，否则玩家 2 获胜。在这个游戏中谁有必胜的策略？这只是一个小小的例子，说明在数学的任何领域中（这个例子是在有限群论领域中），人们都可以发明出游戏式的图式，从而引出纯粹的数学问题和定理。

我们还可以提出另外一种类型的问题：如果在上述过程中每一步由谁决定都是随机的，那么双方获胜的机会如何？这就是一个结合了测度论、概率论与组合数学的综合性问题了。在数学的许多领域中都可以进行类似的变化。

集合论在 19 世纪末引发了数学的革命。这是从格奥尔格·康托尔证明了（发现了）连续统是不可数的开始的。在他之前，确实还有人在有关无限的逻辑方面做过推测，比如外尔斯特拉斯和博尔扎诺，但第一个精确研究了无穷的阶的人无疑是他。这源于他对三角级数的讨论，并很快改变了数学的形式和风格。它的精神日益渗透到了数学的各个领域中，最近它在技术上又有了出人意料的复苏式的新发展，不仅在其最抽象的形式上，而且在直接的应用上。拓扑学的公式化表达，其最一般形式的代数思想从波兰学派的活动中得到了推动和指导，其中大部分工作来自利沃夫，那里的人们兴趣集中在可以称为具有几何和代数精神的粗略的泛函分析上。

下面极简略地交代一下这些活动的由来：继康托尔和法兰西学派的数学家，如波莱尔、勒贝格等人之后，这类研究的中心转移到了波兰。劳拉·费米在她《杰出的移民》一书中，曾为在美的波兰数学家中竟然有那么大一部分都为这一领域的繁荣做出了如此重要的贡献而表达过惊讶和赞赏之情。许多波兰数学家都来美国定居并继续从事这类工作。与此同时，希尔伯特和其他德国数学家在分析领域的研究引出了无限维函数空间的一个简单的一般数学结构，这后来也由波兰学派进一步发展。与此同时，摩尔、维布伦等人在美国独立开展的工作，引发了集合和代数观点的融合，并使数学活动得以统一起来（当然只是在一定程度上）。

看起来，尽管数学的领域多样性日益增加，甚至有些过度专业化的趋势，但数学研究主题的选择仍然遵循着殊途同归的流行潮流、线索和趋势。

少数几个掌握了一些新定义的人显然能够在某些特定领域掀起风靡一时的研究工作。这在一定程度上是因为赶时髦，还有导师的绝对影响力所导致的一脉相承。刚到这个国家时，我曾诧异于这里似乎过于关注拓扑学。现在我又感到代数几何领域中的工作也许过多了。

第二座划时代的里程碑是哥德尔的工作，保罗·寇恩最近的研究成果使其更为具体化了。哥德尔是普林斯顿高等研究院的数理逻辑学家，他发现对于数学中任一有限的公理系统，乃至可数的无限公理系统，人们都可以在其中找出一些有意义的却不可判定的命题。也就是说，在系统内，人们无法对这些命题的真实性进行证明或证伪。寇恩则推开了通向一整套新的无限公理的大门。现在已经有太多的研究结果表明，我们对无限的直觉是不完全的。这些结果打开了我们直觉中的神秘领域，让我们对无限有了各种不同的概念。这将反过来间接地促进数学的基础哲学的变革，表明数学并不像人们所认为的那样是建立在一套固定不变的、唯一给定的法则之上的已经完成了的东西，而是像生物遗传那样在不断演化。这一观点尚未被人们有意识地接受，但它指明了一条通往不同前景的道路。数学确实是在无限这个概念的基础上繁荣发展起来的，谁能说得清楚在接下来的五十年里，我们对这个概念的态度又会发生什么样的变化呢？显然，总会出现一些东西，即使不是今天这种意义上的公理，至少会是一些新的规则或者数学家之间做出的一些新的约定，它们是关于新公设的假设的，或者更确切地说，我们可以称其为形式化的愿望。它表达一种思想和建构上的绝对自由，让人们可以给出不可判定的命题，而不是非真即假的假设。的确有些命题的不可判定性也是不可判定的，这应该具有很大的哲学意义。

对数学基础的兴趣尽管最终会像集合论那样渗透到数学的方方面面中去，但它从某种程度上讲也富于哲学意义。不过"基础"这个词并不太恰当，就目前而言，它只是数学的又一个领域，是一些需要确定的必不可少的内容。

数学思想的起源和灵感主要来自两个方面：一方面受到外部现实，即物理宇宙的影响的刺激；另一方面受到人类的生理发展过程，也许几乎主要是人脑发展过程的影响。这与现在和在不久的将来人们对电子计算机的使用，从某种小而特殊的方面来看存在相似之处。

即使是最唯心主义的观点——认为数学是纯粹的人类心灵的创造，也必须符合这样的事实：几何学中的定义和公理的选择（事实上也包括大多数数学概念的选择），是我们通过感官从外部刺激中获得印象的结果，本质上是在"外部世界"进行观察和实验而获得的。例如，概率论是由一些关于机会博弈的问题发展而来的。现在，为解决特殊问题而建造的计算机有望极大扩展爱因斯坦思维实验的范围，实现经验的理想化，并引出我们更为抽象的思维图式。

通过为自组织生物通过生命有机体内的化学反应所进行的博弈活动建立模型、开展实验,将引出新的抽象数学图式。在生长模式的数学领域开展的新研究,以及有可能实现的、在计算机上用几何构型之间的竞争或竞赛过程来模拟自然界的生存斗争的实验研究,这二者都可能引向新的数学进展。我们可以用"payzonomy"一词来命名关于竞争反应的组合数学,将尚未得到充分发展的关于生长和组织的理论命名为"auxology",后者最终将包括数学本身的生长树。①

迄今为止,只有非常简单和粗糙的数学图式被提出来,用以反映几何级数增长的数学特性。(我自己提出过一个比较稚拙的模型,可以在最近出版的由亚瑟·伯克编辑的一本书里找到。书名为《细胞自动机理论》,由伊利诺伊大学出版社出版。)

英国数学家、数论学者约翰·康威曾经设计过一套特别精巧的规则,称为"康威生命游戏"。它是一个游戏或消遣活动的经典案例,也许与早期涉及骰子和纸牌的问题很相似,最终引向了如今概率论大厦的建成,并可能引出一种能描述阿尔弗雷德·诺思·怀特海在其哲学中研究过的那种"过程"的全新理论。

对于那些涉及对包含大量步骤或阶段的游戏或竞赛进行追踪的实验来说,使用计算机似乎不仅能带来方便,而且是绝对必要的。我相信,对这些过程中的行为进行跟踪研究而获得的经验,将会最终产生根本性的影响。它们会在数学中得到推广,也许甚至会取代我们目前在数学中唯一专注于的形式公理方法。

我已经提到过保罗·寇恩和其他一些人,包括彼得·诺维科夫、王浩、尤里·马季亚谢维奇等,最近在一些最基本的数学命题对于传

---

① "payzonomy"和"auxology"应该都是作者当时自创的用来表示潜在的新科学领域的词,但"auxology"如今已经是一个通行词,用来代表研究人体生长的学科,即生长学或发育学。

统公理系统的独立性方面取得的研究成果,它们表明了实用主义方法的一些新作用。利用自动机可以帮助判明一个问题是否可以用现有的方法来解决。

为了说明我这里想的是什么,不妨考虑一个三维空间中特殊的"小"问题:空间中给定一条封闭曲线和一个已知形状的实体,使实体从曲线中穿过。没有明确的数学标准能判定这能否办到。我们只有靠旋转、扭动、挤压来"试试",看能否办到。在更高的维度上,比如五维,也有类似的问题。解决办法是在计算机上建立模型,尝试各种可能的动作。也许经过许多次尝试,我们会获得一种在高维空间中自由操作的感觉,以及一种接近触觉的新的直觉。当然这是一个特殊的、并不重要的小例子,但我觉得人们可以通过使用这些新工具,特别是电子计算机,进行适当的实验,来建立和观察各种生长和进化发展过程,从而开发出新的想象力。

在我看来,电子计算机所扮演的角色和带来的冲击,也将对纯数学产生重大影响,正如它对那些涉及数学的科学(主要是物理学、天文学和化学)已经产生影响一样。

这些对数学的未来的各方面推测,使我们与不过四分之一个世纪之前的冯·诺伊曼及他的同时代人,以及他们在科学发展中所起的作用相比,已经走得有些远了。人类有组织的智力活动的发展速度,在计算机问世之后无疑加快了,这似乎预示着我们的思维和生活方式将发生质的变化。正如尼尔斯·玻尔在他一段有趣的评论中所说的那样:"预测很难,尤其是预测未来。"但我认为数学的面貌将会大大改变。一些激烈的变化将会发生,人们对于公理化方法本身将会有完全不同的观点。数学可能不再需要对如今数以百万计的特殊定理进行详细的研究,不再需要依据规则思考如何用一次性给出的符号进行运算,取而代之的是,数学可能会越来越多地由为一般性工作而提出的问题、需求或程序组成。不再有大量额外的特殊空间、特殊流形的定义,或这样那样的特殊映射,不过也许会保留下来一小部分:"apparent rari nantes in gurgite vasto"①;不再有由一个个定理组成的新集合,而代之以更大的理论、更大的事业的总体草案或大纲,定理证明的实际工作将留给学生甚至机器去做。这也许和印象派绘画与早期那种辛苦细致的绘画之间的差别类似。未来数学可能会成为一个更加生动和不断变化的场景,不仅仅在定义的选择上,也在游戏的规则上。要知道这场大游戏的规则自古以来还没有改变过呢。

如果说规则还没有改变过,那么在我的一生中,数学的范围已经发生了很大的变化。在 19 世纪,数学的应用范围涵盖了物理学、天文学、化学,以及机械、工程和其他各个方面的技术。更近一些时候,数学也被用于刻画其他科学的基础。所谓的数学物理学实际上是涵盖了整个物理学的理论,它延伸到了物理学最抽象的部分,比如量子理论,还有非常奇怪的四维连续时空。这些是 20 世纪特有的状况。在短短的六十年到一百年的时间里,数学思想的应用的增长速度和多样化发展程度令人难以置信。可以说,随之而来的是,大大小小的新的数学对象被爆炸性地创造出来,以及倾向于"翻来覆去把问题说烂",几乎就像犹太人研究《塔木德》那样对细枝末节进行无穷无尽的、吹毛求疵式的研究。

几年前,在普林斯顿举行的纪念冯·诺伊曼计算机建成二十五周年的庆祝活动上,我在发表讲话时心血来潮,开始在脑中默默估算每年会有多少定理在数学期刊上发表出来。(这里的定理仅限于那些被

---

① 古罗马诗人维吉尔的诗句,意为"汪洋大海中为数不多的幸存者",作者在前面曾经用英语引用过这一诗句,小过字面意思稍有不同。

明确标记为"定理"的陈述,而且要发表在学界公认的那些期刊上。)我快速地心算着,能在讲着完全不相干的东西的同时做到这一点,我自己都感到惊讶。最终得出的结果是,每年会有大约十万条定理发表。于是我迅速转换了话题,提到了这件事,全场的听众不禁倒吸一口凉气。可能会让读者感到有趣的是,第二天听众中有两位年轻数学家来找我,说他们被这个巨大的数字触动,着手在研究院的图书馆里进行了一番更加系统和详细的检索。他们用期刊的种类数乘以一年的期数,再乘以每期上的论文数,最后乘以每篇论文中的平均定理数,他们估计一年会产生接近二十万条定理。这一巨大的数字无疑值得好好思考。如果人们认为数学不仅仅是游戏和谜题,那么就有一些事情值得担心了。显然,危险在于,数学本身将面临分裂成若干不同的独立科学分支,分裂成彼此之间联系微弱的许多独立的科目的命运。我本人希望这种情况不会发生,因为如果定理的数量超过了一个人可以查考到的数量,那么谁能来判断什么是"重要"的并能为大家所信任呢?于是问题变成了如何保存记录,如何存储和检索已经获得的结果。这如今变成了最为重要的问题;如果没有相互作用,就不可能有适者生存。

事实上,要想始终跟上最新的成果,哪怕只是那些最突出、最令人兴奋的成果,也是不可能的。这一事实与数学将作为一门统一的科学继续存在下去的观点难道不冲突吗?正如一个人不可能认识所有美女或者见过所有优美的艺术品,而最终只娶一位美女一样,可以说在数学中一个人只是与他自己的那个小领域相结合。正因如此,要想评判数学研究的价值变得越来越困难了,我们中的多数人主要成了技师。年轻科学家研究的对象种类正呈指数级增长。也许我们不应该把这一现象称为对思想的污染,它可能是大自然的丰富性的一面镜子，正如大自然也产生了上百万种不同的昆虫。但人多少都会感觉这与我们对科学的理想背道而驰。理想的科学的目标是理解、简化、总结，特别是发展一套关于心智和自然中的现象的符号系统。

正是科学发展中那些出人意料的事情、那些真正的新思想和新概念，打动了年轻人的心灵，对其进行了不可逆转的塑造。之后，对于成熟和年长的头脑来说，出人意料的事情也会引发一种好奇心，从而引发新的刺激，即使当一个人变得不那么敏感乃至疲惫不堪时，这仍然会起作用。用爱因斯坦的话说："我们能体验的最美妙的东西就是那些神妙莫测的东西。它们是一切真正的艺术和科学的源泉。"

数学通过产生出能够独立生存发展的思想来创造新的思维对象，人们可以称这些对象为元现实。它们一旦产生，就不再是哪个个人能控制的了，只有一群头脑的集合体能够控制它，这个集合体也就是不断传承的数学家的集群。

数学上的才能或天赋是很难量化的。我倾向于认为，从平庸之辈直到像高斯、庞加莱和希尔伯特这样最高层次的人，他们之间的过渡几乎是连续的。其水平在很大程度上不仅取决于头脑，其中肯定也有我称之为"荷尔蒙因素"（由于找不到更恰当的词，暂且这么叫）或性格特征的原因，它们包括：坚韧性、体魄、工作的意愿（也就是一些人所说的"激情"），等等。这些在很大程度上取决于主要在儿童或少年时期形成的习惯，那时意外产生的早期印象起着很大的作用。毫无疑问，被称为想象力或直觉的特质，很大一部分来源于大脑的生理结构特性，而反过来，这些生理结构特性可能在一定程度上是通过导向特定思维习惯和引导思路方向的经验发展起来的。

是否愿意投身于未知的和不熟悉的问题是因人而异的。数学家有截然不同的类型，一类喜欢对现存的问题进行攻关或用已经存在的东西来进行进一步的构建，另一类则喜欢设想新的模式和新的可能性。第一类人也许占大多数，可能要超过80%。年轻人想要建立自己的名声，主要会去攻克那些已经有人研究过但尚未被解决的问题。这样，如果他足够幸运或足够强大，他就能像运动员那样去打破纪录，跳得比以前任何人都高。虽然创立新的思想通常具有更高的价值，但年轻人往往不愿意去尝试，因为他不知道新思想会不会被人赏识，哪怕这思想对他而言是重要而美妙的。

我属于那类喜欢开创新的事物，而非对现有的进行改进或精雕细琢的人。起点越简单、越"低"，我就越喜欢。我不记得自己曾使用复杂的定理去证明更为复杂的定理。（当然，这一切都是相对而言的。"太阳底下无新事"，一切都可以追溯到阿基米德的时代乃至更早。）

我还相信在人生中变换工作领域能让人恢复活力。如果一个人在同一个子领域或者范围狭窄的同一类问题上搞得太久，那么一种自我毒害会妨碍他获得新的观点，他会变得疲沓。不幸的是，这种情形在从事创造性数学工作的人中并不少见。

除了有着宏伟的前景、对美的欣赏和对新现实的憧憬之外，数学还有一种不那么明显或不那么健康的令人上瘾的特性。这可能类似于某些化学药物的作用。即使是最小的谜题，一眼就可以看出是平凡的或者老套的那种，也会产生这种成瘾的影响。只要开始去解这些谜题，就会沉溺其中。我记得《数学月刊》曾偶然刊登了一个关于在平面上排列圆、线段和三角形的平淡无奇的问题，是一位法国几何学家寄来的。这个问题就像德国人说的那样，"belanglos"（无关紧要），然而一旦你开始思考如何去解决这个问题，这些图形就会吸引住你，即便你始终明白答案是几乎不会引出什么更激动人心或更具一般性的主题的。这与我提到过的费马大定理的历史形成了鲜明的对比，费马大定理可是催生了大量新的代数学概念的。二者的区别也许在于，那些小问题通过适度的努力就可以得到解决，而费马大定理却仍未得到解决，是一个持续的挑战。然而，两种类型的数学好奇心对于那些潜在的数学家来说都具有很强的成瘾性，因为这些好奇心存在于从最平凡的到最鼓舞人心的之间的各个层面。

在过去，总有一些数学家能明确地或含蓄地为他人的工作提供具体的想法或方向的指引，比如庞加莱、希尔伯特和外尔。这一点如今即使不是做不到，也是变得越来越困难了。可能没有一位尚在人世的数学家能够理解当今全部的数学文献了。

埃里克·坦普尔·贝尔三十多年前写的《数学的发展》这本书，对数学的历史做了极好的概述。(我喜欢它也许是因为，用 G. C. 罗塔的话说，尽管这本书篇幅很短而且成书时我才二十八岁，但里面提到了我的工作。在一部简短的历史书中被提到，要比在一部长达一万页的历史书中被提到能给人以更大的满足感!) 但当一位出版商请外尔写一部 20 世纪数学史时，外尔拒绝了，因为他觉得没有任何一个人能独力做成这件事。

冯·诺伊曼倒是本可能会愿意去承担这样一项工作的，但他在大约三十五年前曾向我承认，他对数学的了解还不到其全部内容的三分之一。有一次我应他的要求，给他编了一套涉及众多领域的博士考试式的测试题，尽量选取了那些他可能答不上来的题目。结果我的确发现他有几道题答得不尽如人意，包括一道微分几何题、一道数论题和一道代数题。(顺便说一句，这也可能表明博士考试并没有什么永久性的意义。)

至于我自己，我不能说我知道很多数学的技术材料。我可能对它的一些领域的要点，或者只是要点中的要点，有一种感知力。在不了解细节的数学分支中，猜测或感觉出哪些东西可能是新的、已知的或是未知的，这是有可能的。我认为我在一定程度上具备这种能力，往往能够判断一个定理是已知的，即已经被证明的，还是一个新的猜想。可以这么说，这种感觉来自量词的排列方式，来自命题的语气或韵律。

可以做这样一个类比：我能够记住曲调，能够用口哨相当正确地吹出许多旋律。但当我试图去编写或谱写一些新的"朗朗上口"的旋律时，我发现自己是相当无能的，我创作出来的不过是我听过的一些调子的平凡的组合。这与在数学上的情形完全相反，在数学中，我认为自己只要稍微"接触"过，就总能提出一些新东西。

数学研究中的协作是最近几十年逐渐产生的一种非常有意思的现象。

在实验物理学中，研究人员在不同阶段操作仪器进行合作是很自然的。到如今，每个实验都是一整套技术项目，特别是那些用需要数以百计的工程师和技术专家来建造和操纵的大型装置来完成的实验。在理论物理学中合作也许不那么明显，但也是存在的，足以为怪的是，在数学中也是如此。我们已经看到，数学上的创造性努力需要高度专注和持续若干小时的深入思考，而且这通常由两个人来分担，他们只是看着对方，在合作期间偶尔会交谈几句。现在的情况是，即使是最深奥的数学问题，也可以由两个或更多的人一起努力寻求其证明。如今许多论文都有两位，有时是三位或以上的作者。交换猜想、提出试探性的方法，有助于在研究过程中积累部分性的结果。把每个想法说出来要比写下来简单一些，这就好比分析一盘国际象棋时的情形。

也许在未来，一大群数学家会协作得出重要、优美而又简洁的结果。近年已经通过这种方式产生了一些结果。例如希尔伯特问题之一，即丢番图方程解法存在性问题的解决，实际上就是由美国的几位数学家共同实现的（当然他们不是同时开展工作，而是依次做出贡献），而年轻的苏联数学家尤里·马季亚谢维奇则完成了最后一步。巴拿赫的一个老问题，即巴拿赫空间的同胚问题，是由若干数学家分别在美国和波兰独立解决的，但他们知道彼此的进展。可以这样说，他们可以爬到彼此的肩膀上。

在洛斯阿拉莫斯制造原子弹一事引起了公众的关注之后，"临界质量"这个词开始流行起来，它用来比喻为获得成功的结果而需要在一起工作的科学家群体的最小规模。只要团队规模足够大，就会产生爆炸性的结果。临界质量一旦达到，由于相互促进，研究成果的增加就会像中子倍增那样呈指数级地加速。而在达到临界质量之前，过程是渐进的、缓慢的和线性的。

科学家其他方面的工作习惯的变化是缓慢的。在象牙塔般的科学世界中，生活模式如今包含了更多的科学会议，以及对政府工作的更多参与。

像写信这种简单但又重要的事情，如今也在发生显著的变化。写信曾经是一门艺术，不仅对文学界是这样的。数学家们也会写大量的信件。他们亲手写信，详尽地交流私密的和个人的细节，当然还有数学思想。如今，由于很多人请秘书代劳，这种私人的交流变得更加不便了，而且由于技术材料对科学家特别是数学家而言难以口授，他们之间的信件往来变少了。我保留着所有相识的科学家的来信，这是一份时间跨度超过四十年的收藏。从其中可以看出，信件从私人的、手写的长信，逐渐变成了更加公务式的、干巴巴的、机打的便函，而这种变化在第二次世界大战后加速了。在我近年的通信往来中，只有两个人还在亲手写信，他们是乔治·伽莫夫和保罗·埃尔德什。

诺贝尔奖获得者、物理学家杨振宁讲过一个故事，反映了当前数学家和物理学家智力活动关系的一个方面：

一天晚上，一群人来到了一座城镇。他们需要洗衣服，就到街上四处转，寻找一家洗衣店。他们找到了一个地方，橱窗里挂着"本店接收待洗衣物"的招牌。其中一个人问："我们可以把要洗的衣服交给您吗？"店主说："不，我们店不洗衣服。"客人问："为什么？橱窗里不是挂着洗衣店的招牌吗？"他得到的回答是："我们店是做招牌的。"这就有点儿像数学家的情形，他们是标识的制造者，他们希望这些标识能适用于所有可能的情况。不过，物理学家也取得了很多数学成就。

对于数学中一些较具体的部分，比如概率论，像爱因斯坦和斯莫鲁霍夫斯基这样的物理学家甚至比数学家更早地在其中开辟了新的领域。信息论和信息的熵的思想及其在一般连续统中的地位，其提出者是一些物理学家，比如利奥·西拉德，以及工程师克劳德·香农，而这些工作"纯"数学家本可以也应该在很早之前就完成了。熵是一种有关分布的性质，它是一个起源于热力学的概念，被应用于各种物理对象。但西拉德（以一种很笼统的方式）和香农为一般的数学系统定义了这个概念。诚然，诺伯特·维纳对其提出也有贡献，而像安德雷·柯尔莫哥洛夫这些杰出的数学家后来对其进行了发展和推广，并将其应用于纯数学问题。

过去有些数学家，比如庞加莱，对物理学也非常了解。希尔伯特似乎没有太多真正的物理天赋，但他写了一些关于物理学的技巧和逻辑的非常重要的论文。冯·诺伊曼也懂得大量的物理学知识，但我要说，他没有物理学家那种对实验的天然感觉和依赖。他对量子力学的基础感兴趣，是因为它们能够数学化。物理理论的公理化方法对于物理学，就像语法对于文学一样。这种数学的清晰性对物理学来说在概念上并不是至关重要的。

但另一方面，理论物理学中的很多机制，偶尔也有一些先驱性的思想都来自纯数学。黎曼对之做出了预言性构想的广义非欧几何对后来的物理学发展十分重要，它出现在广义相对论之前；而对希尔伯特空间算子的定义和研究则出现在量子力学之前。例如，早在任何人连做梦也想不到可以用希尔伯特空间算子的谱表示来解释原子发射的真实光谱之前，数学家们就已经在使用"谱"(spectrum) 这个词了。

我常常好奇，为何数学家没有把狭义相对论推广到不同类型的——可以这样说——"狭义相对性"中去 (不是目前已知的广义相对论)。我确信在一般空间中还可能有其他的"相对性"，但数学家在这方面几乎还没有做过任何尝试。关于度量空间的论文不计其数，它们都是对普通几何的推广，而不包含时间维度。把时间和空间放在一起，数学家就待在外面了！拓扑学家也只停留在空间，他们还没有考虑过那些将四维时空加以推广的想法。这在认识论和心理学层面上都让我很好奇。(我还记得范丹齐格有一篇论文，从哲学上围绕时间拓扑的概念做出了一些推测，说它可能会涉及一个旋变量。我很赞赏这种尝试，但显然人们应该在类时空间方面做出更多富有想象力的工作。)

众所周知，狭义相对论假设并完全建立在这样一个事实上，即无论光源及观察者的运动情况如何，光速总是不变的。从这一假设就能得出许多推论，包括著名的公式 $E=mc^2$。从数学上说，光速的不变性会引出洛伦兹变换群。现在，出于数学上的乐趣，一位数学家可以假设频率保持不变，或者其他一些简单的物理关系是不变的。在此基础上进行逻辑推理，就可以看到在这样一幅并非"现实"的宇宙图景中会有什么样的结果。

即使99%的数学家都对物理毫无感觉，现在的数学与19世纪的数学还是完全不同了。物理学中有太多的思想要寻求数学灵感，包括新的表达方式和新的数学思想。我并不是要强调数学在物理学中的使用，而是正相反：物理学可以刺激新数学概念的产生。

与数学相反，在物理学中人们更能跟上当前所研究的东西。每一位物理学家都能懂得大部分物理学的要点。如今像基本粒子的本质或者物理时空的本质这样的基础性问题已经很少了。

在当今的理论物理研究中，尽管许多年轻人非常聪明、灵巧、技术精湛，但他们的基本思想往往是循规蹈矩的。总的来说，他们只是在前人工作的基础上做一些小的变动，在细节上精雕细琢，并且沿着已经开始走的路线继续前行。也许事情一直是这样的，真正的新思想总是罕见的。

一些年轻的当代物理学家朋友把他们所有的精力都花在研究一些非常奇怪的粒子上，有时我会半开玩笑地告诉他们，这可未必是获得关于物理学基础和时空中事物结构的新灵感的最佳方式。

虽然这不是一个精确的问题，也不是一个公认的问题，但在我看来，物理学中的首要问题是：是否存在一个真正无限的结构，它可以划分为越来越小的尺度。如果是这样的话，数学家们就有必要去推测空间和时间是否会在越来越小的区域内发生变化，甚至其拓扑结构也是如此。我们在物理学上有原子结构或场结构作为基础。如果终极现实由一个场组成，那么它的点就是真正数学意义上的点，是不可区分的。有这样一种可能性，在现实中我们有一个具有无限多层次的奇怪结构，每个层次在性质上都不相同。这是一幅迷人的图景，它不仅仅是一个哲学难题，也变得更像一个物理学难题了。最近的实验明确表明，物理结构一层比一层复杂。单个的核子中可能包含费曼所称的部分子。这些部分子可能是假想中的夸克或者其他结构。最近的理论尝试不再用简单的夸克来解释实验模型，而必须涉及不同类型的"有色"夸克。我们也许已经到了这样一个地步，即把结构的层级次序看成是无限的较为可取。

理论物理学之所以成为可能，是因为物体和物理情境都有很多相同或接近相同的副本。如果我们把宇宙定义为唯一的（尽管星系确实彼此相似），而把世界看作一个整体，那么那些关于作为整体的宇宙的问题也就有了不同的性质。在已经很大的元素数量基础上，再增添一些元素的话，稳定性就不再得到保证了。我们无法对多个宇宙进行观察或实验。因此宇宙学和宇宙进化论领域的问题与哪怕是最基础的物理学问题相比，性质也有所不同。

如果这个宇宙中大量的点、点集或点群之间没有这种相似性或同一性，那么就不会有科学，物理学也将无法想象。所有的质子似乎都彼此相似，所有的电子似乎也彼此相似，任何两个天体之间的引力也是相似的，只取决于它们的距离和质量。因此，物理学的作用似乎尤其是要将现有的组合划分为实体，彼此同构或几乎同构的实体的例子是极多的。物理学的希望在于，人们几乎可以对各种物理情境进行重复，或者即使不能完全重复，引入一个或多个小的变化也只会带来相对小的差异。物体的数量是二十个还是二十二个，不会使它们的行为发生根本的改变。这是对某种基本的稳定性的信念！在某种程度上，我们希望通过某种联合和计数，用更简单的实体和部分的同一性来描述物理学。例如，物理学家相信，至少直到最近还相信，如果一个系统内包含许多点，它们的质量行为可以用二体相互作用来解释，即通过把任意两个物体之间的势能加以合计来实现。否则，如果每次新增几个物体，整个系统的行为就发生了改变，那么就没有物理科学了。这一点在物理教科书中并没有得到充分说明。

如果定义了两个代数结构之间的距离，并把证明一个命题或定理所需的总工作量定义为能量，我们就可以把熵的概念和复杂性的概念联系起来。现有的结果表明，在给定的系统中，证明这样那样的公式需要很多步骤。所需的最小步骤数可以定义为类似功或者能那样的量。这个想法是值得考虑的。要对此建立一套合理的理论需要学识、想象力和常识。即使在目前已经建立的物理学体系中，也没有公理系统存在。

正如在纯数学中一样，我们在理论物理学中也可以看到两个方向，一个是"出人意料"的卓越新思想的建立，一个是对既有理论的卓越综合。这种综合在某种意义上是对新概念的补充或反对，它们以一种不太明显的方式总结先前的理论。让我进一步阐明这种区别：狭义相对论从先验角度看是一种非常奇怪和神秘的概念。它包含一种几乎不合理的洞察力和一条从先验角度看令人难以置信的公理，该公理基于如下实验事实：从固定的发射点发出的光，对于运动着的观察者来说速度不变，反之亦然。当发射点趋近或远离观察者而运动时，无论相对速度多大，相对于观察者光速都是不变的。仅从这一条公理出发，就建立起了一座宏伟的理论大厦，这个关于时空的物理理论带来了如此多令人惊讶的、现在已众所周知的技术方面的颠覆性结果。

在某种程度上，量子理论同样涉及一组从先验角度看反直觉或意想不到的概念。

麦克斯韦的电磁学理论则是那种卓越综合的一个例子。它是在大量实验事实被发现之后产生的，而这些事实对最初的发现者来说可能并不陌生。该理论用一组数学方程解释了那些观测事实，它构成了人类思想史上最令人印象深刻的成就之一。从认识论的角度看，这个理论与相对论或量子理论那种可以说更为出人意料的理论相比，有着不同的本质，至少我觉得是这样的。

在天文学领域，最近的观测涉及不同类型的恒星、聚星、星团、星系和一些奇怪的新天体，这些发现显示了宇宙对我们而言依然是很陌生的。那些新天体包括中子星、黑洞和其他非常奇特的，直到最近才被发现的物质聚合体，还有巨大的分子云，其中一些是星际空间中的"前有机物"。这再次表明了宇宙相对于我们现有的观念而言的奇特性，而我们的观念是通过之前的一系列观察并遵循先前的学问和知识的准则获得的。

物理学也会令人们感到惊讶，如今一些物理学发现经常会带来更多技术性和实用性的影响。例如，对全息图的概念和发展的应用最初是非常令人困惑的。类似地，新的激光技术总体上也非常令人印象深刻。

生物学的最新发现从认识论角度看具有不同的特征。这些新发现具有革命性和前瞻性，它们带来了有关未来我们地球上生活方式变化的奇妙的新前景。我被生命所依据的种种安排的"合理性"所震撼。生命物质的复制方式的发现、沃森和克里克模型的所有后续发现、生命密码的本质，以及如法国人所说的"tout ce qui s'y rattache"（与之相关的一切），都反而展示出一种非常容易理解的、几乎是19世纪式的机械排列，不需要基本的物理学知识就能理解它们是如何运作的。这种排列的基础是基本的分子反应现象，量子理论对于解释这一现象很重要。但从它们影响生命过程结构的方式来看，排列本身似乎又是准机械或几乎是准工程水平的。

人们要问：为什么是这样的？为什么我们对物质世界的理解，也许还有对生命世界，或者对我们自己，又或者对我们思维模式的理解，似乎没有在持续地发展或增加？我们观察到的不是稳定增长这种合乎逻辑的发展，而是一个个离散的量子阶段。是不是世界那不可言喻的结构其实很简单，而要想意识到它或要让对它的理解成为可交流的东西，所需的神经系统的结构必须十分复杂呢？我们的大脑及其所有的神经元和它们彼此之间的连接，其结构是一个公认的非常复杂的排列，它并非最适合用于直接描述宇宙？或者反过来说，现实是建立在某种非常复杂的客观尺度上的，我们甚至还无法对其进行构想，只能用自己那头脑简单的方式、按照笛卡尔在他的《方法论》中提出的那种通过简单步骤逐步逼近的方法来对其进行定义和描述？

（关于对将来数学在生物学研究中可能扮演的角色这方面更详细的思考，请读者参阅我的一篇文章，题目是《生物数学的若干观念及展望》。这篇文章在技术方面多少超出了这些一般性评述的范围，但感兴趣的读者可能还是想看看的。）

在社会科学中，像我这样的外行感觉，目前还没有什么称得上理论或较深刻的学识的东西。也许这是因为我的无知，但我常常觉得，只要观察现实，或者读读像《纽约时报》一类的东西，我们就能在经济学上拥有和大专家一样的先见之明和学识了。除了那些每个人都应该知道的浅薄的东西，我不认为到目前为止那些专家对究竟是什么导致了主要的经济或社会-政治现象有哪怕是最粗浅的理解。

如果有朝一日在宇宙中，也许是在离太阳系数千光年的地方，发现了其他智慧生命的存在，那将产生我们甚至都无法估量的影响，我认为它带来的冲击将远远超过任何已有的宗教。完全可能存在已经传播了很久的电磁波，而我们忽然间能够译解它们。如果有迹象能表明或是证实有不可与之进行双向交流的其他智慧生命存在,将对人类产生压倒性的影响。这也许很快就会发生,它可能会带来恐慌,或者相反,制造出一种新的宗教。

我们都读过有关飞碟和其他不明飞行物的报道。爱德华·U. 康登领导了一项针对这一主题的非常彻底的研究。大多数案例很容易被证明是光学或其他原因造成的幻觉,或者是由天然的大气现象引起的,但仍有少数情形被认定确属不明飞行物,这些最为令人费解。比如,威尔逊山的一群天文学家在散步时发现了一个非常奇怪的流星状物体,他们返回天文台时看到了辐射峰值的迹象。在另外一些案例中,飞行物同时被飞机和雷达目视跟踪,但还未得到过解释。

费米曾经发问:"大家都在哪里? 其他生命的迹象在哪里?"

在我看来,在未来的十年到十五年间,新生物学比其他任何东西都更能改变我们这个世界的生活方式。一些起初看起来相当普通的发现,其对世界构成的影响已经超过了大型战争:新的药物,如青霉素和避孕药,已经从两个相反的方向改变了人口平衡。

我最近在一周之内就听说了癌症研究方面的两项重大进展,这足以说明生物学发现的脚步何其快。其中一项是密歇根的一位科学家在人类乳腺癌细胞中发现了一种病毒。另一项是实际在博尔德完成的实验,那里有一台非常棒的电子显微镜,借助它产生了一种令人惊讶的新技术。基思·波特和他的同事们培养出了一些细胞,从其中能取出细胞核。这些无损的细胞核可以被移植到其他去核的细胞中,因此实际上这就是细胞之间的细胞核交换。比如,可以把一个癌细胞的细胞核取出,放进一个健康的细胞中,而这个新细胞可能会成为一个正常的细胞。这是特别值得注意的,表明一些指令可能不是像通常所认为的那样是来自细胞核,而是来自细胞质。

在未来，生产食物或替代食物的新方法对地球上人类生活面貌和生活方式的影响，将远远大于目前意义上的任何政治、社会和经济发展。这一切可能是很显然的，但有时候显而易见的东西在其实现之前，还是需要再三强调。世界将变得如此不同。我想起了前不久出版的一本名为《未来的一百万年》的书，其中的内容是多么缺乏想象力！

伽莫夫的兴趣、冯·诺伊曼的远见、巴拿赫和费米的工作，与其他人一道，都为扩展今日科学的范围做出了贡献，并大大拓宽了物理学和数学的视野。这么多新的前景和新的成就都是由科学的各个分支偶然和幸运的交汇产生的，这真是奇迹啊！

后 记

当普林斯顿大学出版社力劝斯坦写一部回忆录时，他同意试一试。1972年，他从科罗拉多大学申请了学术休假，全身心投入这项工作中。在我们去东部和巴黎旅行的一年时间里，他口述回忆，我则用录音机把它们录下来，然后誊写到纸上。回到博尔德后，斯坦重新投入大学事务中，而我则对已变得像巨大的拼图一样的誊写稿进行编辑和整理，直到形成了草稿拿给他看，又在这里或那里添加了一些起连接作用的语句。这本书于1976年以《一位数学家的历险》为题出版了。(斯坦本想把"历险"改成"不幸遭遇"，但是被否决了。)

那些"历险"属于斯坦，纯粹属于斯坦，完全属于斯坦——尽管几乎没有一行文字是他亲笔写下来的——我小心翼翼地避免把自己的东西注入其中。书的内容是关于他的职业生涯和他所处的科学时代的。其风格是个人化的，但不是私密的，事实多于分析。本着本书的精神，我想用我自己的一些印象、感知和记忆来对他的故事做一点儿补充。循着一条松散的时间线，我把关于他是一个什么样的人，以及他把我带入了一种怎样的生活的逐渐累积的发现编织在一起。

我和斯坦是在剑桥我们一位共同的朋友家中相逢的。那时我是一名就读于蒙特霍利约克学院的法国交换生，而他在哈佛已经是一位相当有名的年轻波兰数学家和讲师了。按照当时大学里流行的说法，这是"霍利约克研究生遇见哈佛教授"。但那年正好是1939年，第二次世界大战的战火席卷了欧洲。作为来自成了一片废墟的旧世界的漂流者，我们在新世界的海岸上相聚在了一起。我很快了解到他是一个与众不同的人，他成了我生活的焦点。作为回报，他在他那令人神魂颠倒的科学与科学家的世界中给了我一个前排座位。这是一个多么美好的世界啊。1941年我们在威斯康星州结婚，并在新墨西哥州度过了人生中最美好的一段时光。

斯坦最初吸引我的是，像所有受过教育的波兰人一样，他是一个亲法派，能讲一口流利的法语，用斯拉夫式的颤音发法语的小舌音。即使在战争最黑暗的日子中那些令人焦虑不安的时刻，他似乎也拥有绝对的自信心和坚定的乐观主义精神。他确信同盟国将会获胜，尽管何时能够获胜依旧是个问题。他渊博的文化知识和百科全书般的记忆也令我惊叹。

他有着与众不同的长相和迷人的绿眼睛，在人群中总是格外引人注目。还记得几年后在一个派对上，乔治亚·奥基夫傲慢地指向他的方向，大声问道："那个人是谁？"

"那个人"是一个特立独行的人，一个身上带着对比和矛盾的特别的人，一个不向任何人卑躬屈膝的骄傲的波兰人，一个对自己的种族背景有着非常清醒的认识、持不可知论的归化犹太人。这些特质促使他后来积极参与一个波兰裔美国人的文化组织——阿尔弗雷德·尤兹科夫斯基基金会的活动，并且与以色列的魏茨曼科学研究所密切合作，后者的理事会是他唯一乐于积极参与的理事会。他和许多斯拉夫人一样并不节俭，生活没有条理。他很乐意把日常生活中的所有实际事务都交给我处理。他喜欢与人在一起，用他的机智和取之不尽的犹太笑话来取悦他们，但他又是孤僻和与世隔绝的，有时敏感有时不敏感，有时能够理解别人有时不能理解。有人曾经开玩笑地对他讲，他有一种"国王情结"，无视日常生活的规则。最后但并非最不重要的一点是，他有运动员般健壮的体格和极佳的胃口。他还宣称他不知道"疲倦"一词是何意，而且尽管他热爱打网球并曾在波兰踢过足球，但他喜欢把自己良好的健康状况归因于他不爱运动。他一直在锻炼的是他的头脑。

最重要的是，他是一位数学家，他立刻就把我推入了他的同类之中。我注意到数学家生活在一个普通人无法进入的世界里，甚至当他们分属不同的学科时，他们彼此也无法进入对方的世界。他们是一个特殊的物种，生活为紧张严肃的智力活动所占据；他们同时生活在两个截然不同的意识层面上，既存在于现实世界中并能够正常地生活，同时又沉浸在构成了他们生命的核心的抽象世界中。他们与我们很快将遇到的物理学家的群体截然不同，后者似乎更接近现实世界。斯坦在思考数学问题时，眼中会流露出一种特殊的神情。不过无论他多么专注于思考，他似乎从不介意被打扰。

尽管他对自己的科学成就非常谦虚，他还是敏锐地意识到了自己的素质，他称之为"记忆力和想象力的混合体，是数学和科学天赋的简单成分"。（我要补充一句：还掺杂了适量的常识。）他也似乎更愿意让自己的想象力驰骋，而不是做复杂的技术计算。他曾说："我们这样的太少了，他们那样的太多了。"他早年的老师和朋友斯坦豪斯曾经对我这样讲："他是世界上最懂得如何创造和阐述问题的人。"他声称自己从不费力工作，这只是在故作姿态。他那看似"不费吹灰之力的运气"以及"巧妙的思路"并不是源自意外。从我过去用速记记下的他的口述中，我可以看到他是多么坚持不懈地一遍又一遍回到同样的问题上,每一次都探究得更深一些。

他还似乎更喜欢着手探究那些他在任何时候想到的新的事物,而非把一件事情做到底,无论那是一部他欣赏的电影还是一个科学观点。关于这一点我曾经问过他一次,他的回答是:"我看东西或者做事从不喜欢坚持到最后,是因为害怕其质量会发生波动,从而令我失望。"这一性格使得他对以更正式的形式或以最终的印刷形式出版作品持一种不屑态度。在这方面,他依赖他的合作者,我称之为"思想处理者",乐于让他们在各自的专业水平上提供帮助。对戴维·霍金斯来说,这意味着"斯坦会编写好一个主题,提出一个途径,然后由我来做工作"。埃弗里特则说:"斯坦告诉我要做什么,然后我去做。"在我的层面上,尤其是在他退休不再有固定的秘书之后,这意味着我要充当他"活的文字处理器"。

马克·卡克在他们还在波兰上学时就认识斯坦了,卡克曾对我说:"没有任何其他数学家能让[他]想起斯坦",斯坦除了拥有"庞大的创造力储备"之外,还"比[他]认识的任何其他人都更依赖来自别人的思想刺激,尽管在99.999%的情况下,他才是刺激的提供者"。卡克还说:"对斯坦而言,数学是比对我们大多数人而言都更广阔的学科",他"能够看到数学思想与那些人们也许不称之为数学的东西之间的相关性",他是"第一个,可能也是唯一一个真正用机器来进行实验,以发现有趣的事实、激发猜测的人"。

卡克解释说,由于斯坦来自一种"以休闲和对话为基础的文化",来自一种"特殊的波兰生活方式,在那种生活中,你可以整日或整夜待在咖啡馆里,在一张张小纸片上画图表",因此他可能不太适应美国这种"遵从时间表的、要教很多小时课"的制度。确实,斯坦几乎从来没有遵循过这种更结构化的生活方式。他从未成为一个"朝九晚五"的人，即使在洛斯阿拉莫斯时也没有。不过尽管斯坦对他在波兰的过去有些怀念，总的来说，他还是在这个国家发展得很好。他喜欢这里的开放、活力和在科学上的大胆探索。

1943年秋天约翰·冯·诺伊曼招募他加入"曼哈顿工程"后，斯坦的生活发生了急转弯。"忽然之间，斯坦不仅和武器扯上了关系，还与一群世界上最聪明的人有了联系。那些人激发了他的想象力，他也同样会激发他们的。"卡克这样说道。在洛斯阿拉莫斯，他与约翰尼的朋友关系，以及他个人的人格魅力，很快就让我们融入了世界上最有意思的物理学家圈子。斯坦很享受物理学前沿的工作，也喜欢这个孤立社区的成员之间的交流的那种强度。这让他想起了他在利沃夫时的状态。事实证明，他与物理学家们的这种共生关系是非常幸运的，因为斯坦从来没有把自己只看作一位数学家。从一开始，他就喜欢新墨西哥州的景色和空气质量，他喜欢说新墨西哥州就像香槟酒一样。回想起来，我觉得它和它的海拔高度让我们都有点儿"轻飘飘"。

对我来说，战争时期的洛斯阿拉莫斯，由于坐落在森林密布的台地上，成了一个瑞士村庄、建筑工地，以及带有福利商店和食堂的军队驻地的奇怪组合体，那里无论在任何季节似乎总是阳光明媚。它盖满了一栋栋漂亮的原木建筑，都沿着土地的轮廓建造，这在本质上是奥本海默的创造，营造出了一种魔山的氛围。生活很纯朴，人人平等。男人们在围栏之中夜以继日地并肩工作。妻子们则管理家务，并在新墨西哥州圣达菲市邮箱编码为1663的地方生育后代，其中就包括我们的女儿克莱尔。不会说英语的西班牙裔妇女和身着民族服装、脚踏鹿皮靴、行走悄无声息的印第安女仆会帮助我们把婴儿们抚养长大。军队也会到场为奥本海默召集在那里的、由来自世界各国的人组成的奇怪的居民群体提供帮助。

战争结束后，洛斯阿拉莫斯似乎会被关闭，我们很快去了位于洛杉矶的南加利福尼亚大学，在那里斯坦患上了被他自己用"痛苦难忘"一词形容的疾病。他在海滩上疗养时头上还缠着绷带，但很快事实就表明，他虽然与死神擦肩而过，却毫发无伤。除了为巴拿赫写讣文，以及与来访的埃尔德什一起稍微谈谈数学之外，他会站在一张窄窄的桌子旁，一局接一局地玩纸牌（甘菲德牌戏）来消磨时光。这项活动导向了用于计算中子倍增的蒙特卡罗法的发明。

当他的力量恢复后，斯坦没有继续留在学院的死水中，而是选择迅速回到洛斯阿拉莫斯去，那里毕竟没有关门。从1940年代末到1960年代初，城镇的核心扩展到其他台地，洛斯阿拉莫斯慢慢发展为一个几乎与通常的社区别无二致的地方，有成片的地区性住宅、商店和教堂。不过乡村氛围和气候依然没变。在适应新原子时代的努力中，洛斯阿拉莫斯的科学家们仍旧走在世界的最前列。冷战以及围绕氢弹研制而产生的科学和政治危机成为我们日常生活的一部分，我们继续在实验室和家庭的活动中回旋打转。斯坦对从事武器工作并没有道德上的疑虑。他只对研究的科学层面感兴趣，并不觉得那有什么不对。

就像战时原子弹是在奥本海默领导下制造的一样，战后的氢弹制造基本上是泰勒领导的。只不过斯坦不得不告诉他该如何做，而洛斯阿拉莫斯不得不在没有他的情况下完成制造。

针对斯坦关于那些将氢弹的制造引向成功的事件的描述，在此我要做一点儿脚注。斯坦对已提出的核聚变方案很熟悉，因为在战争期间，他名义上是泰勒小组的成员。他逐渐有了一种预感，认为"超级泰勒"的设想不太现实。在1949年杜鲁门下令制造这种威力超强的武器后，他在电子计算机正在建造的同时开始验证他的预感。起初他只是和埃弗里特一起干，而后又加上了一群年轻女性，她们被匆忙招募来手动操作电子计算器，而现在这些运算通常是由计算机来完成的。尽管对其中涉及的数学知识一窍不通，但我也成了她们中的一员。我们被冠以"数据分析师"这一迷人的头衔。这份工作让我得以进入"T部门"，那里当时是实验室内部的神秘禁地，正如一位朋友后来所说的，在那里，我可以"闻到蜂巢的味道"。

斯坦和埃弗里特通过他们粗略的计算，成为首先揭露真相的人。我身处一个很好的位置，能够看到泰勒本人是如何接受这一事实的。每天斯坦都会来到办公室，看看我们的计算结果，然后提出新的"猜测"。而泰勒则大声反对，试图诱骗周围的每一个人不要相信那些结果。本来应该是对困难问题的共同审查，却变成了一场令人不快的对抗。相比之下，更令人愉快的是上午的咖啡时间，杰出的和不那么杰出的人，也包括我这位"数据分析师"，聚在一起讨论想到的科学问题，讨论"宇宙的状态"或者商量周日去哪里远足，后者是费米最喜欢的话题之一。

正当技术和政治上的争论进行得如火如荼的时候，斯坦在仔细考虑那些问题时，忽然想到了一个全新而有趣的方法。一天中午，我发现他在客厅里，面带一种非常奇怪的表情出神地盯着窗外，这一幕深深地印在了我的记忆里。他茫然地望着花园，说道："我找到了一种方法能让它工作起来。"我问："什么工作？""'超弹'。"他答道，"这是一个完全不同的方案，它将改变历史的进程。"

我本来在为"超弹"可能行不通而感到庆幸，听到这个消息大为震惊，急切地问他打算怎么做。他回答说，他"得去告诉爱德华"。由于担心泰勒可能会再次向他发起攻击，我谨慎地说，也许他应该先去马克或布拉德伯里那里检验一下他的想法。他这样做了，但第二天他还是去找了泰勒。

泰勒很快就看到了这条新道路的前景，他们迫不及待地写出了那份著名的联合报告。报告分为两部分，斯坦告诉我这是因为泰勒加上了一个他自己搞的——用斯坦的话说——"平行的方案"，该方案在斯坦原本的建议的基础上做了改动。我的印象是，从那以后泰勒就把斯坦推到了一边，拒绝再和他打交道。他再也没有和斯坦有意义地见面或交谈过。

我觉得斯坦被这种不友好的拒绝所伤害的程度，比他自己所知道的还要严重，尽管我从未听到他对泰勒表达过恶意。(他反而很同情泰勒。)他在心里确信自己的意见是有用的，然后便退出了。1951年秋天，当实验室正在群策群力地要完成建造和测试氢弹的重要任务(以及与来自泰勒的攻击做斗争)时，我们却避开了，跑到哈佛度过了几个月，享受着应得的改变。从那时起，斯坦一直坚定不移地避免卷入政治乱局中，除了曾在国会为支持《禁止核试验条约》发表过简短证词之外。

哈佛之行过后，我们又一次回到洛斯阿拉莫斯，那里的管理者很有智慧，为斯坦提供了比学术界更多的自由。斯坦逐渐从武器研制中解脱出来，开始使用已经在实验室制造完成的、崭新的、不可思议的计算工具——MANIAC机来做研究。MANIAC机是约翰尼智慧的结晶，它是第一台带有内置通用操作程序的完全意义上的电子机器。这款当代计算机中的"T型车"①使斯坦能把他在纯数学方面的技能应用到其他科学和实验领域中去。他利用计算机开展的增长模式、复杂性、非线性和混沌等方面的研究领先于时代多年。他的研究大部分都

---

① 福特公司1908年推出的一款汽车，是世界上第一款以大规模流水线装配生产的汽车，凭借低廉的价格、耐用和易维护等特点走进了美国的千家万户，成为汽车发展史上的里程碑车型。

写进了洛斯阿拉莫斯那些鲜为人知的研究报告中。很少有人知道他在自己专业以外的领域做了些什么，奇怪的是，他对此似乎也并不在意。斯坦在余生中一直与洛斯阿拉莫斯实验室保持着联系，一部分原因就是很容易获得MANIAC机的使用权。无怪斯坦豪斯1960年代来拜访我们时，给他取了"洛斯·乌拉莫斯"这样一个绰号。

不过我们的生活中并非全是工作而没有娱乐。我们会利用长假去东部和西部的学术区域旅行，还会去法国度年假。我们在"浴缸排屋"（之所以这么叫是因为在战争期间这排房子是营区中唯一拥有浴缸的房屋）中过着简单却又舒适的生活，把我们的孩子克莱尔抚养长大。斯坦会用他的望远镜给邻居家的孩子们展示月球上的环形山，或者指出在空中沿轨道运行的苏联人造卫星，又或者与来访的国际象棋高手下棋。我们会组团带访客们去格兰德河岸边，在伊迪丝·沃纳有名的土坯房里吃烛光晚餐，那里既没有电也没有自来水。用餐时，沃纳那梳着长长辫子的印第安同伴蒂拉诺会为我们上菜。他们不为时间所迫的印第安式生活，与国会山上20世纪的现实形成了鲜明对比，这为人们提供了一个很好的放松时刻。

我们的房子一直是开放的。我们会不时为冯·诺伊曼一家、伽莫夫一家、费米一家，还有菲斯克、拉比和其他许多人举办热闹的派对。我很善于将人们混搭和结组，保持良好的餐桌氛围，而斯坦始终是人们兴致的极佳催化剂。我们经常去苏联、英国、以色列和瑞士等地参加各种会议，也算是能享受周游世界旅行的当代"科学阔佬"了。

当我对仍然生活在热核研究的中心提出保留意见时，斯坦向我保证，除非发生意外，否则氢弹已经使战争变得不可能发生。不过他也承认现在人们拥有的核弹已经太多了，而且他"不相信作为超级军备竞赛理由之一的苏联会入侵西欧一事真的会发生"。（从今天发生的事情来看,他和往常一样是对的。)

在如今这个时代,科学与道德这一问题有着新的重要意义。当被问及科学的伦理问题时,斯坦坚定地认为,不管后果如何,为了探究而追求科学都是必要的。他辩称,如果阿基米德和牛顿担心自己的思想所带来的后果,他们还能做出什么成就呢?如果没有微积分,就不会有现代科学的发展。当年庞加莱可以宣称道德与科学没有冲突,因为二者都旨在使人类变得更好,不可否认的是,自那时以来事情已经发生了变化。核能的释放和基因操纵的可能性大大增加了问题的复杂性。但斯坦很快指出了核能有用的一面与生物工程的神奇之处,如果使用得当,并将决定如何使用他们的责任重新置于大众的监督之下,它们就会造福人类。他还坚持认为,将自己的发现告知公众是科学家的责任。

随着冷战的消退和布拉德伯里时代的结束,洛斯阿拉莫斯的目标变得越来越模糊,实验室也开始变得例行公事起来。它也进入了官僚行政人员泛滥、头重脚轻的时期。斯坦脱离了它的内部工作,却发现自己在循着一条更加孤独的道路前行,并且已经超越了他所谓的“政府科学”的范畴。因此,他开始重新投身于教学事业。

他的讲课风格一向很出名。在哈佛时,学生们称他为最令人兴奋的数学教授之一。当初他做巡回讲座时,我曾经欣赏过一次他典型的乌拉姆式讲演。他从一个话题跳跃到另一个话题,让一群数学专业的学生瞥见了他们在日常平淡的学习生活中无法深入理解的科学世界:一些关于集合论的趣闻、一些他年轻时如何对数学产生兴趣的逸事、对洛斯阿拉莫斯和冯·诺伊曼的简略描述、对那些从根源上引爆了当今技术的事物的评论,以及关于哥德尔及其不可判定性证明的重要性的一时的想法。他走来走去,经常看表,总能在匆匆流淌的意识流中找到非常贴切的字眼，他从不说陈词滥调，而是在听众的脑海中轻轻地播下种子。

随着克莱尔长大离家，1967年，斯坦也正式从洛斯阿拉莫斯退休，开始了他比以往任何时候都要忙碌的退休生涯。他在大学里有新职责，经常会受到邀请，要出席各种会议，还要做讲座。他需要在圣达菲长期逗留，我们在那里买了房子。

在科罗拉多大学，他的目标是唤醒数学学术界，让他们意识到计算机时代的巨大潜力，以及用他改编自肯尼迪名言的话说，"物理学和生物学可以为数学做些什么"。他是数学系的系主任（还有一名助理系主任负责部门的日常事务）、计算中心的教授。他还是医学院生物系的教授，他会偶尔去那边讲授他对神经生理学和大脑工作机制的推测和数学探索。这方面的兴趣取代了他早先对物理学和天体物理学的关注。

在我们在圣达菲的临时居所，在学术生活之余，他作为领取象征性薪酬的顾问，继续使用着洛斯阿拉莫斯那些极其出色的计算设施。但他非常想念他那些英年早逝的同仁，并开始感到与在我们离开期间到这里来的年轻一代科学家有些格格不入。为了消除这种感受，当他从博尔德退休后，他与佛罗里达大学建立了一种松散的联系，担任指导数学专业研究生的客座教授，这种联系一直维持到他生命的最后。在盖恩斯维尔，他专注于就新的数学问题举办座谈会和讨论班，他非常想把这些问题汇集成一本新的关于尚未解决的数学问题的书。这本书才刚开始成形，他就去世了。他在这个项目上的合作者莫尔丁后来在一份数学期刊上发表过一个缩略的版本。

讲座的邀请呈指数级增长。如果他全部接受，他就会变成像埃尔德什那样的一位巡回演说家。斯坦声称自己是"不可生物降解的"，在1978年的头六个月里，除了延长在圣达菲和盖恩斯维尔的逗留时间外，他还到各地做讲座，先后去了巴黎、蒙特利尔、温哥华、纽约、华盛顿、圣巴巴拉，然后又是巴黎，最后是华沙，并为自己的讲座内容从不是完全重复的而自豪。在路上，他在激增的肾上腺素作用下不知疲倦，但回到家之后他就松弛下来。他忙于处理邮件和其他事务，十分疲劳，消化系统越来越频繁地出现问题。到了最后，身体的损伤开始显现出来。

1984年，他已是七十五岁的高龄了，但用埃尔德什的话说，他"仍然能够做出证明和猜测"。5月13日这天，斯坦结束了一段伦敦之旅，心满意足地回到家，他忽然惊厥倒地，猝然离世。这使他避免了他所担心的那种逐渐衰退，尽管我仍然非常想念他，但这也使我免除了看着他变老的痛苦。他惯于对严肃的事情轻描淡写，使其变得更令人愉快。遵循这一风格，他常说："最好的死法是突发心脏病，或者被某个嫉妒的丈夫开枪打死。"他很幸运地死于前者，尽管我相信他可能更喜欢后者。

在一段简短的纪念悼词中，戴维·霍金斯这样说道："活得不充实的人，死后也不会被充分纪念。斯坦活得很充实。那些活得充实的人与世界有许多联系……他们的生命被编织进了世界这块大织物那互相联系的网格之中。当他们离去时，网格中会空出一个大洞，织物上会出现一个裂口。这些洞和裂口会一直存在下去……而这一简单的事实是我们对于不朽的一切关注的人性根源。"

弗朗索瓦丝·乌拉姆

1990年

于圣达菲

参考文献

图书

S.M.乌拉姆著

Collection of Mathematical Problems. New York: Interscience, 1960.

Sets, Numbers and Universes. Cambridge, Mass.: The M.I.T. Press, 1974.

S.M.乌拉姆编译

The Scottish Book: A Collection of Problems. 译自波兰数学学会利沃夫分会保存在苏格兰咖啡馆的笔记本。Los Alamos, N. Mex.: Los Alamos Scientific Laboratory, 1957.

马克·卡克与S.M.乌拉姆合著

Mathematics and Logic. New York: Praeger, 1968.

论文

S.M.乌拉姆撰

"Combinatorial Analysis in Infinite Sets and Some Physical Theories." *Review of Society of Industrial Applied Mathematics*, vol. 6(1964), pp. 343–355.

"Gamow and Mathematics." In *Gamow Memorial Volume*. Boulder, Colo.: University of Colorado Press,1972.

"Ideas of Space and Space Time." Rehovoth, Israel: Weizmann Institute, winter 1972–1973.

"Infinities." In *The Copernican Volume of the National Academy of Sciences*, Cambridge, Mass.: The M.I.T. Press, 1974.

"John von Neumann,1903 –1957." *Bulletin of American Mathematical Society*, vol. 64, no. 3, pt. 2(1958), pp. 1–49.

"On the Monte Carlo Method." In *Proceedings,* Symposium on Large-Scale Digital Calculating Machines, September 1949. Cambridge, Mass.: Harvard University Press, 1951.

"Some Ideas and Prospects in Biomathematics." *Annual Review of Biophysics and Bioengineering*, vol. 1(1972), pp. 227–292.

P.R.斯坦与S.M.乌拉姆合撰

"Experiments in Chess on Electronic Computing Machines." *Computers and Automation,* vol. 6, no. 9(1957), pp. 14–18.

乌拉姆数学成就简介

斯塔尼斯拉夫·乌拉姆是第二次世界大战前和第二次世界大战期间从波兰来到美国，并在美国的数学事业中扮演了非常重要角色的一群数学家中的一员。这群数学家包括纳坦·阿龙扎杨、斯特凡·伯格曼、塞缪尔·艾伦伯格、维托尔德·胡列维茨、马克·卡克、奥顿·尼科迪姆、阿尔弗雷德·塔斯基以及安东尼·赞格蒙等。他们逃脱了像其他数以百万计的人那样在战争中丧生的命运，不幸死去的人中包括一些重要的波兰数学家，如约瑟夫·马钦凯维奇、斯塔尼斯拉夫·萨克斯和朱利乌什·绍德尔等。如果不是战争杀死了大批波兰年轻人，且将欧洲的年轻犹太人几乎诛灭殆尽的话，数学的历史可能会变得非常不同。

乌拉姆写过超过一百五十篇技术论文，以及三本书：1960年出版的《数学问题集》、1968年出版的《数学与逻辑》（与马克·卡克合著），还有就是出版于1976年的这本自传。他的几本论文选集分别以《集合、数和宇宙》（麻省理工大学出版社，1974，这里简称为SNU）、《科学、计算机与人》（伯克豪瑟出版社，1986）以及《类比间的类比》（加利福尼亚大学出版社，1990，简称为ABA）为题出版。《从红衣主教到混沌》（剑桥大学出版社，1989）则是一本描述他所做贡献的文集。

他的妻子弗朗索瓦丝对他的人生有着重大的影响。她以难以置信的效率管理着他们时常变换位置的家，并帮助他组织了很多次旅行。此外，她还通过整理磁带录音编辑出了这本自传，并与人合作编辑了在他去世后出版的论文集。

乌拉姆拥有超凡的魅力和智慧，他在与人建立关系方面有着非同寻常的能力。他最令人愉快的品质是他的开放和率性。他会毫不犹豫地与那些感兴趣的人分享他的想法。此外，他还有着非凡的记忆力，以及在利沃夫一所优秀的中学里获得的广泛的人文文化知识。

乌拉姆拥有一项独一无二的能力，就是提出重要的未解决问题。这些问题对许多数学家的工作产生了特殊的影响。在我们从1969年开始的相识岁月里，我发现他更喜欢创造开放性的问题，尤其是那些处于数学、物理学和生物学边界上的问题，而不是深入到数学工作的细节中去。他成了利用计算机来对动态系统进行启发式研究的先驱。虽然他会鼓励年轻的数学家，且喜欢从最好的一面来看待人们的工作，但他是从一个以研究自然为目的的科学家的角度来看待数学的。他会批评那些似乎缺乏直接或自然的动机的数学问题，称它们是"中国式智力玩具"。他更喜欢思考物理学和生物学，以及来源于它们的数学问题。

最能显示他在提出问题方面的天赋的一个案例，是他提出的一个猜想。这个猜想很快就被K.博苏克证明了，被称为"对跖定理"：对于任意从球面映射到平面的连续函数 f，在球面上一定会存在一组对跖点 x 和−x，使得 f(x)=f(−x)。

对跖定理的一个广为人知的推论是由斯坦豪斯给出的，被称为"火腿奶酪三明治定理"。该定理是说，如果你有一个由面包、火腿和奶酪组成的三明治，一定存在这样一个平面，沿着平面可以把面包、火腿和奶酪都刚好切成两等份。用更正式的语言表达就是：对于三维空间中的任意三个可测集，都存在一个平面把三个集同时等分。

乌拉姆的工作涉及如此多的数学领域和其他与之相关的科学领域，而且如此多样化，以至于这里只能提到他最主要的一些贡献。

集合论

乌拉姆1931年写的博士学位论文 (SNU, 第9—19页) 是关于某些无限基数的大小的，其中包含的结果对现代数学的基础非常重要。

就像欧几里得时代的几何学一样，现代数学可以用一系列的公理综合而成。在这个公理化工作中使用的概念来源于康托尔的集合论。严格地说，我们有一套一层比一层强的无穷多层次的集合理论。其中的第一层称为"策海格－弗兰克尔集合论"(简称为ZF)，它在数学中几乎普遍适用。但仍然缺少一个有趣的部分。这部分的定理需要集合论层级体系中一些更强的定理。(这些定理属于描述集合论、可测性问题、可容性、贝尔性质、确定性、集合理想理论等范畴。) 衡量这些理论强度的最自然的方法，是看那些在其中可以被证明存在的无限基数的大小。

乌拉姆的工作构成了人们对一些这类用来当作衡量的基数的大小的首次深入探究。自1931年以来，这一理论经历了实质性的发展。但直到1960年，乌拉姆完成工作三十年后，W. 汉夫和A. 塔斯基利用J. 洛斯的一个定理，才在真正意义上沿着这条路迈出了下一步。从那以后，许多数学家 (这里仅举几位：基斯勒、马丁、莱因哈特、索洛维和伍丁) 使这一主题得到了进一步的发展。

乌拉姆还在《苏格兰书》(R. D. 莫尔丁编辑整理，伯克豪瑟出版社，1979) 中首次定义了二元无限博弈，这一概念后来被他和斯坦豪斯用来表达确定性公理。(参见《苏格兰书》第113—116页的评注。)
SNU 中再现了乌拉姆对集合论的贡献,并对其后续影响做了概述。

遍历理论和测度论

战前乌拉姆和施赖埃尔对欧氏空间 R^{n+1} 中的 n 维球体 S^n 的同胚群做了研究 (参见 SNU)。后来乌拉姆和奥凯斯屠拜又证明了关于这类群的一些基础性结论 (SNU)。

这些结论中最重要的一个可以这样解释 (牺牲一些数学上的精确性):如果我们轻轻地混合一杯水,我们得到的变换是连续的 (因为水具有一定的黏度),且体积保持不变 (因为水几乎是不可压缩的)。现在,乌拉姆和奥凯斯屠拜的定理告诉我们,几乎所有这样的变换都具有如下性质:除了整杯水这一整体之外,水中任意体积为正的部分在混合前后都不会占据相同的位置。

具有上述性质的变换被称为"遍历变换",在乌拉姆和奥凯斯屠拜之前,人们甚至不知道存在这样的变换。

拓扑学

乌拉姆具有一种非常几何化的思维方式,他对几何拓扑学问题很感兴趣 (例如前面提到的对跖定理)。但他也在一般拓扑学领域做出了贡献。

他与库拉托夫斯基一起将富比尼的经典定理从测度范式扩展到了贝尔类型范式中。与施赖埃尔一起表明了球体 S^n 的每一个同胚都可用四个固定的同胚的适当组合来一致逼近。与博苏克一起引入了对称积和近似同胚的概念。与奥尔巴赫还有施赖埃尔一起证明了在测度意义上,半单的紧李群中的几乎每一对元素都能生成一个稠密的子群。所有这些论文,在后续的文献中都能找到很多在其基础上的延续和扩展 (参见 SNU 及其中的评注)。

分支过程

乌拉姆和埃弗里特写了几篇关于高尔顿-沃森过程的重要论文(ABA)。他们研究了高能粒子碰撞引起的基本粒子级联反应的概率。他们的主要结果与不同种类粒子的相对数量有关,比如中子和铀核。自那时起,分支过程理论得到了很大的发展。

非线性系统

非线性系统理论起源于乌拉姆、费米和帕斯塔的工作 (参见 SNU和 ABA)。他们在计算机上进行实验,发现如果一根振动的弦的经典方程受到某个非线性项的扰动,它几乎总能回到初始的位置,而且比从统计学角度考虑而预期的要早得多。因此,尽管存在非线性项,但能量不会在频率更高的谐波上被分散,而会仍然集中在前几个谐波上,且通常会返回到最开始的谐波上。这项工作引发了物理学家和数学家的大量后续研究,特别是促成了孤子理论的提出。

乌拉姆和施泰因在非线性变换方面得到了一些有趣的结果,包括变换中的稳定不动点和非稳定不动点、周期性点等等 (参见 SNU 和ABA)。他们的研究课题与沃尔泰拉关于池塘中不同种类的鱼相对种群数量波动的经典论文有关联。n个物种中每一种的个体的相对数量,可以用 n−1 维单纯形中的一个点的重心坐标来表示。而该单纯形要服从于一个描述种群演化规律的变换。乌拉姆和施泰因研究了单纯形中的点在各种简单变换下的运动情况,他们得到了这些点的非常奇怪的轨迹。他们的实验表明,存在着一些复杂的集合,比如所谓的奇异吸引子等等。

计算机、蒙特卡罗法和氢弹

乌拉姆与冯·诺伊曼还有里克特迈耶合写的论文 (ABA)，以及与梅特罗波利斯合写的论文 (SNU)，提出了计算机在使用随机抽样法进行统计研究方面的应用。这就是著名的蒙特卡罗法。即使在其他方法都失败的情况下，也可以用蒙特卡罗法来求多维积分。通过这种方式，核反应堆的屏蔽效率，即所谓的中子传输问题，以及许多其他问题都得到了解决。乌拉姆还利用计算机研究了在万有引力定律下恒星集群的演化，以及在考虑突变和有性生殖的情况下物种基因库中基因的演化。他还基于一些简单的规则做了游戏性的实验，从而发现了一些离散动态系统的有趣的演化 (ABA)。

他在核聚变和氢弹方面的一些工作仍属机密范畴。(参见赫希和马修斯的序言。)

斯塔尼斯拉夫·乌拉姆的人生和工作告诉我们，一个人可以通过让自己的想象力在未曾探索过的主题上自由驰骋，通过充分利用数学语言的普适性，为科学做出重要贡献。

扬·梅切尔斯基

1990 年

于圣达菲

译后记

　　小学五六年级的时候，我学习 BASIC 语言编程，曾经遇到过这样一道名为"生命游戏"的题目。在一个类似棋盘的空间中，初始状态下某些格子里存在细胞。然后有一套演化规则：当一个空格子周边满足××条件时，该格子在下一个时间点就会产生新细胞；反之，一个存在细胞的格子满足××条件时，下一时间点该细胞就会死亡；其他的格子状态则保持不变。任务就是，依据规则编程模拟，并输出经过若干个时间点后空间中每个格子的情况。这个题目让我感到很有意思，不同的初始状态会产生不同类型的演化结果。那时的我不会想到，首次用计算机编程来做这种模拟的，就是我如今亲手翻译的这本传记的传主——斯塔尼斯拉夫·乌拉姆。

　　上大学时学习数据结构与算法，我了解到了一种非常神奇的算法，就连算法的名字也很有特点，叫作"蒙特卡罗法"。这种算法可以利用基于随机数和概率的大量实验模拟，近似求解许多通过演绎推导方法很难解决的问题。而且模拟的次数越多，近似的结果就越精确。这个算法着实令我耳目一新：竟然可以通过实验方法、绕开烦琐的推理，去求解困难的数学问题！（当然后来我才知道，历史上还有更早用实验来解决数学问题的方法，比如布丰提出的通过投针实验来求圆周率。）它还被后人评为"20世纪十大算法"之首。另外之所以叫作蒙特卡罗法，是因为创立该方法的几位数学家之中，有人的亲戚酷爱去摩纳哥的著名赌城蒙特卡罗赌博，而赌博中涉及的概率问题也是经典的、可以通过随机抽样来处理的概率问题。在资料里给出的几位数学家里，我仅仅注意到了耳熟能详的冯·诺伊曼的名字。我当时还不了解，为创立蒙特卡罗法起了最核心作用的，其实是我起初没特别留意的另外一个人，他就是冯·诺伊曼的挚友、本书的主人公乌拉姆。而且乌拉姆竟然是在大病初愈的恢复期中闲来无事，玩甘菲德牌戏时，灵机一动想到这个方法的！要知道自这个游戏发明以来，全世界玩过它的人不计其数（我自己小时候也玩过不少局），却只有乌拉姆从中能悟出精妙的算法。这一经历与地理学家魏格纳躺在病床上看世界地图，从而想到了大陆漂移学说的经历颇有些神似。它们都是科学史上的传奇故事，令人不禁为杰出科学家那种超乎常人的观察力和联想力而叹为观止。

再后来，我痴迷于刘慈欣的科幻大作《三体》，反复读过多遍，对其中的所有情节基本了如指掌。在《三体3：死神永生》的开头，有一个占了很大篇幅的"阶梯计划"。第三部的女主人公程心想到了一个利用连续的核弹爆炸来不断加速太空飞行器，实现人类当时看似不可能达到的航速的办法。程心在会上提出这个方案时曾说："以前航天界就有这种构想，叫脉冲推进方式。"尽管是科幻作品，但这句话显然是真实的。不过我也一直没有想到去查一查，究竟是什么人最早提出这一构想的。直到我在阅读本书的原文时，看到了这样的话："Around 1955 Everett and I wrote a paper about a space vehicle propelled by successive explosions of small nuclear charges. The idea has even been patented by the AEC in our names."（约在1955年，我和埃弗里特写了一篇关于通过连续的小型核爆来推进宇宙飞船的论文。这个想法甚至还被原子能委员会以我们的名义申请了专利。)提出这一大胆而天才的想法的,竟然又是本书的主人公乌拉姆!而且提出这一与物理学高度相关的宇航技术的人竟是一位数学家,这也是一件很奇妙的事情。

但通读了乌拉姆的这本传记,读者就不会为他能在除纯数学外的诸多领域有许多贡献而感到惊奇了(当然他也主要是将数学应用于这些领域)。因为乌拉姆不仅是一名天才,还是一名通才。首先在数学中,他就通晓诸多领域并在其中取得过重要成果,比如集合论、拓扑学、测度论等等。此外,他还对物理学、天文学、生物学等自然科学领域有着浓厚兴趣,特别是他在洛斯阿拉莫斯与众多顶尖物理学家共事的经历,大大提升了他在自然科学方面的素养和灵感,使得他后来能做出一系列跨学科的重要贡献,包括对于氢弹成功引爆至关重要的泰勒-乌拉姆构型。他还是利用计算机编程进行大量模拟和实验,从而解决科学问题的先驱。如今计算机已经成为对于大部分科学研究都不可或缺的工具,而且当代最普通的计算机也比乌拉姆当年使用的比如 MANIAC 机性能要好得多,使用也方便得多。但我们不应忘记,早在七十年前,乌拉姆就用烦琐的早期编程方式,做出了很多现在看来理所当然,在当时却是极具创造性的工作。此外,乌拉姆还精通多种语言,具备深厚的人文素养,即使到了晚年,他还能准确地用希腊语和拉丁语引述许多古希腊和古罗马作家的经典篇章。作者在七十年前就已经感慨学科领域越来越专门化,乃至过度专门化的问题,现在这种趋势显然更加突出了。乌拉姆可以说是数学乃至科学史上最后的几位通才之一(他的挚友、书中浓墨重彩描写的冯·诺伊曼显然也是一位),如今像乌拉姆这样的人几乎已经再也见不到了。

另外，乌拉姆还是一个交际极为广泛、特别善于与人合作的人，书中也提到了他绝大部分的工作都是跟人合作完成的。而且在不同时期、就不同问题是和不同的人合作的。我在翻译过程中粗略估计了一下，本书出现的乌拉姆的同事、合作者和朋友，有名有姓的就不下一二百人，其中不乏像冯·诺伊曼、费米、费曼这样的重量级大师。一方面，这是乌拉姆本人极具亲和力的性格使然；另一方面，也如书中所说，乌拉姆特别善于发现和挑选重要的问题，从而启发其他人开展研究。这是一种极为宝贵、不可多得的天赋。

老实说，接下翻译工作时，我的心里是有几分忐忑的。虽然我之前已经参与翻译过几本书，但我并非数学专业出身，而是计算机专业背景。虽说计算机专业学的数学也不少，但翻译这样一本数学大师的传记，显然会遇到一些我之前没有接触过的东西。好在信息时代查阅资料非常方便，而且我身边也有精通数学的朋友能够提供参考意见；另外，作为一本通俗传记，本书也并没有涉及太多数学理论的细节。而在着手工作之后，我越来越感觉到，能够亲手翻译这本书真的是我的荣幸。翻译的过程除了要克服很多困难，也收获了很多快乐，因为书中的内容能让我产生太多的共鸣。我与作者有着很多共同的兴趣点，比如天文学、生物学、语言、历史文化等等，而我的知识面也还算宽广。所以当我看到这样一本数学家传记中不时出现各种五花八门的东西，比如提丢斯–波得定则、造父变星、儒勒·凡尔纳和H. G. 威尔斯的科幻作品、各种语言的幽默段子、很多耳熟能详的历史事件和人物，乃至佛教中著名的六字大明咒（当然还有前面提到的生命游戏、蒙特卡罗法以及脉冲推进方法）时，我都会露出会心的微笑，并忍不住要加一点儿注释来帮助读者更好地了解这些东西。更不用说，我和作者都是酷爱和能够熟练使用计算机的人。另外，我们都会扮演教师角色,在教学方面的一些看法和感受也相当一致。

最后,我要感谢我的好朋友刘熙和邹雨。他们分别主要在数学专业和语言词句方面为本书提供了一些宝贵的建议。虽然刚才说我与作者有很多共同兴趣点,但我的能力水平毕竟和大师不可同日而语。翻译过程中存在疏漏在所难免,还请读者不吝批评指正。

钱 昊

2022年10月

于北京师范大学第二附属中学